PRACTICAL EDUCATION METHODOLOGY

실기교육방법론

| 임채식 김의석 공저 |

양 성 원

머리말

왜 우리는 교육을 받는가?라는 질문에 어떻게 답해야 할까?

보다 나은 삶을 위해서, 내 자신의 능력을 신장시키기 위해서, 일정 목표 달성을 통하여 성공하기 위해서, 앎으로서 남에게 봉사적 삶을 펼치기 위해서 등 다양한 답이 나올 수 있다.

그러나 가치 판단이 미흡한 영유아 시기나, 자기 스스로 삶의 방향을 설정하기 어려운 시기에는 일정 목표보다는 주어진 학습과정을 궤도대로 따라가며 교육을 받는 경우가 더 많다. 오히려 학교라는 교육기관에서 교육받을 때는 주어진 교육내용에 충실하는 것이 바람직한 학교생활이라 여기며 학령에 따른 과정을 밟아 나간다. 이러한 과정은 결국 미성숙자인 학생들에게 성숙자가 어떠한 역할을 하느냐가 매우 중요하다는 사실을 역설적으로 증명하는 것이다.

미성숙자인 학생들은 성숙자인 교사가 어떠한 방향으로 교수–학습하느냐에 따라 많은 행동의 변화를 가져올 수 있다는 의미이다. 이런 관점에서 보면 교수자의 위치는 매우 중요하다. 교수자의 일거수일투족, 교육에 대한 철학이나 교육방법에 대한 심리적 지식 등 모든 교육적 활동이 고스라니 학습자에게 반영되기 때문이다. 이러한 중요성을 전제로 한다면 가르치는 입장에 있는 교수자는 그 대상자가 누구든 간에 교수자로서의 갖추어야 할 각종 자격이나 능력에 있어서 학습자에게 부끄러움이 없는 능력과 태도를 지녀야 한다.

실기교사도 바로 그러한 교수자의 위치에서 학습자를 다루어야 하는 입장이기에 교사 자격을 관리하는 교육부에서도 실기교사 자격 취득 요건을 강화하고 적절한 실기교사 자격증이 발급되고 있는지 관리감독하고 있는 것이다. 구체적 내용을 보면 실기교사가 되고자 하는 자는 교육학개론과 실기교육방법론이라는 교직과목을 이수하도록 하고 있고 관련 전공과 관련된 기본이수과목을 설정하여 이를 이수한 자에게 실기교사 2급자격증을 수여하도록 하고 있다. 물론 성적도 80점 이상을 요구하고 있다.

따라서 이 실기교육방법론은 실기교사로서 필요한 구체적 교육방법론에 대하여 보다 다양하게 활용할 수 있는 교육내용을 구성하도록 최선의 노력을 하였다. 물론 이 교육내용이 완전한 상태는 아니지만 실기교사로서 필요한 교직관련 교육방법을 다루도록 하는데 최대한 큰 부족함이 없도록 노력했다는 점이다.

그럼에도 불구하고 실질적으로 실기교육방법을 지도하는 입장을 다 대변해서 집필했다거나, 현장에서의 필요로 하는 각종 조건들을 다 고려해서 집필했다고 보기에는 적지 않게 부족하다는 점을 전제로 하기에, 앞으로도 개정의 필요성이 증대된다면, 그리고 강의하시는 분이나 관심이 많은 분의 질책이 있다면, 이를 적극적으로 반영하여 꾸준히 부족한 점을 보완해 나갈 것을 약속드린다.

아울러 어려움 중에도 이 책이 나오기까지 용기와 협조를 아끼지 않으신 양성원 강철원 사장님과 편집관련 관계자 여러분에게 감의 말씀을 올린다.

2016.8

저자 일동

CONTENTS

CONTENTS

CONTENTS

CHAPTER 01

학습의 개념

Methodology for Practical Education

제1절 학습의 의미

1) 학습의 정의

인간의 행동은 태어날 때부터 가지고 있는 생득적인 행동과 후천적인 습득 과정을 통하여 행동으로 나타난다. 전자는 유전적 요인에 의한 것으로서 자연적인 신체발달이나 성장과정과 더불어 형성되는 생리적이고 기초적인 행동양식이다. 후자는 세상에 태어나 삶을 살아가면서 갖은 경험을 하고 적응하는 방법을 터득하며 자신만의 행동양식을 정립하는데 이는 학습을 통하여 이루어진다.

이와 같이 학습(learning)이란 인간 발달에 있어서 다양한 환경을 바탕으로 재 체제화되는 과정이다. 바꾸어 말하면 재 체제화는 사람과 생활과의 상호작용으로 인해서 새로운 관련이 생기고 이에 따라서 주체의 행동에 변화가 생긴다. 그 결과 사람이 새로운 행동을 획득하는 것으로서 정신구조에 변화를 초래하며 기능의 변화를 가져오고 미래의 생활이나 경험에 활용한다든지 응용하게 되는 것을 의미한다.

학습의 정의에 대하여 학자들의 견해를 살펴보면 다음과 같다.

Gates는 “학습은 경험과 훈련을 통한 변용(變容)이다”라고 하였다.[1)]

Hilgard는 “학습이란 생활체가 당면한 장면에 반응함으로써 하나의 활동기제가 새롭게 성립되고 변화하는 과정”이라고 하였다.[2)]

Thorndike는 “학습은 자극과 반응의 결합이며, 이것은 연습의 법칙과 효과의 법칙에 의해서 강화 된다”고 하였다.[3)]

Lewin은 “학습은 어떤 것이 어떤 것에로 이끌려 가는 과정”이라고 하였다.[4)]

따라서 이상의 학자들의 견해를 요약하여 본다면 학습이란 새로운 지식이나 기능 행동을 습득하고 보유하여 미래의 생활에 활용할 수 있는 전체적인 재 체제화 과정이라고 할 수 있다.

학습이란 학교에서 교사와 학생 간에 이루어지는 계획적이고 의도적인 활동에 한정되는 것만은 아니며, 또한 글자와 낱말 · 숙어들을 익히고 외우거나 물리 현상이나 자연 현상들을 관찰하고 이해하는 것과 같은 이해나 기억 활동에만 한정되는 것도 아니다. 부모가 그의 자녀들의 태도를 바로 잡도록 도와주는 것이나, 급우끼리 공부하며 모르는 것에 대해서 서로 도움을 주고 받는 것도 모두 배우고 가르치는 학습 활동의 하나이다. 그리고 두뇌로써 추리 · 판단 · 기억하는 것만이 학습이 아니라 빠르게 달릴 수 있게 되거나, 어떤 표적을 더 잘 적중하게 되거나, 혹은 어떤 작업에 보다 적절한 자세를 갖추게 되는 것 등도 학습이다. 즉, 학습이란 형식적인 것으로부터 비형식적인 것까지 복잡하고 다양한 형태로 나타난다.[5)]

이와 같이 이루어지는 학습과정을 살펴보면 주체가 무엇인가 얻으려는 요구와 그 요구를 만족시키려는 구체적인 활동 사이에 주체의 행동양식이 자꾸 변화해 가는 것임을 알 수 있다.

바꾸어 말하면, 주체가 환경에 적응하기 위하여 나타나는 행동의 변화라고 할 수 있다. 학습에는 지식 저장을 위한 저장설(storage theory), 능력의 연마를 위한 능력 연마설(theory of mental discipline), 행동 변화(change of behavior)를 위한 학습설 등이 있는데 이들 내용을 다음에서 살펴보기로 한다.

2) 학습의 내용

(1) 지식 저장 중심으로의 학습

전통적인 사회에서 강조하고 있는 학습이며 우리나라의 사회에서도 보편화되어 있는 학습이다.

학습의 목적을 지식을 습득하는 데 두고 있는 것을 말하는데, 영국의 경험론자 베이컨이 말하는 바와 같이 "지식은 힘이다"라는 견해를 존중하는 경우이다. 따라서 습득한 지식의 양으로서 인간의 가치를 평가한다는 견해이며, 이를 지식의 저장설이라 한다. 폐쇄적이고 변화가 적은 사회에 있어서는 새로운 지식이 그렇게 큰 문제로 대두될 수 없겠지만 자연과학이 비약적으로 발달하는 데 따라 사회체제에 큰 변화를 가져왔을 때 새로운 지식에 대한 경이와 동경은 각별하였던 것이다. 지식 존중의 사조는 지식 습득에 지상의 가치를 둔 17세기 실학주의에서 육성되어 18세기 계몽주의에 의하여 그 절정에 이르렀다.

이와 같은 사회의 배경에서 형성된 지식 저장설은 사람의 뇌는 얼마든지 사물을 담아서 저장할 수 있다는 용기와도 같은 것이라고 생각하는 측면에서 출발하였다. 즉, 머리 뚜껑을 열고 지식의 덩어리를 머리 용기 안에 넣는 작용이 학습이라고 보았다. 따라서 교수-학습과정은 많은 지식을 양적으로 최대한 듬뿍 담아두는 작용이라고 하였다. 이러한 지식 저장설에 대하여 다음과 같은 비판적 견해가 있다.[6)]

첫째, 지식수준이 점점 높아져 지식유무의 차가 감소되었기 때문에 지식 그 자체에 일종의 힘을 인정한 실질적 도야의 기초가 약화되었다.

둘째, 지식의 폭발시대에 단순한 지식 학습이 결코 인간교육의 전부는 아니며 정조(情操)교육도 또한 중요한 학습이라는 점이다.

셋째, 제한된 수업연한에 무한히 발전하는 전 지식을 모조리 가르칠 수는 없다는 점이다.

넷째, 신인문주의 사상의 대두로 인한 인간존엄사상의 영향 등이 있다. 즉, 인간을 기계적인 지식의 도구로 보아서는 안된다.

(2) 능력 연마 중심 학습

위의 지식 저장 중심 학습의 결점의 보안을 위하여 능력 연마 중심 학습이 대두되었다.

능력 연마설은 능력심리학에 기반을 둔 학습설이다. 능력심리학의 관점에서는 사람의 정신작용은 추리작용, 기억작용, 판단작용, 변별작용, 상상작용 등 몇 가지 능력에 의하여 성립되어 있다고 한다. 따라서 학습이란 정신작용, 즉 인간이 가지고 있는 제반 능력을 연마하는 것이어야 한다는 것이다.

예를 들면 기억작용 능력을 잘 훈련시키고 연마하면 기억력이 발달한다든가, 판단능력을 연마시키면 판단능력이 발달한다든가 하는 점이다.

따라서 학창시절에 이들 각종 능력을 연마하고 연습을 통해서 더욱 발달시키면 그 정신능력으로서 사회생활의 제반문제 해결능력을 갖추게 된다는 것이다. 이러한 정신능력을 연마시키기 위해서는 재료와 수단이 필요한데, 가장 중요한 수단이 되는 것이 교재이다.

저장설에서 교과나 교재는 양적으로 많고, 질적으로 지식체계가 갖추어져 있느냐에 따라 가치가 결정되지만 능력 연마설에서의 교과 · 교재는 추리력이라든가, 판단력, 기타의 정신 능력을 연마하기 위하여 적당한가에 따라 가치가 좌우되고 채택의 여부가 정해진다. 이러한 관점에서 수학을 교과 중에서 가장 무거운 비중으로 다루었다. 수학은 실생활에서 얼마나 도움이 되는가의 견지에서가 아니라 사람의 추리력이나 판단력 등을 연마하는 데 도움이 된다는 이유로 존중되는 것이다. 이 점은 어학을 강조하는 이유에서와 같다.

이렇듯 고도한 문화는 복잡다단하고 다양성을 띠고 있기 때문에 그 하나하나를 모두 배울 수 없으므로 어학이나 수학을 통하여 정신능력을 연마시키는 것이 효과적이라는 능력 연마설에 입각한 학습설이다.

여기에 대하여 다음과 같은 비판이 있다.

첫째, 어학이나 수학을 통하여 연마되는 추리나 상상, 판단 등의 인간정신 능력이 과연 다른 교과 학습이나 문제해결을 위하여 얼마나 소용될 것이냐 하는 문제이다.

둘째, 중요시하게 다루고 있는 어학이나 수학을 통하여 연마된 제 능력이 타 교과나 생활면에 전이되지 않을 경우 능력 연마설은 별 의의가 없다는 점이다.

(3) 행동 변화 중심 학습

행동주의 심리학자인 J. B. Watson 등에 의해 주장된 심리학의 일파에 근거한 것으로 그는 "학습이란 경험을 통하여 인간의 행동이 변화되어가는 과정이라고 보기 때문에 학습이란 저장도 아니요, 능력의 연마도 아니며, 경험을 통하여 행동이 바람직한 방향으로 변화되어 가는 것이다"라고 하였다.[7)]

예를 들면, 신호등의 녹색불은 건너갈 수 있다는 교육을 받은 사람은 질서를 위하여 신호등의 규칙을 지켜야 된다는 이해를 통하여 지식을 얻는다. 다음에 신호등을 건널 때 녹색불을 보고 건너갈 수 있는 행동의 변화가 있어야 학습이 된다고 보는 입장이다.

즉, 충분히 아는 지식, 그리고 충분히 할 수 있는 능력도 있으나 일상생활에서 행동화하고 있지 않는다면 학습이 정상적으로 이루어졌다고 보지 않으려는 주의이다.

인간은 생활과정 중에서 여러 가지 문제 장면에 부딪치게 된다. 이 문제 장면에서 문제를 해결하려는 요구가 생겨나며, 문제를 해결하기 위해서 어떤 일련의 목표를 세우고 그 목표를 달성하기 위한 방향으로 활동하고 필요나 요구를 충족시키려고 노력한다. 이것이 곧 문제해결을 위한 활동이요, 곧 경험이라 할 수 있다. 이와 같은 경험을 통하여 인간은 행동의 변화를 가져오고 그 변화는 곧 학습의 결과가 되는 것이다.

따라서 이와 같은 학습관에 기반을 두고 전개되는 학습활동에는 학교의 교육과정이 교과를 중심으로 한 커리큐럼, 즉 일련의 교과체제가 아니라 "작업이나 활동이 포함된 생활경험"[8)]이 되어야 하는 것이다.

제2절 학습이론[9)]

1) 조건반사설

조건반사설은 소련의 생리학자 Ivan Petrovich Pavlov(1927)가 대뇌 생리학의 한 연구방법으로 창시한 학설이다. 이 조건반사는 미국으로 소개되어 생리학에서 보다는 심리학에서의 학습, 즉 새로운 행동을 형성하는 원리면에서 중점적으로 쓰이는 용어로 강조되었다.

그래서 오늘날에 와서 Hilgard와 Marquis 같은 심리학자는 Pavlov의 조건형성을 고전적 조건반사라 하였고, 주로 미국에서 발전된 것을 도구적 조건반사라고 구별하였다. 이 두 양상의 조건반사를 간단히 살펴보기로 한다.

(1) 고전적 조건반사

고전형의 대표적인 실험으로 Pavlov의 것을 들 수 있다. 그는 개 입안의 침액 분비선을 수술하여 침액이 외부 침액 계측기로 나와 그 분량을 측정할 수 있도록 장치한 다음 개를 방음실의 실험대 위에 가볍게 묶어 실험에 편리하도록 해 놓았다.

이렇게 한 다음 개에게 먹이를 주는데, 먹이를 주기 직전에 벨 소리를 5초 내지 30초 가량 들려준 직후에 먹이를 자동적으로 주게 한다. 개는 처음에는 벨 소리를 듣고서도 침액을 분비하지 않지만 위와 같은 요령으로, 즉 벨을 울린 직후에 먹이를 주기를 수십 회 반복하였더니 나중에는 먹이를 주지 않고 벨 소리만 듣고도 개는 침액을 분비하게 되었다. 이것은 개에게 벨 소리와 먹이가 결합되어 하나의 새로운 행동이 학습되었다고 볼 수 있는데, 결합의 횟수가 많으면 많을수록 침액의 분비되는 양이 증가될 뿐만 아니라 약 40, 50회 시행에 이르러서는 침액을 분비할 때까지의 시간이 약간의 차이는 있었으나 대체로 1~2초 내에서 고정되었다고 한다.

이와 같이 먹이로 말미암아 벨의 자극과 침액 분비 반사 간에 결합이 이루어져 새로운 행동이 형성된 것을 조건화 혹은 조건반사가 되었다고 한다. 이때 침액을 자연적으로 분비케 하는 먹이를 무조건자극(UCS)이라고 하고, 이 자극에서 유발되는 침액분비를 무조건반사(UCR)라 한다. 조건형성이 이루어지면 벨 소리만 듣고도 침액을 분비하게 되어 이때의 벨소리를 조건자극(CS)이라 하고, 여기에서 유발되는 수액분비의 반사를 조건반사(CR)라 한다. 결국 조건화가 되는 과정은 CS-UCS의 제시를 반복함으로써 나중에는 CS만으로 침액이 분비됨을 뜻한다.

이 실험에서 나타난 결과를 보면 한번 형성된 조건반사는 무조건자극을 수반하지 않으면 점차 그 강도가 감소되며 조건자극을 주고 난 뒤 반사가 나타나는 시간도 차츰 늦어져서 나중에는 조건반사가 소멸되는데 이것을 소멸이라고 한다.

그러나 다시 무조건자극을 조건자극과 함께 주면 다시 타액의 분비상태가 나타나며 그 강도도 커지고 시간도 빨라진다. 이와 같은 무조건자극과 조건자극을 시간적으로 접근해서 제시하고 조건반사를 일어나게 하는 조작을 강화라 한다.

(2) 도구적 조건화

고전적 조건반사가 응답적 행동(respondent behavior)에 의하여 조건이 형성된 것인 것에 비하여 도구적 조건화는 적극적이고 능동적인 조작적 행동에 의하여 조건화되는 현상이다. 즉, 도구적 조건화는 조작적인 행동에 의하여 반응을 하여서 어떠한 강화인자를 얻게 되어 조건이 형성되는 것이다.

전형적인 실험법으로서는 보수훈련법과 도피훈련법이 있다. 보수훈련법은 E. L. Thorndike가 사용한 문제상자와 미로에 의한 훈련으로서 어떤 상황에 있어서 보수(reward)를 획득하는 데 대한 특정한 반응이 다른 반응으로부터 선택되어 강해짐에 따라 학습되는 현상을 말한다.

도피훈련법은 보수훈련과 반대되는 개념으로써 어떤 상태하에서 사람이나 동물에 불쾌감을 주고 이것에 대한 반응을 관찰하는 것이다. 이때에 보면 대부분이 불쾌자극을 가하였을 때 불쾌의 경감을 위하여 도피하는 현상을 볼 수 있다. 이와 같은 사태는 횟수가 거듭됨에 따라 그 반응 작용이 빠르며 도피에 소요되는 시간도 단축된 경향을 엿볼 수 있다.

조건형성의 학습원리는 다음과 같이 제시된다.

첫째, 시간의 원리이다 ; 자극은 시간적으로 동시 혹은 조금 앞서야 한다.

둘째, 강도의 원리이다 ; 제 2의 반응은 제 1반응과 같거나 더 강하여야 한다.

셋째, 일관성의 법칙이다 ; 조건자극은 한 종류로서 꾸준하여야 한다.

넷째, 계속성의 원리이다 ; 자극과 반응의 관계를 반복하여 회수를 증가시킬수록 조건화가 강화된다.

2) 시행착오설

시행착오에 의하여 이루어지는 학습은 가장 기본적인 것으로서 우리가 일상생활에서 흔히 경험하는 행동이다. 어떠한 목적을 달성하기 위하여 처음부터 알지 못하는 일에 집착하는 경우가 있다. 이때 우리의 행동은 문제를 해결하기 위하여 시행착오적 행동을 몇 번이고 되풀이하다가 성공하는 수가 있는데, 성공하면 만족감을 얻고 실패하면 그렇지 못하다. 이때의 학습장면은 자극과 반응이다. 자극은 목적을 달성하기 위한 학습대상이 곧 자극이 될 수 있고, 반응은 학습할 결과에서 일어난 행동이라 볼 수 있는데, 여기에서 이루어진 것이 결합의 원리이다. 학습한 결과, 만족한 반응을 얻었다면 감각인상과 행동을 하는 충동 사이에 결합이 이루어지는 것이다. 이 원리는 비단 오늘날의 발견이 아니라 17세기에서부터 대두된 것인데,[10] 이것을 실증적으로 입증하여 체계를 세운 이론이 E. L. Thorndike의 시행착오설(trial and error theory)이다.

그는 고양이를 가지고 실험하였다. 상자(problem box) 안에 고양이를 넣고 상자 밖에 먹이를 매달아 놓으면 고양이는 먹이를 먹기 위하여 온갖 동작을 한다. 처음에는 헛된 동작과 많은 시간을 허비하면서 우연히 페달을 밟게 되고 페달은 문을 열게 하여 먹이를 먹을 수 있게 된다. 이러한 과정을 반복하게 되면 고양이는 동작이나 시간의 소비는 감소되며 종국에는 성공적인 반응만을 하게 된다. 이처럼 고양이가 오랜 시간이 걸렸다고 하는 것은 부정확한 반응으로 인한 시행착오의 헛된 동작이 많았다는 것을 뜻하는 것이고, 후에 성공적인 반응을 보인 것은 부정확한 반응이 소거되어 올바른 반응만을 했다는 뜻이다. 이상의 실험을 통하여 Thorndike는 다음의 세 가지 주요법칙을 제시하였다.

(1) 효과의 법칙

만족한 결과는 강하게, 불만족한 결과는 약하게 학습 장면과 반응사이에 결합이 이루어지는 법칙이다. 고양이가 페달을 밟아 문이 열려 먹이를 먹고 만족한 결과를 이루었기 때문에 페달 밟는 반응은 강하게 결합되었고 여타의 헛된 동작은 약화되었거나 소거된 것을 보아도 알 수 있다. 마찬가지로 학습자가 학습할 때 교사로부터 잘했다는 칭찬을 받으면 자극과 반응이 강하게 결합되어 그러한 행동이 다음에도 나타나려는 경향은 이 법칙에 기인된 행동이라고 할 수 있다.

(2) 연습의 법칙

이것은 빈도, 반복, 사용과 불사용, 혹은 습관의 법칙과 같은 말로 쓰인다. 학습의 반응이 어떠한 학습장면과의 결합 횟수가 많으면 많을수록 그러한 학습장면을 쉽게 이룰 경향이 크다는 말이다. 반대로는 횟수를 거듭하여 사용하지 않으면 학습장면과 반응 간에 통합이 이루어지지 않는다는 말이다. 그러므로 많은 연습은 반응을 강화하고 부족한 연습은 반응을 약화시키는 것이다.

고양이가 페달을 누르는 반응이 많을수록 밖으로 나오는 시간이 점차 단축되었다는 점을 보아도 알 수 있다. 마찬가지로 학습자들이 피아노를 칠 때 계속적으로 많은 연습을 하면 피아노치기가 강화되어 학습결과가 좋을 것이고, 오랜기간 연습하지 않으면 약화되는 것은 사실이다.

(3) 준비성의 법칙

학습하려는 준비가 충분히 되어 있을 때 학습하면 만족한 반응을 가져와 자극과 반응의 결합이 잘되고, 준비성이 없거나 또는 준비성이 충만되어 있어도 외부의 억제를 받으면 불만족을 일으킨다는 것이다. 배고픈 고양이와 먹이 사이에 역동적 관계가 성립된다는 것은 역시 준비성과 같은 것이다.

이러한 시행착오 이론에 대하여 형태심리학파나 행동주의자들의 비판적 견해가 있는데 내용은 다음과 같다.

첫째, 연습의 법칙에 있어서 무조건 반복적으로 연습만 한다고 해서 학습반응이 강화되고 결합되는 것은 아니라는 것이다. 연습의 법칙이 성립되는 경우는 학습 자료가 학습자에게 현저한 의미가 있을 때에만 성립되는 것이지 맹목적인 반복은 학습의 반응을 강하게 결합시키지 못한다는 것이다. 학습의 의도가 뚜렷하고 주의가 집중되도록 의미가 있는 학습이라야만 연습의 효과가 크다고 볼 수 있다. 둘째, 효과의 법칙, 즉 학습의 결과가 만족하였을 경우에는 강화되고, 불만족하였을 때는 약화된다는 주위 쾌고(快苦)의 법칙에 대해서 행동주의자들은 이를 번복하고 있다. 왜냐하면 그러한 법칙의 성립은 주관적 입장에서 성립되는 것이지, 객관적으로는 그러한 해설을 받아들일 수 없다는 것이다. 한편 다른 심리학자들은 이 법칙을 인과적 요인 관계로서 설명하고 있는 사람도 있다. 그리고 형태 심리학파들도 Thorndike의 결합설에 대하여 체계적이고 전체적인 구조를 들어 비판하고 있다.

3) 통찰설

이 학설은 Kőhler에 의해서 창시된 학습 이론이다. 그는 수년간 유인원을 대상으로 여러 가지 실험을 하였고 그 결과 통찰설(insight theory)을 주장하였다.

예를 들면, 유인원이 좋아하는 바나나를 천정에 높이 매달아 놓고 그 아래에 막대기와 상자를 놓아두고, 배고픈 유인원을 들여 보낸다. 이와 같은 실험장에서 유인원이 바나나를 따 먹는 학습을 관찰하였을 때 유인원은 그 문제 장면을 두루 살피더니 바나나를 따 먹을 수 있을 만큼 상자를 쌓아올리고 막대기를 이용하여 바나나를 따 먹었다. 또 하나의 실험으로서는 막대기만을 실험장에 흩어 놓되 막대기가 짧게 되어 있어 하나로서 도저히 바나나를 따 먹을 수 없게 만들어 놓았다. 그리고 짧은 막대기는 서로 연결할 수 있도록 만들어 놓았다. 이러한 상태에서 유인원은 막대기를 가지고 여러 모로 살핀 후 처음에는 짧은 막대기로 바나나를 따 먹기 위한 노력을 기울였으나 실패했다. 다음은 주위를 다시 살피고 두 개의 막대기를 서로 연결하여 마침내 바나나를 따 먹었다.

Kőhler는 비단 이런 실험뿐만 아니라 아주 복잡한 실험에 이르기까지 20여 종의 실험에서 모두 성공하였다고 한다. 이와 같은 학습은 도대체 어떤 심리적인 작용에서 일어나는 행동의 변화인가? Kőhler는 이 실험을 시행착오도 조건반사도 아닌 통찰(insight)에 의해서 이루어지는 학습이라고 주장하였다.

이전 실험에서 유인원은 어떻게 하면 문제를 해결할 수 있을까를 관찰하고 이 관찰을 통하여 바나나와 막대기를 문제해결의 고리로 연관시켰다. 즉, 어떤 의미 연관이 떠올라 막대기와 상자가 목표에 도달하는 수단이 되는 역할을 한다는 것을 알게 되었다. 이처럼 관찰 이전만 하더라도 무의미했던 막대기와 상자가 전체적인 문제 장면과의 관계에서 특정한 의미를 갖게 되어 그것이 일정한 기능을 가졌다는 것을 알고 목표달성을 위하여 시행을 하게 된다. 이 시행은 통찰한 결과에서 일어난 새로운 행동의 학습적인 발달이라고도 보는 것이다.

즉, 학습을 지배하는 기초적인 원리는 전체적인 구조를 이루고 있는 문제 장면의 상호의존적인 전체과정의 관찰이 결국 통찰로서 문제를 해결할 수 있는 인지구조가 머리 속에 들어오는 것이라 볼 수 있다.이 통찰설은 장이론(Field theory)을 뒷받침하는 것으로서 일반적으로 학습이론의 장이론에 포함시킬 수 있다.

이 이론에 대하여 여러 심리학자들의 비판이 있다. E. Matheson은 유아(2~4.5세)를 피험자로 하여 실험하였는데, 유아의 행동은 통찰적 행동보다는 시행착오적 행동을 많이 나타냈다고 하였다. E. R. Hilgard는 통찰이란 학습자의 능력과 과거의 경험, 또는 실험장치 등에 의존하여 일단 탐색한 후에 일어나는 행동이기 때문에 이러한 요인을 전제로 했다고 하는 것을 생각할 때 다소 통찰이 있다고 주장하고 있다.

제3절 학습지도의 조건

1) 준비성

(1) 준비성의 의미

일반적으로 어떤 행동을 하기 전에 철저히 준비한다는 것은 성공을 예견하기도 하며 여러 문제를 사전에 예방할 수 있는 여건을 만든다. 준비되지 않으면 많은 노력들에 비하여 효과적이지 못한 경우가 주위에서 종종 발견되기도 한다.

현대 심리학에서 준비성에 대해서는 비교적 통일된 정의가 이루어지고 있다. 일반적으로 준비성이란 어떤 행동의 습득에 필요한 조건이 갖추어져 있는 상태라고 정의된다. 어떠한 학습이라도 성공적으로 달성하려면 일정한 수준의 발달이 필요하다.

그 수준에 도달하기 이전에는 아동 · 학생은 학습에 흥미를 갖지 못하며 학습하려는 의욕도 일어나지 않는 것이다. 준비성이란 준비 및 대비라는 의미로서 그 어떤 학습을 성공적으로 이룩하려고 할 때, 심신의 준비가 갖추어져 있다는 것을 말한다.

일반적으로 준비성에는 다음과 같은 의미가 내포되어 있다.

① 준비성의 개념은 발달 및 교육문제와 깊게 관련되어 있다.
② 준비성은 단일한 요인이 아니고 몇 가지 요인이 복합되어 있으며 그것은 누적된 복합이다.
③ 준비성은 개개인의 행동습득에 따른 개념이다.

(2) 준비성의 요인

준비성에 관련된 원인적인 요인을 요약하면 다음과 같다.

① 성숙

성숙은 학습의 바탕인 준비성의 중요 요인으로써 발달을 추진함에 있어서 학습과 상보적 관계를 이루고 있다. 문자를 배우려면 지각의 발달이 먼저 되어야 하며 턱걸이를 하려면 턱걸이를 할 수 있는 신체적 성숙이 되어 있어야 한다.

② 지능

아동 · 학생의 학습활동은 지능발달이 주된 활동이 된다. 흔히 지능과 관계되는 요소로서 환경을 들 수 있으나 기본적 바탕으로서의 학습의 가능성은 지능이 중요하게 대두된다. 정신박약아는 특수한 훈련을 받지 않고는 초보적인 학습인 독 · 서 · 산(讀 · 書 · 算)의 학습이 불가능하며 지능이 우수한 아동은 저능아보다는 학습의 속도가 빠르며 학업의 성적도 좋은 것이다. 따라서 지능은 학업을 결정해 주는 중요한 요인이 된다.

③ 경험

경험의 성과는 아동이 이미 가지고 있는 경험의 배경에 의하여 크게 좌우된다. 이미 경험한 것과 관련된 학습을 할 때에는 흥미가 유발돼 있기 때문에 학습의 동기유발이 쉽게 이루어질 뿐만 아니라 쉽게 이해가 되는 것이다. 더욱이 고등정신 기능에 관련된 학습일수록 하위 학습이 많이 요구된다. 선행학습이 충분하면 할수록 학습하는 데 필요한 준비성이 충분히 갖추어지게 되는 것이다.

이밖에도 준비성의 요인으로 건강, 감각기관, 운동 조정능력 등과 같은 생리적 요인과 정서적 · 사회적 적응 등의 성격적 요인, 그리고 환경적 요인도 있다.

2) 동기유발

(1) 동기의 의미

동기란 인간의 행동을 촉발시키고, 촉발된 행동을 유지하여 일정한 행동 방향으로 이끌어가는 과정의 총칭이다.[11] 동기유발은 유기체 내에서 일어나는 충동과 환경에 의해서 일어나는 충동이 상호작용을 일으키는 유인에 따라 그 과정이 결정되는 것이다. 충동은 여러 가지로 분류할 수 있다. 예컨대 기아, 성욕, 배설욕과 같은 생리적인 충동과 협동성, 공격성, 승인욕, 우월감, 경쟁심 등과 같은 사회적 충동으로 나눌 수 있으며, 생득적인 충동과 학습에 의해서 습득된 충동으로 구분할 수도 있으며, 기갈(氣渴)과 같이 유인을 구하려는 적극적인 충동과 고통을 회피하려는 것과 같은 소극적인 충동 등으로 나눌 수 있다.

학습에 있어서 어떤 충동이 작용하는가에 대해서는 학습의 시기나 학습의 종류에 따라 달라지기 때문에 일률적으로 말하기는 어렵다.

그러나 기아, 갈증과 같은 생리적 충동이 학습의 충동이 될 수 있는 것은 영 · 유아기에서 가능하며, 그 이후는 부모에의 의존, 승인, 상, 칭찬에 따르고자 하는 충동 등이 학습의 중요한 충동이 된다. 영아로부터 성인에 이르기까지 가장 중요한 내재적 충동으로서는 탐색, 조작 등의 호기심이며, 이 호기심이 강하고 약한 것은 유기체가 환경과의 상호작용 등을 통하여 어느 정도 적극적으로 경험을 하느냐에 따라 결정된다.

유인(incentive)은 기아에 대한 음식물, 갈증에 대한 물과 같이 충족을 만족시킬 수 있는 경우도 있고 두통의 자극을 없애려고 하는 충동을 일으키는 경우도 있다. 전자를 정적인 유인, 후자를 부적인 유인이라고 한다. 그런데 학습의 과정에서 정적 유인의 경우는 보상이 되고 부적 유인의 경우는 벌과 같은 것이다. 충동이 일어나는 것은 인간의 생활에서 필요한 조건의 상실이 자극이 되어 일어나며, 또한 유인이 자극이 되어서 일어나기도 한다. 후자와 같이 유인에 의해서 유발되는 경우가 있는가 하면 반대로 충동에 따라서 외계의 자극이 유인이 되는 경우도 있는 것이다. 예컨대 더운 날 갈증이 일어났을 때 차가운 음료수는 유인성이 높다. 그러나 차가운 음료수를 여러 잔 마시고 충동이 만족된 다음에는 차가운 음료수의 유인성은 상실된다. 이 상태를 포화라고 한다. 이와 같이 유인과 충동은 상호 규정지어 주는 역할을 한다.

(2) 동기유발 방법

보다 효과적인 학습 성취를 위하여 다음과 같이 몇 가지 동기유발방법을 제시한다.

① 학습에 대한 흥미이다

학습자가 학습내용에 대하여 흥미를 갖는다는 것은 관심을 갖는 것이며, 이는 성공적인 학습을 위한 필요조건이다. 물론 모든 학습자가 일률적으로 흥미가 같을 수는 없다. 저학년의 경우는 인공물이라든지 시각적 요소의 작용이 크게 작용하지만, 고학년의 경우는 다소 다르다. 학습에 대한 흥미는 내적 자발성과 밀접한 관련이 있다.

② 학습결과를 명확히 인지시킨다

어떠한 학습을 진행하기 전에 이 학습을 진행한 후 어떠한 결과로서 학습자에게 성취될 수 있다는 것을 알려주는 일이다. 이때 학습자는 장차의 학습 내용에 대하여 기대하게 되고 나름대로의 성취를 위하여 노력한다. 단적인 예이지만 학습자에게 "이러한 내용의 학습은 시험 출제 빈도가 높다"고 사전에 이야기하여 주면, 혹은 "이러한 내용은 어떠한 자격증과 결부된다"고 교육시킨다면 학습자는 그러한 결과를 인지하지 않는 것보다는 적극적인 학습 성취를 위해 노력하게 된다는 점이다.

③ 호기심을 자극하여야 한다

호기심은 흥미를 유발시키는 동기이다. 새로운 것, 신기한 것을 추구하고 탐구할 수 있는 기회를 제공하여야 한다. 호기심은 적극적이고 역동적일 때 더 많이 자극된다. 또한 상호작용 상태에서 발문을 어떻게 하느냐에 따라 호기심 자극강도가 다양하게 표출된다.

④ 학습결과나 진보의 정도를 안다

학습자 스스로가 자신이 처하고 있는 위치나 진보의 정도를 알게 될 때 학습자는 자기의 학습속도를 결정하며 나름대로의 학습 성취를 위하여 계획한다. 예를 들면 절대

평가 체계에서 한 학습자가 지금껏 받아보지 못한 높은 점수를 받았다고 가정하자. 이 학습자는 그 점수 자체로만 만족할 경우가 있다. 그러나 그 진보의 정도가 다른 학습자와 비교할 때 하위그룹에 속한다는 것을 알게 되면 높은 점수를 받았다고 하여 자기의 진보가 앞서 있다고 자만하지 않을 것이라는 점이다. 그러나 노력한 것에 비하여 학습결과의 진보 정도가 극히 낮음을 알았을 때는 지나친 열등감에 사로잡힐 때가 있음을 잊지 말아야 한다.

⑤ 성공감과 실패감이다

학습자 요구수준이 문제이지만 일반적으로 실패보다는 성공이 동기유발하는 데 기여한다. 저학년일수록 성공이 실패보다는 동기유발을 촉진시키며 지적 능력이 우수하다든지 고학년일 경우는 때로는 실패가 동기유발을 촉진한다. 성공감을 강화시키기 위해서는 성취수준을 낮게 유지하는 것도 한 방법이다. 높은 성취수준의 설정으로 인한 실패는 때로는 자신감을 떨어뜨리는 경우가 있다.

⑥ 상과 벌이다

상과 벌은 쾌와 불쾌를 이용하여 동기를 유발시키는 방법이다. 일반적으로 상은 동기유발하는 데 긍정적인 요소이나 너무 빈번한 상의 남용은 오히려 동기유발을 방해하므로 유효 적절한 상이 이루어져야 한다. 벌은 되도록 피하는 것이 좋으며, 벌을 주어야 할 경우에는 죄과가 명백해서 자타가 인정할 만한 처지에서 행하여야지 그렇지 못하면 오히려 역효과를 낼 수 있다.

⑦ 경쟁심과 협동심이다

서로 간의 경쟁의식을 불러일으켜서 동기유발을 시키거나, 서로 협동하여 일을 할 수 있도록 동기유발을 시키는 경우이다. 더욱 잘하면 보상을 해 주며 협동심을 통한 동기유발을 위하여 소그룹 학습, 분단학습 등을 행할 필요가 있다. 그러나 지나친 경쟁심의 양성은 이기주의, 영웅주의가 될 소지가 있음을 인식하여야 한다. 어떻든 경쟁심이 동기유발의 강력한 방법임에는 틀림이 없으며, 협동심은 민주인 양성에도 크게 기여함을 부인할 수 없다. 이 외에도 칭찬과 질책, 성별의 이용 등이 있다.

제4절 학습의 원리

1) 자기활동의 원리

이 원리는 자발성의 원리라고도 하며 Rousseau나 Pestalozzi의 영향이 컸고 Dewey에 의하여 구체화되었다.

인간의 자연성을 강조한 Rousseau는 학습지도에 대하여 "과학을 가르치는 것이 아니고 발견하는 것"이라고 하였고, 인류의 스승 Pestalozzi는 "교사가 청소년들에게 줄 수 있는 오직 하나의 일은 그들의 자발적인 활동을 옆에서 도와주는 것"이라고 하였다.

이와 같이 자발성의 원리란 자기활동, 자기구성, 자기발전, 또는 자기생산이라는 점에서 학습의 모든 가능성이 의존하고 있는 최후의 중심관계가 자아, 즉 생명이라고 보는 원리에 입각한 것이다. 실예로 말을 물가에까지 끌고 갈 수는 있지만 물을 먹고 안 먹고는 말의 자발성에 달려 있다. 따라서 외부로부터의 자극에 의하여 받아들일 수 있는 주요한 요인은 오히려 학습자 자아의 의지적인 점에 있다고 볼 수 있다. 이점은 어떤 학습을 막론하고 그것은 학습자 내부에서 일어나는 학습의욕으로 전개되고 성립되는 것이라고 볼 수 있다. 이런 의미에서 교육이란 자기발전이요, 자기발전을 위하여 필요한 것이 자기활동이다.

현대교육에서 동기유발이라든가, 학생의 요구라든가, 교육적인 환경의 구성문제 등을 강조하는 것은 결국 학생 자신의 내면적인 자기활동을 전제로 하는 것을 뜻한다. 즉, 학습자 자신이 요구하고 추구하는 목표를 향하여 여러 가지 적응형태를 취함으로써 자기실현, 자기표현을 위한 자기활동을 환기하고, 지도자는 적응의 기능과 적응의 구조를 바탕으로 학습자의 자기실현의 과정을 도와주는 것이다.

이렇듯 학습지도에서 자발성을 존중한다는 것은 개인의 내적 생명인 자기발전을 조장할 뿐만 아니라 그 생명이 직면하고 있는 문제해결의 방향을 올바르게 하고 그 해결을 조장하는 것을 의미한다. 자발이 없는 곳에 자유는 없다. 자발성이란 자기문제를 자기의 책임하에 해결하려는 것이다. 이와 같은 태도를 자주적인 태도라고 한다. 이 자주성의 확립은 곧 학습지도의 직접적인 목표가 된다.

2) 개별화의 원리

교육의 효과를 위하여 현대교육에서는 학습자 개개인의 능력, 소질, 성향 등 모든 발달 가능성을 최대한 신장시키는 것을 요구하고 있다. 즉 학습활동에서 학생의 흥미, 지능, 활동경향, 성격 등 개인이 가지고 있는 특성을 존중하고 개체를 살리는 교육의 방향을 강조하게 되는데, 이것이 곧 개별화에 관한 문제이다. 학습자의 개성이나 능력에 맞는 이상적인 지도형태는 교사와 학생의 1 : 1에 의한 지도형태를 목표로 하는데, 그것은 교육사적으로 가정교사에 의한 지도형태를 말한다. 이러한 학습형태는 반드시 이상적인 것이라고만 말할 수는 없지만 그래도 개인지도는 다른 학습방법에 비하여 효과적인 학습방법이라고 볼 수 있다.

일반적으로 학습지도의 개별화란 학습자의 개성 또는 개인차에 따른 지도방법, 학습내용의 구성을 말한다. 그러므로 지도의 개별화란 개인적 지도라는 의미를 갖게 된다.

이와 같은 학습의 개별화의 경향은 개인차의 문제를 밝힌 심리학의 발달에 의해서 촉진되었다. 그리고 그와 동시에 개인에게 최고의 가치를 부여하고 사회는 완성된 개인의 집합으로 이루어진다는 민주주의 생활 철학이 더욱 이 경향을 자극하고 발전시켰다. 또 누구를 막론하고 그 사람의 능력에 따라 기회균등의 권리가 보장되며 사회적인 통제를 받지 않고 행동할 수 있도록 민주주의 생활의 원리는 학생들의 흥미나 능력에 따라 학습시켜야 할 것을 더욱 강조하게 되었다. 요컨대 학급집단의 공동책임 밑에 수행되는 학습활동 중에는 여러 가지의 질적인 차이가 있는 작업이 포함되어 있으므로 그것을 학습자의 관심과 교사의 지시에 따라 학습내용을 분담하여 진행시키는 것이 가장 효과적인 개별화된 학습이다.

이렇듯 개성에 맞도록 실제 운영하는 데 있어서는 심리적인 방법에 의하여, 또는 기타 과학적인 결과를 기초로 하여 학생들의 개성을 각 방면으로 연구하고 밝혀야 한다. 그리고 개인차에 적응하는 지도방법을 적용해야 한다. 그래야만 학습자의 개성을 충분히 발달시킬 수 있기 때문이다. 그리고 이에 더하여 학습재료나 교육과정의 개별화에 더욱 박차를 가하게 될 것임은 다시 말할 필요도 없다.

3) 사회화의 원리

학습지도가 문화재를 통한 지식의 전달만으로 그쳐서는 안 된다. 오늘날의 교육은 지식이나 기능의 습득만을 목표로 하고 있지는 않다. 그것은 오히려 사람을 형성하기 위한 일부분의 방법이요, 또 수단에 지나지 않는다.

즉, 학습은 개인의 인격완성이나 인간형성을 목적으로 하는 의도적 · 계획적 활동인 한편 개인을 사회화하는 동화작용이며, 사회인으로 형성하는 사회 작용의 하나인 것이다. 그러므로 아동 · 학생이 하나의 독립된 인간으로서 그들이 소속한 각종 사회에 참가하여 원만한 사회관계를 맺어가면서 개인적으로 행복하고 사회적으로 유용한 일원이 되도록 학습을 지도해야 한다. 더욱이 문화가 향상 · 발전함에 따라 복잡해진 현대 사회에서 각자의 생활을 잘 영위하여 나갈 수 있는 민주인을 육성하기 위해서는 개별화의 원리뿐만 아니라 사회화의 원리 역시 조화있게 적용되지 않으면 안 된다. 그러기 위해서는 학습내용을 현대사회의 사상(事象)과 문제를 기반으로 하여 학교 내에서의 경험과 학교 외에서의 경험까지도 상호 교류시키는 한편 집단과정을 통한 협동능력, 책임의식의 학습경험도 제공할 것이 요망된다. 이런 사회적 학습이 이루어질 때 서로 비교하여 시인하고 자극하는 기회가 주어지며, 집단의 공동적인 문제를 협력해서 해결할 때 민주사회의 구성원으로서 자질을 직접 체득할 수 있게 되는 것이다.

4) 통합화의 원리

종전의 교과형식은 분과적인 형식을 취해 왔다. 예를 들면 초등학교에서도 국어 · 수학 · 사회 · 과학 등 많은 교과로 나누어 교사가 가르치고 학생들은 배우느라 고생해 왔다. 그러나 근래 초등학교 저학년의 교과는 슬기로운 생활, 바른 생활, 즐거운 생활 등으로 교과내용이 통합되었다.

물론 통합은 '외면적 통합으로서 교과나 교재의 통합과 내면적인 통합으로서 인격의 통합'으로 나누어 생각할 수 있으며, 아울러 이 두 분야에 대한 통합이 요구된다.

현대 교육은 전인교육을 목적으로 하고 있다. 이는 학습지도는 학생 개개인을 전체로서의 생활환경에 적응시키고 학생이 본래부터 가지고 있는 모든 능력을 조화적으로 발달시키도록 해야 함을 의미한다. 학습지도에 있어서 통합의 요구는 민주사회의 구성원으로서 필요한 학습이다.

학습에 있어서 통합화의 원리를 구현시키기 위하여 먼저 교과 · 교재를 통합하고, 학습문제 해결의 진행방식을 통합적으로 지도하며 그와 같이 함으로써 생활지도와 밀접한 관련을 맺어 가정, 학교, 사회의 삼자가 긴밀한 협력관계를 취해 나가야 하는 것이다. 그 점은 궁극적으로 전인적 인간발달의 교육목표에 부응하는 것이기 때문이며 더구나 학습자는 나눌 수 없는 하나의 전인적인 인격이기 때문이다. 또한 통합화의 원리를 학습지도에 적용하는 데 있어서 학습자의 인성발달이나, 학습자의 생활의 확대나 충실, 더 나아가서는 사회의 개조나 진보를 위한 분화적인 발전과정과 모순된 것이어서는 더욱 안 된다. 왜냐하면 통합화의 원리도 결국은 개인이나 문화 또는 사회발전을 위한 하나의 원리에 지나지 않는 것이기 때문이다.

제5절 기억과 망각

1) 기억

학습한 내용을 정확하게 재생한다는 것은 유전과 파지 후의 개인적인 노력이 뒤따름으로써 가능하다.

학습이 우리가 경험한 내용을 획득하는 과정이라면 이러한 경험 내용을 저장하고 재생해 나아가는 일련의 과정을 기억이라 할 수 있다. 인간행동은 행동하는 개체와 환경과의 역동적 관계에 의하여 이루어진다고 볼 수 있다. 그러나 이 양자의 관계도 엄밀하게 살펴보면 시간적인 사실로서 지금의 순간적인 행동은 존재로서의 장면을 구성하고 있는 구조와 동시에 과거에 있었던 경험의 영향 때문에 규정된다고 보는 것이다. 그렇기 때문에 현재의 경험도 시간적으로 독립되어 있는 것이 아니고 이어나가는 통일적 · 전체적 경과의 1분절이다. 과거에 있었던 경험 내지 사건들은 개체에 어떤 영향력을 남기고 또한 이를 출발점으로 하여 현재의 장면에서 행동하고 있는 것이다. 그렇다고 하여 모든 행동이 과거에 있었던 행동을 기반으로 하고 있는 것은 아니다. 인간행동은 과거경험 이외에도 반사적 행동이라든지, 무의식적인 습관 등도 엿볼 수 있다.

이와 같이 인간의 기억은 독립적인 설명이 불가능하다는 사실을 알 수 있다. 그러므로 기억은 경험된 사실이 얼마나 어떻게 파지되느냐 하는 쪽으로 문제의식을 좁혀서 설명할 수밖에 없는 협의적인 정의에 불과하다.

과거에 있어서 경험한 결과가 지금에 있어서 자신의 행동변용에 관계된 문제라면 학습과 동일한 의미로 생각할 수 있다고 하지만, 협의로는 기억이란 과거에 겪은 경험이 어느 기간 동안 파지되는 작용이라고 하는 또 하나의 정의를 발견할 수 있다. 이례적으로 기억을 의도적인 기억과 무의도적인 기억으로 나누어 생각할 수 있으나 일반적으로 記銘(memorizing), 把持(retention), 再生(reproduction), 再認(recognition) 등의 과정을 거치는데, 이를 요약하면 다음과 같이 정리할 수 있다.

기억에는 논리적으로도 그렇지만 현실적으로 세 가지 시기로 구별할 수 있는데 이는 기명→ 파지→ 재생의 과정으로서, 기명은 어떤 사실을 습득하고, 파지는 선행경험의 잔재가 존속하는 것이고, 재생은 그것이 반응으로서 재현되는 현상이다. 이렇게 따져 볼 때 기억은 넓게는 과거 경험이 현재까지 남아 있어서 현재의 행동에 영향을 주는 것이라고 결론지을 수 있을 것이다. 다시 말하면 유기체는 그 단계를 올라감에 따라서 복잡한 분화작용을 하지만 그 복잡하게 분화하고 있는 하나하나를 연결하고 기억한다.

이와 같은 의미에서 볼 때 우리들은 이러한 기억에 의하여 현재의 생활을 영위하며, 지금의 기억재에 의하여 미래를 추구하고 새로운 생활 설계를 꾸며 나가는 것이다.

(1) 기억의 강화

우리가 생활하여 나가는 데 있어서 오랫동안 기억하며 그것을 어떻게 쉽게 재현하느냐 하는 것이 얼마나 중요한지를 인식하였다. 다시 말하면 그것은 어떻게 하면 잘 기명하고 잘 파지하고 잘 재생하며 그것을 재인할 수 있게 되느냐의 문제일 것이다

정보처리적 입장에서의 설명을 빌어 이 문제를 다룬 것을 보면 우선 감각 유입적 정보가 감각 기억화되고, 단기 기억화되었다가 또다시 장기 기억화되는 과정에는 여러 가지 요인이 작용하여 장기 기억의 질을 결정하게 되는 것으로 여기 기억에 작용하는 여러 가지 요인을 제시하고 있는 바 구체적인 예를 추가하여 설명하면 다음과 같다.

① 주의력

우리는 흔히 주어지는 자극에 대해 그 크기, 색, 명암, 형태와 같은 자극의 속성에 유의하여 기억한다. 이와 같이 누가 얼마만큼 주의를 집중하고 그 자극의 속성을 관찰했느냐가 장기기억에 도움을 주는 요소가 되는 것이다.

② 의미화

라면 이름이 '라또마니'라든가 산란계 이름이 '마니나'라든가 육계의 이름이 '마니커'라든가 하는 것은 글자와 관련하여 어떤 의미를 갖도록 한 것으로서, 기억하는 주체가 얼마나 의미화 하느냐에 따라 기억의 질을 결정한다.

③ 기술화

'Ice'라는 영어의 단어를 기억함에 있어서 'c'만 기억하고 그 앞에는 'I' 뒤에는 'e'가 온다고 기억한다거나, '683386'이라는 숫자를 기억함에 있어서 '683'만 기억하고 그 뒤는 그것의 역순임을 기억한다든가 하는 것은 기술적인 것, 혹은 어떤 요령을 통한 기억 방법인 것이다.

④ 정보의 요약, 조직화

이씨 조선의 역대 임금의 순위를 기억함에 있어서 태조, 정종, 태종, 세종… 순으로 기억하는 것이 아니라 태정태세문단세… 등으로 요약한다거나 루트($\sqrt{\ }$)값을 기억할

때 √2 = 1.41421, √3 = 1.73205, √5 = 2.236…을 하네하네이일을 한칠삼이영오가 두리세여… 등으로 요약하여 기억하는 방법이다.

⑤ 언어나 신체적 활동

주판셈을 잘하는 사람의 암산식을 보면 계속 숫자를 작은 소리로 부르거나 주판이 주어지지 않았음에도 주판알을 튕기듯 손가락을 움직이는 모습을 볼 수 있으며, 또 어떤 경우에는 기명할 때나 재생할 때 책상을 두드린다거나 혹은 발바닥으로 땅을 치는 따위와 같이 언어, 또는 특수한 행동을 기억과 관련시키는 것을 말한다.

⑥ 심상 및 Loci법

Loci란 라틴어의 장소란 말로서, 이 기법은 기원전 이미 희랍이나 로마에서 사용된 것으로 알려져 있다. 이는 기억할 정보를 자기가 살고 있는 거리나 장소 또는 특정의 대상 및 그 특성과 관련시켜 기명하고 재생하는 방법이다. 즉, 시험공부를 한 책상에서 시험을 볼 경우는 그렇지 않는 것에 비하여 기억의 재생이 용이한 경우를 말한다. 이러한 것들은 대체로 주어진 정보를 체계적으로 기호화하는 요령이 되는 것이나, 기억주체의 특성이나 정보의 내용에 따라서 달라질 수도 있고, 그 수준에 따라서 장기 기억화의 정도가 결정되기도 한다. 분명한 점은 암기 혹은 기계적 기억보다는 기억내용을 기호화한다거나 의미화하여 기억하는 것이 장기기억화에 효과를 기대할 수 있다.

(2) 기억의 강화에 영향을 주는 요인

① 전기경련(電氣痙攣) 쇼크

전기경련 쇼크에 의한 역향건망증을 조직적으로 연구한 J. Jubin, S..E. Barrera에 의하면 10명의 환자에게 일정한 학습을 시킨 후 전기경련 쇼크를 가하여 학습법 내용에 대한 파지 현상을 조사하였더니 전기경련 쇼크가 파지를 저해했다. 그리고 파지 저해효과는 전기경련 쇼크가 원래 학습에 시간적으로 가까이 접근할수록 크다고 하는 것을 발견할 수 있었다.

그러나 G, A. Miller나 E. E. Coons의 연구는 전기경련 쇼크의 벌로서의 효과를 강조하여 전기경련 쇼크는 기억을 고정시키는 과정을 저해하는 것이 아니고, 공포나 갈등을 일으켜 그것에 의한 해당 행동을 억제하는 것이라고 보았다.

② 경련유발제

학습완성 후에 인슐린을 투여하면 경련을 일으켜 파지가 현저히 저해된다는 것이 인정되었다. 또 학습 시행 후 4일이 지난 뒤 인슐린을 투여하였더니 기억에 장애가 인정된다는 점을 C. A. Pearlaman(1961)의 실험 결과에서도 인정하고 있다.

③ 산소결핍

산소결핍이 되도록 하여 역향성의 학습저해 효과를 측정하였더니 역시 그 저해 효과가 크다고 한다. R. Thompson(1953)과 R. S. Pryer(1956)도 박쥐에게 변별학습을 완성시킨 후 박쥐를 감압실에 집어넣고 산소결핍을 일으켰더니 마찬가지로 학습 저해가 일어났다고 보고하였다.

④ 온도

금붕어를 회피학습 완성 후 15분 이내에 가열마취(heat narcosis)를 시키면 파지가 현저히 저해되지만 1시간 이상 지난 뒤 이와 같은 조치를 다시 취하면 효과가 없다고 한다. 냉각의 효과에 대하여 F. N. Sudak와 W. B. Essman의 연구에 의하면 박쥐를 회피학습 후 11분 이내에 체온을 25℃까지 하강시켰더니 기억의 상실이 현저하였지만 학습 후 1시간 이상 경과 후 냉각시킨 경우에는 효과가 거의 없었다. 그러나 뇌의 전기적 활동력(뇌파)에는 온도의 변화가 영향을 준다고 하는 것만은 부인할 수 없었다.

⑤ 마취

마취약의 효과에 관하여는 학습시행 후 각종 마취약을 투여하여 그 효과를 조사 연구하였는데, 마취약이 파지를 저해하고 그 저해 효과는 훈련시행에 시간적인 접근이 가까울수록 큰 것이라고 하는 결론이 나왔다. 특히 마취약은 기억이 고정되기 전에 투여하면 고정의 과정을 억제하는 것이 현저하다.

⑥ 일산화탄소

학습 후 탄산가스를 들여 마시게 하였더니 역향성 건망증을 볼 수 있었으며 학습 후 30분을 경과하여도 그 효과가 인정되었지만, R. I. Taber(1965), 그리고 R. M. Paolino (1966)의 쥐의 실험으로서는 4분까지만 효과가 있고 학습한 후 4분 후에 들이 마시는 것은 별로 효과가 없었다고 말하고 있다. 그러나 기억에 영향을 준다고 하는 사실을 부인하기는 어렵다.

⑦ 뇌에 직접적인 자극

1962년 H. Mahut(1962, 1964)의 연구에 의하면 학습 후에 뇌에 대하여 직접 자극을 가하면 기억에 영향을 준다고 보고하고 있다. 쥐의 시상비특수핵(視床非特殊核)에 전기적인 자극을 가하였더니 확실히 영향을 준다고 했다. 특히 최근 D. J. Albert(1966)에 의하면 음성 분극 전류의 통전은 기억의 고정이 저해되고, 양성 분극 전류의 통전은 고정이 촉진을 한다고 보는 것이다.

⑧ 환경의 복잡성

환경의 복잡성은 기억 고정이나 파지에 저해적인 영향을 준다. 특히 아동에게 복잡한 환경요인은 학습에 좋지 않은 영향을 준다. 어떤 사실의 기억고정은 단순화된 대로의 파지인데 복잡화된 사건들은 단순화된 현상들을 헝클어뜨리고 만다. M. R. Rosenzweig(1960)의 쥐에 대한 실험과 E. L. Bennett(1964)의 쥐에 대한 실험이 잘 입증하고 있다.

2) 망각

기억과 관련된 주요 관심사의 하나가 기억한 내용을 재생하지 못하는 망각의 문제이다. 즉, 장기 기억화된 학습내용을 다시 재생하지 못하는 현상인 망각 현상이 있으며 또 시간이 경과함에 따라 그 망각량이 증가한다는 사실을 모두가 경험적으로 인정하는 바이다. 1885년 H. Ebhinghaus는 무의미철자의 학습을 통하여 시간 경과에 따른 망각률을 밝혀 유명한 망각곡선을 제시한 바 있다. 내용은 [그림 1-1, 1-2]와 같다.

경과시간	파지율	망각률
0.33	58.2	41.8
1	44.2	55.8
8	35.8	64.2
24	33.7	66.3
48	27.8	72.2
6×24	25.4	74.6
31×24	21.1	78.9

〈그림 1-1〉 망각률

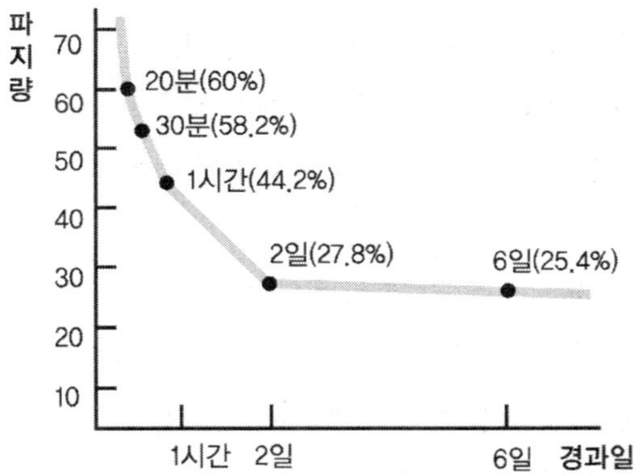

〈그림 1-2〉 망각곡선

이러한 기억내용을 인출해 내지 못하는 망각현상이 무엇 때문에 일어나는지의 문제가 제기된다. 이 의문에 대한 망각이론을 소개하면 다음과 같다.

망각의 문제를 설명하는 이론의 하나가 기억흔적 쇠잔이론(memorytrace-decay thee)이다. 이에 의하면 학습내용이나 정보는 뇌 속에 기억 흔적으로 남는 것으로 설명되는데, 그것을 사용하지 않으면 않을수록 기억흔적은 점차로 쇠잔되거나 퇴락한다는 것이다. 따라서 정보의 계속적인 사용, 암송, 반복학습을 통하여 기억흔적이 쇠잔된 것으로 간주된 이후에 최면상태나 무의식적 과정에서 기억내용이 나타나기도 하는데, 이러한 현상에 대하여는 기억흔적 쇠잔이론으로 설명할 수 없다.

또 다른 이론으로 간섭이론(intervention theory) 혹은 간섭설이라는 것이 있는데 이에 의하면 일단 학습된 내용이나 기억된 정보는 또 다른 학습이나 정보에 의하여 간섭받지 않는 한 그대로 기억으로 잔존하게 되지만 만약 다른 학습, 정보에 의하여 심히 간섭을 받게 되는 경우에는 학습된 내용이나 기억된 정보에 혼란이 일어나거나 망각이 발생하는 것으로 설명한다. 즉, 새로운 것을 학습하거나 일상생활에서 경험되는 새로운 정보들이 유입됨으로 인해서 기억된 정보의 파지, 재생에 장애가 일어나거나 망각현상이 발생하는 것으로 설명하고 있다.

특히 이러한 이론을 주창하는 학자들은 선행학습 내용이 후행학습 내용에 의하여 방해를 받는 경우를 역행제제라 하고, 선행학습 내용에 의하여 후행학습이 방해를 받는 경우를 순행제제(proactive inhibition)라 하고 있다. 그러나 이 이론으로도 설명되지 않는 현상이 있는데, 어떤 내용을 학습한 후 다른 학습을 전혀 하지 않고 잠만 자고 일어났음에도 불구하고 망각현상이 일어나는 상태에 대하여 간섭이론은 명확하게 설명하지 못한다.

그런가 하면 정서적 요인도 망각에 작용하는 것으로 설명하기도 한다. 즉 S. Freud의 지적에 의하면 인간은 의식화하기 곤란한 문제, 사회적으로 금기된 사항, 또는 충격적인 경험, 의식화함으로써 불안이 야기되는 기억들은 무의식적으로 억압시키기 때문에 망각현상이 발생한다고 하였다. 사실 우리의 경험내용이나 정보가 정서적으로 유쾌한 것은 흔히 잘 기억되고, 부정적 경험이나 불쾌한 정보 따위는 쉽게 망각되는 경향이 있음이 인정되기도 하여 정서적으로 혼란되었거나 심한 긴장 혹은 당황한 상태에서는 기억된 정보의 재생이나 인출은 지장을 받기도 하기 때문에 망각만이 아니라 장기기억의 인출에 정서적 문제가 깊이 게재되어 있는 것이 확실하다.

이러한 사실에서 보면 망각현상은 기억흔적의 쇠잔과 간섭이라는 두 가지 요인에 더하여 정서적 요인이 관련되고 있음을 알 수 있다.

3) 망각의 원인

한 번 기억한 사실을 망각하지 않고 오래 보존할 수 있다면 학습효과의 측면에서 매우 바람직할 것이다. 그러나 인간은 수없이 많은 망각을 일으키며 살아가고 있다. 물론 망각해야 할 내용이 계속 기억으로 남는다면 그것도 삶을 살아 나가는 데 있어서 부담으로 남을 수 있다.

그러면 왜 망각이라는 현상이 발생하는 것일까? 망각의 이유를 설명하는 것에는 크게 다음과 같은 세 가지 설이 있다.

(1) 소멸설

소멸설(decay theory)이란 우리가 어떤 사실을 학습하고 그것을 기억하여 장기기억화 시키면 우리의 대뇌 피질부 속의 기억 중추에 기억 흔적으로 남게 되지만, 계속해서 사용하지 않으면 시간의 경과에 따라 기억 흔적이 점차로 소멸된다는 것이다.

(2) 간섭설

간섭설(interference theory)이란 새로운 학습과 기억에 의해 이전의 학습과 기억이 간섭을 받거나, 반대로 이전의 학습과 기억에 의해 새로운 학습과 기억이 간섭을 받게 되므로 망각이 발생한다는 것이다.

(3) 기억저장설

기억저장설(memory storage theory)이란 학습한 내용이 오래도록 기억되기 위해서는 단기기억 상태에서 계속적인 반복연습(rehearsal)을 통해 단기기억을 장기기억으로 저장시켜야 하는데, 충분히 반복 연습하지 않음으로서 장기기억으로 저장되지 못했으므로 쉽게 망각된다는 것이다.

4) 망각의 방지

우리가 학습한 내용은 학습 직후부터 장기기억이 이루어지기 전에 이미 망각현상이 나타나고, 망각에 대비한 어떤 노력이 없는 한 얼마 지나지 않아서 학습한 것의 대부분을 재생해 내지 못하게 된다는 것을 알았다. 물론 그것은 자연적이고 불가피한 현상이기는 하지만 학교학습에서는 망각을 방지하고 보다 장기 기억화할 수 있는 노력이 필요한 것이다. 여기에 기억이론이나 망각이론에 기초하여 Biehler(1978)가 학교학습과 관련하여 망각을 방지하기 위하여 제안한 것을 소개하기로 한다.

첫째, 암송과 반복 사용이다.

물론 학습을 완전히 해야 하는 것이기는 하지만 그렇더라도 기억흔적은 서서히 쇠잔하는 것이므로 강요에 의한 정서적 문제를 야기시키지 않으면서 여러 가지 방법으로 반복시킨다.

둘째, 의미성의 강조 및 변별학습의 조장이다.

암기 학습방법이나 생각없이 하는 반복 암송을 배제하여 간섭현상으로 인한 혼란을 줄이는 방안으로서 의미가 내포되도록 학습시킨다.

셋째, 즐겁고 유쾌한 학습장면의 설정이다.

억압현상이 나타나지 않도록 가능한 한 학교 생활이나 학습장면을 즐겁고 유쾌하게 만드는 일이다.

넷째, 간섭의 최소화이다.

학습 간의 간섭을 최소화하기 위하여 충분히 학습되도록 하며, 적절한 학습기간을 설정하여 교과의 특성에 따라 전습법이나 분습법을 사용한다.

다섯째, 요점에 주의를 기울이도록 한다.

칠판이나 노트, 책에 색깔 있는 분필이나 볼펜 등으로 중요한 부분만을 적는다거나 대문자로 쓰고 밑줄을 긋는 것처럼 크기 · 색깔 또는 고유성이 나타나도록 하거나, 구두로라도 강조하여 학습자들로 하여금 그 내용에 주의를 갖게 한다.

여섯째, 학습내용이나 정보를 기초화하거나 상기하도록 한다.

학습내용의 의미를 강조하면서 이미 학습된 것과 계속 관련시켜 나아가면서 기명하는 방식을 제시하고 계속 상기시키도록 한다.

일곱째, 학습내용의 구조, 형태, 체제에 계속 주의를 일으키도록 한다.

제6절 전이 이론

1) 전이의 의미

학습이 진행된다면 가급적 효율적 학습효과가 나야 한다는 점은 일반적으로 이야기하는 경제원리와 크게 다르지 않다. 그러나 결과는 사실과 다른 경우가 적지 않다. 이와 관련된 내용이 학습의 전이다.

즉, 학습한 내용이 선행학습이나 훈련이 후속학습이나 작업에 영행을 주는 것을 학습의 전이 또는 훈련의 전이(transfer)라 한다. 학습의 전이에는 선행학습이 후행학습을 촉진하는 긍정적 전이(positive transfer)와 선행학습이 후행학습을 저해하는 부정적 전이(negative transfer), 그리고 선행학습이 후행학습에 영향을 미치지 않은 영(零) 전이가 있다. 이때 전이가 이루어지는 내용은 새로운 지식이나 기능의 습득, 문제해결 능력, 태도, 감정, 그리고 습관 등 학습 활동에서 습득되는 모든 것이 다 포함된다. 따라서 교육은 최대한으로 긍정적 전이를 증대시키고 부정적 전이를 방지해야 한다. 이런 의미에서 학습의 전이가 어떻게 일어나는지를 이해하는 것은 교육에 있어서 중요한 과제 중의 하나이다.

2) 동일 요소설[13)]

동일 요소설에서는 선행학습과 후행학습 간에 동일한 요소가 있을 때에는 서로 간에 연합 또는 연결의 현상이 일어난다고 한다. 예를 들면, 보다 많은 적극적 전이는 직업을 전제로 한 준비과정에서 철학보다는 수학을 공부하는 것이 좋을 것이다. 또 어떤 학교의 교육목적이 장차 학생들로 하여금 공장에 취업토록 하는 것이라면, 용접 · 기계조작 · 목공 · 자동차 기술 · 선반 · 컴퓨터 등의 유사한 교과를 이수시키는 것이 좋다.

또한 동일 요소설은 실제 장면과 관련되어 있는 교과과정에서 더욱 많은 전이과정을 갖게 하는 이론적 근거를 마련해 주고 있다. 지역사회의 문제, 가족의 문제, 개인생활 문제, 기타의 문제는 교실과 교실 밖의 실사회 생활과의 사이에 연결 역할을 하는 데 도움에 될 수 있을 것이다. 그러나 일반적으로 전이가 교과영역 사이에 빈번하게 그리고 쉽게 나타난다고 하는 것이 아님을 유의해야 할 것이다. 아울러 한 가지 인식하고 넘어가야 할 점은 물론 동일한(혹은 유사한) 요소가 많으면 많을수록 전이의 효과는 크다고 하겠지만 두 개의 학습 사이에 동일요소로만 구성된 것이 거의 전부의 내용이라면 무의미한 동일학습의 반복에 불과할 것일 수밖에 없다는 점이다.

3) 일반화설

일반화설은 C. Judd(1908)에 의하여 주장된 이론으로서, 일정 장면에서 학습한 결과가 다른 장면에서의 학습에 일반화되어 적용될 때 전이가 일어난다는 것이다. 즉, 전이가 일어나기 위해서는 이전 상황에서 이해한 원리를 다음 상황에 일반화시킬 수 있을 정도로 두 상황 사이에 공통요소가 충분히 있어야 한다고 보는 견해이다. Judd는 물 속의 목표를 명중시키는 실험을 통해 일반화설을 주장하였다. 그는 1908년 5, 6학년생을 실험집단과 통제집단으로 나누어 12인치 깊이의 물 속에 있는 표적의 위치를 명중시키는 실험을 하였다. 그 결과 광선의 굴절원리를 학습한 실험집단은 표적의 위치를 정확히 지적할 수 있었다. 그의 이러한 실험관계는 학습에 있어서 일정교과의 학습방법, 학습순서, 학습요령을 이해하게 되면 다른 교과학습에 도움을 줄 수 있고 어느 정도 전이가 가능함을 시사하고 있다. Judd는 수업은 일반적인 것에서부터 점차 특수한 것에 이르도록 진행되어야 한다는 것을 제언하고 있다. 그는 학생들이 광범한 사실과 다양한 개념을 관련지을 수 있는 것이 일반화 원리라고 하였다. 다시 말해서 구체적인 사실, 기능, 태도의 습득을 강조하는 단편적이고 서로 관련이 없는 일상의 지식보다는 광범위한 원리와 일반화를 강조하는 장기적인 계획과 과제, 문제해결 활동, 집단토의 및 그 밖의 활동들을 활용하는 것이 학습 성과를 높이는 데 도움이 된다는 것이다.

4) 형태 이조설

이 이론은 어떤 요소의 연결이나 원리의 일반화로 인해 전이가 일어나는 것이 아니고, 전체의 구조와 부분들의 내적 관계의 발견에 의해 전이가 가능해진다고 한다.

앞의 이론 중 어느 이론을 지지하든지에 한 가지 분명한 사실은, 전이가 일어나기 위해서는 처음 학습상황과 다음에 오는 학습상황이 유사한 것으로 지각되어져야 하며, 어떠한 조건하에서 학습이 이루어졌느냐에 따라 전이의 양이 달라진다는 것이라는 점이다.

주)

1) Arther L. Gates and others, *Edutational psychology.*(New York: Macmillian inc. 1950, p.288.
2) 金定奎, 學習指導, 서울, 螢雪出版社, 1977, 15.
3) 金龍來, 教育心理, 서울, 學問社, 1982, 89~92.
4) 金龍來, 教育心理, 서울, 學問社, 1982, 89~92.
5) 閔榮順, 教育心理學新講, 서울 : 文音社, 1982, 235쪽.
6) 鄭植永, 學習指導, 서울 : 載東文化社, 1968, 19쪽.
7) 咸宗圭, 學習指導, 서울 : 螢雪出版社, 1979, 27쪽.
8) 咸宗美, 學習指導, 서울 : 基文社, 1973, 28쪽.
9) 金貞圭 外 1, 教育心理, 서울 : 螢雪出版社, 1985, 118~129쪽.
10) 依田新 編, 教育心理學, 東京 : 金子, 1961, 191쪽.
11) 鄭元植 外, 教育心理學, 서울 : 載東文化社, 1983, 153~156쪽.
12) Klausimier, H, J. & Goodwin. W., *Learning and human Ability. Educational Psychology*, 2nd ed. (N.Y;Harper & Row, 1966), 423쪽.
13) 平松秋夫, 學習指導法, 東京 : 同學社, 1951, 17쪽.

CHAPTER 02

교수-학습지도의 발달

Methodology for Practical Education

제1절 초기 교수론

1) J. A. Comenius (1592~1670)

17세기 실학주의는 인문적 실학주의, 사회적 실학주의, 감각적 실학주의로 구분하는데 대표적인 감각적 실학주의자이고, 교육학자이며 교육개혁자인 코메니우스는 당시에 획기적이고 놀랄 만한 교육이론을 정립하였다. 이것이 유명한 「대교수학(大教授學)」이다. 대교수학에서 코메니우스는 교육의 목적을 천국에 있어서 신과 영합함으로써 영원한 행복을 얻는 것이라고 하였다. 따라서 교육은 지식을 닦고 도덕심을 쌓고 신앙심을 길러 천국의 생활을 준비하는 데 있었다.[1]

교수방법론으로서는 합자연의 원리, 계통성 · 순차성의 원리, 직관의 원리를 강조하고 있다.

합자연의 원리는 객관적 자연주의로서 자연계의 현상을 관찰하고 그에 따라 교수해야 한다고 하고 있으며, 「대학교수」 14장에서 교수의 일반 원칙을 37종목으로 정리하고 있다.

계통성 · 순차성의 원리는 교육을 하는 데 있어서는 반드시 단계가 있기 때문에 연령과 학습 정도에 따라 4단계로의 순서를 지켜야 한다고 하였다. 즉, 유아기 교육(1~6세), 아동기 교육(7~12세), 소년기 교육(13~18세), 청년기 교육(19~24세) 등으로 순차적인 교육이어야 한다고 보고 있다.

직관의 원리는 경험적 지식을 중시하는 사상이다. 코메니우스는 「세계도회」(1658)의 서문에서 먼저 감관(感官)에 존재하지 않고 지성에 존재하는 것은 하나도 없다면서 교수법의 핵심으로서 감각적 직관을 강조하였다. 그의 교수는 직관을 가지고 지식을, 기초로 하며 도덕을 근저로 삼았다. 말하자면 우리들의 눈, 코, 귀를 통해서 얻어지는 지식이야말로 확실히, 빨리, 재미있게 학습된다고 하였다. 따라서 「세계도회」는 직관을 지식의 기초로 삼는 그의 교수원리에 입각하여 발행된 교과서였다. 코메니우스는 이 교과서를 이용하여 그림, 또는 사물의 직관을 통하여 외계의 사물을 감지시키고 동시에 언어를 배우게 한 다음 점차로 표상(表象), 의지, 이해 등의 고등한 정신작용을 계발시키려 하였다.

이상의 세 원리를 교수법상의 원칙으로 도입한 코메니우스는 교수방법적 측면으로 훈련의 원리를 제창하였다. "훈련없는 학교는 물 없는 물레방아와 같다"라고 고언을 제시함으로써 훈련을 교육상 중요한 수단으로 생각하였다. 그리고 훈련 방법에 있어서도 객관적인 자연주의를 강조하였다. 즉, 태양이 빛과 열을 언제나 지상에 보내고 있지만 때로는 풍우 전뢰를 일으키는 것과 같이 교사도 사랑과 온정으로 아동을 대하나 때로는 충고와 질책이 필요하다고 보았다.

2) J. H. Pestalozzi (1746~1827)

교성(敎聖)이라 불리는 페스탈로찌는 교육사상가인 동시에 열렬한 교육 실천가였다. 그의 교수법은 페스탈로찌가 생활해 왔던 과정과 밀접하게 연관된다. 페스탈로찌는 자신의 교육활동을 노이호프(Neuhof), 슈탄쯔(Stanz), 브르크도르프(Burgdorf), 이페르텐(Iferten, Yverdon) 지역에서 펼쳐 나갔다.[2] 그는 교육에서 해야 할 일이 대중을 위한 자연적 권리를 회복시켜주는 것이라고 보았다. 아무리 천한 어린이라 할지라도 교육이 주어지지 않으면 안 된다고 하였다. 다음에 그는 교육의 목적을 인간 제 능력의 조화적 발전이라 하였다. 즉, 3H [Heart(덕), Head(지), Hand(체)]의 조화라고 설명하였다. 주요 교수방법의 원리로는 다음과 같다.

(1) 합자연의 원리

페스탈로찌의 합자연의 교육은 자연의 성장 발달의 원천이 되는 애정에 의한 교육을 말한다. 즉, 인간 심성의 근본인 애정을 불러일으킴으로써 상호이해와 협동과 실천으로서 해나가야 한다고 하였다. 그 다음은 학습자의 심신 발달의 자연적인 순서에 따라서 교육해야 한다는 것으로서 현대에 있어서 심리주의 교육방법의 원리라고 하겠다.

(2) 직관의 원리

페스탈로찌는 교수는 직관에서 시작되어 사물의 인상이 명료하게 됨과 아울러 그 이름을 가르치고 그 위에 형, 성질 등이 비교 · 검토되어 최후로 그 사물의 기본적인 성질을 추출하여 정의를 내린다는 교수의 일반 과정을 도식화(직관 → 인상의 명료와 이름 → 형 → 성질의 비교 → 기본성질 추출 →정의)하여 이를 교수법의 근본과정으로 하였다. 페스탈로찌는 감각을 모든 인식의 기초로 생각함과 동시에 수용된 인상을 자기 주장에서 주체적으로 파악해야 한다고 했다. 이는 곧 능동적인 인식체제를 강조할 때 명료, 정확한 개념을 형성할 수 있다는 점을 말한다.

더구나 페스탈로찌는 직관의 개념을 지식교육 뿐만 아니라 도덕(정의)교육도 직관적으로 해석하고 있으며, 애정, 신뢰, 존경 등의 감정 체험도 가정 내에서의 인간관계에서 얽히는 직관 관계로서 규정하고 있다.

(3) 자발성의 원리

자발성의 원리는 내면적 동기유발을 위한 제 1의 학습원리이다. 즉, 인간 내부에 존재하는 자연적인 힘을 자발적으로 발전시킨다는 것이다. 결국 학습은 자발적인 의욕에서 우러나와야 효과적이기 때문에 학습은 교사의 언어활동이 주가 되는 형태의 수동적인 것이 아니고 학습자들의 자발적인 의욕에서 우러나오는 노작활동이어야 한다고 보고 있다.

그러므로 이 원리를 교육의 형식에 적용하면 주입식 방법이 아닌 개발적인 학습방법이 되며 교육훈련에 적용하면 타율적인 것보다 자율적인 훈련을 중시하게 된다.

(4) 기초교수의 원리

페스탈로찌는 인간이 성장 발달하는 데는 단순한 요소적인 능력에서 점진적인 성장을 이룩하고, 그러므로 확실하고 명료한 직관을 하기 위해서는 세 가지 기본능력, 즉 수, 언어, 형태의 파악능력이 있어야 한다고 보고, 수와 형과 언어능력을 다음과 같이 제시하고 있다.

① 수 : 먼저 1위수의 가 · 감 · 승 · 제를 학습하고 다음 2위수를 학습하며 다음에 분수 계산법을 학습한다.
② 형 : 관측능력, 그림묘사능력, 쓰기 등을 학습한다.
③ 언어 : 발음과 읽기, 단어교수, 문, 구절의 교수 등으로 학습한다.

3) J. F. Herbart (1776~1841)

과학적 교육학의 아버지라고 불리우는 헤르바르트는 독일 북부 올덴부르크 태생이다. 그의 교육사상을 그의 저서 「교육학 강의요강」의 서문에서 살펴보면 "과학으로서의 교육학은 실천철학과 심리학에 의존한다. 전자는 도야의 목적을 후자는 진로와 방법과 장래를 제시한다"고 하였다. 여기에서 헤르바르트는 교육의 목적을 도덕적 품성의 도야에 두었다. 그리고 구체적 도덕적 생활요소로서 5도념(funt ideen)을 제시하였는데 그 내용은 다음과 같다.

(1) 내면적 자유의 이념

도덕적 판단과 의지가 일치하는 것이다. 즉, 동일인의 인격의 내부에 있어서의 도덕적 자유를 말한다.

(2) 완전성의 이념

한 개의 의지가 강력, 충실, 조화의 세 조건을 구비하고 활동하는 상태를 말한다.

(3) 호의의 이념

타인의 행복을 자기의 의지의 대상으로 하는 것을 말한다.

(4) 정의의 이념

두 의지가 상범하지 않는 상태, 즉 양보하는 상태를 말한다.

(5) 보상의 이념

한 의지가 다른 의지에 대하여 선행 또는 악행을 했을 때에 후자가 보수 또는 처벌하는 경우이다.

이러한 교육목적을 달성하는 방법으로 관리, 교수, 훈련의 세 가지를 들었다.

관리는 교수의 예비적 단계이며 여기에는 적극과 소극의 두 방법이 있다. 이 중에 일정한 과업을 주어 아동을 활동시키는 것이 적극적인 방법이며 감시, 금지, 명령, 위협, 처벌 등의 외형적 수단에 의하여 그 욕망적 충동을 억제하는 것은 소극적인 방법이다. 교수는 교육목적 달성을 위한 최선의 방법이다. 헤르바르트는 교수를 교육적 교수와 비교육적 교수로 구분하였다. 비교육적 교수는 지식 기능 외에 의지를 도야하여 도덕적 품성을 형성하는 것을 말한다. 훈련은 교수와 같이 교재를 매개로 하지 않고 직접적으로 아동의 정조를 도야하며 도덕적 품성을 기르고자 하는 교육활동이다. 따라서 도덕적 품성의 양성을 목적으로 하는 점에서 교재와 같으나 교재를 매개체로 하지 않는 점에서는 교수와 다르다. 도덕적 품성을 목적으로 하는 이러한 훈련 방법으로서 아동의 발달 정도에 따라 다음과 같이 4단계를 거친다고 하였다.

첫째, 보지(파지)적 훈련 : 교사가 시종일관 아동의 의지활동을 일정한 방향으로 보지(保持)시켜 주는 훈련이다.

둘째, 결정적 훈련 : 교사가 아동의 심리상태를 미리 알아서 행위결과를 상상하여 아동이 스스로 올바른 선택을 결정하게 하는 것이다.

셋째, 규정적 훈련 : 아동의 행위를 규정하여 일정한 표준에 따르게 하는 방법이다. 결점은 일정한 규정에 의하여 제약을 받는다.

넷째, 조성적 훈련 : 아동이 도덕적 원칙에 의하여 행동하고자 하나 때로는 이성적 힘의 부족으로 스스로의 힘에 의하여 행하지 못할 때가 있다. 이때 교사가 아동의 자율적 도덕을 조성하는 방법을 말한다.

제2절 경험론적 교수론

1) J. Dewey (1859~1952)

Dewey는 진보주의 교육철학을 체계화한 교육학자이다. 듀우이의 진보주의는 사상적 측면에서 변화한다는 사상을 근본으로 하고 있는 Pragmatism의 사상을 배경으로 하고 있고 사상가 측면에서는 루소의 아동중심사상을 배경으로 하고 있다. 교육목적은 교육의 과정에서 찾아야 한다고 강조하면서 "교육은 경험의 계속적인 개조로서 생각되어야 한다. 교육의 과정과 목표는 별개의 것이 아니고 동일한 것이다"라고 주장한다.

아울러 듀우이는 오늘의 학교가 아동을 중심으로 교육하여야 한다는 아동중심관을 지지한다. 지금까지의 학교는 아동 자신의 직접적인 본능이라든가, 활동을 중심으로 하지 않고 교과서나 교사중심으로 하고 있었다. 때문에 교사가 외부로부터 정립한 교육목적이라든지 교육과정에 의하여 아동을 속박하고 있었다. 따라서 오늘의 학교의 임무는 아동중심이 되어야 한다고 하였다. 즉 교육은 아동의 능력, 흥미, 습관의 심리학적 통찰로부터 시작해야 하며 이러한 능력, 흥미, 습관은 부단히 분석되어야 한다고 보고 있다.

듀우이가 강조하는 교육사상을 요약하면 다음과 같다.

(1) 교육은 생활이다

교육은 생활을 준비하는 것 이상의 것이라는 것이다. 교육은 생의 시초부터 생의 종말에 이르기까지 계속되는 과정이며 학교 안에서 이루어진 교육은 실생활에서 쓰여져야 한다는 것이다.

(2) 교육은 성장이다

교육이란 끊임없이 성장, 발전하는 과정이다. 즉, 지적 · 도덕적으로 계속적인 발전의 과정을 말하는 것이며, 또한 끊임없는 개조 · 개축 · 변형되어 가는 동적이고 연속적인 과정이라는 것이다. 그러므로 종래의 준비설, 개발설, 형식도야설 등은 듀우이 입장에서 보면 부정적일 수밖에 없다.

(3) 교육은 계속적인 경험의 재구성이다

교육은 경험의 의미를 증가시킬 뿐만 아니라 경험이 재구성, 재조직되는 것이다. 경험의 재구성 또는 재조직은 경험의 성장 또는 생활의 성장을 뜻하며 그것은 생활체와 환경과의 상호작용인 동시에 교육이라는 것이다.

(4) 교육은 사회적 과정이다

교육은 민주주의를 목적으로 한 것이어야 한다. 교육이 성장이고 생활이라면, 그것은 곧 사회단체 안에 있어서의 생활이 되어야 한다. 그리고 학교는 민주사회가 되어야 하고, 그 사회 내에서 피교육자는 자연스럽게 민주생활을 영위할 수 있으며, 훌륭한 공민의 자격을 가지고 성인으로 성장 발달해야 한다는 것이다.

2) W. H. Kilpatrick (1871~1965)[3)]

Kilpatrick은 Dewey의 동료이자 수제자로서 진보주의 교육사상을 실천적 이론면에서 더욱 발전시키는 데 큰 공헌을 한 사람이다. 사실 듀우이의 사상은 모든 사람에게 친숙감이 적었다. 이유는 너무나 추상적이고 또 개괄적이었다는 점 때문이었다. 그러나 킬패트릭은 능숙한 필체와 문장력 그리고 능변으로 개관적이고 추상적인 듀우이의 사상을 잘 해설하고, 해명하였다. 킬패트릭의 교육철학은 부드럽고, 알기 쉽고 또 해설적이고 구체적이었다.

킬패트릭의 교육의 목적은 듀우이와 큰 차이가 없었지만 보다 구체화하여 교육의 목표를 생활 내용 안에 두면서 생활에서 찾아야 한다고 주장했다. 즉, 생활이 교육이고 교육이 생활인 한 생활은 곧 학습인 것이다. 생활 → 학습 → 학교라는 이러한 킬패트릭의 교육관은 다음과 같은 말에서 더욱 명료해진다. "어린이와 청소년은 자기가 생활하는 바를 학습하는 것이므로, 학교는 그들이 생활하는 곳, 그들의 최고의 생활을 영위할 수 있는 곳이라야 한다. … 이는 바르고 풍유하며, 건전한 생활, 그들의 연령에 적합하고, 그들이 그들 자신의 목적을 인식하며 이를 추구하는 생활이어야 한다."라고. 그런데 킬패트릭은 학교에 있어서의 경험은 가능한 한 사회적이라야 한다고 하였다. 즉 학교의 사회화된 분위기를 강조하였다. 우수한 학교란 이러한 사회화 분위기를 가진 학교라고 지적하면서 교사와 아동은 사회에서 실행되고 있는 질 좋은 생활경험을 획득하게끔 노력하여야 한다고 하였다. 생활이 곧 학습이라고 본 킬패트릭은 아동의 흥미와 목표를 학습의 원동력으로 또 학습의 동기로 삼았다. 흥미는 어떤 목표를 규정하게 되고 목표는 어떤 행동을 유발하기 때문이다. 따라서 개인의 활동은 흥미있는 활동으로부터 출발하여 목표를 달성하고자 하는 일련의 과정인 것이다.

이와 같이 킬패트릭은 흥미를 학습심리의 기초로 삼고 학습이론을 전개하였다. 그는 "아동의 흥미를 학습의 기초로 하라. 그리하여 새로운 지식, 기능, 태도 등을 구성하게끔 지도하라. 아동의 목표라든가 독창성, 책임감을 강조하라"고 그의 주장을 내세운다.

경험주의, 아동중심주의에 입각한 교육과정이라는 것을 킬패트릭은 강조한다. 킬패트릭의 교육과정은 아동의 생활경험이 끊임없이 개조될 수 있게끔 편성되어야 한다고 하였다. 정적이고 고정적인 전통적 교육과정에 대신하는 새로운 경험중심의, 생활중심의 교육과정을 제시한 점이 교육과정의 특색이기도 하다. 즉, 커리큘럼은 무엇보다도 아동의 실생활면이 되어야 하며 교사와 아동이 공동 협력하여 편성한 것이라야 하며, 교사는 이에 대하여 책임을 져야 할 것이고, 아동은 가능한 경험을 많이 쌓아야 할 것이라는 점이다. 이러한 교육의 과정을 성공적으로 종합한 것이 구안법(project method)이다.

구안법은 4장 2절에서 구체적으로 다루고 있음을 밝혀둔다.

제3절 현대 교수론

1) J. S. Bruner (1915~2016)

브루너는 듀우이가 말한 것처럼 교육이 생활 · 성장 · 생활의 과정만은 아닌 것이라고 지적하며, 학교는 지역사회나 일상생활과 관련을 가지면서도 거기에다 지성적 생활을 하는 곳이어야 한다고 하였다. 또한 경험주의에 입각한 문제해결 학습이나 구안법 등은 일상의 생활 경험이나 생활문제 중심의 학습으로서 현실적인 생활 경험에만 그치지 않고 객관적인 주요 임무라는 것을 소홀히 해서는 안 된다고 하였다. 그는 지각에 이르는 주체의 요구, 경험의 경향에 대한 연구에 종사하고 있었으나 그 후 J. Piaget나 소련의 비고츠키(L. Vygotsky) 등으로부터 큰 영향을 받아서 사고나 언어에 관한 실험적 연구를 행하는 등 교육내용의 구조화를 제창하였다.

교육의 과정을 일관하는 가장 중요한 개념이 구조라는 것은 오늘날 교육학의 상식처럼 되어 있다.[4] "별로 신기할 것도 없는 언어상의 기교를 부린다면 교육과정의 구조는 구조라고 할 수 있다." 그렇기 때문에 교육의 과정이 대표하고 있는 브루너의 교육과정의 사조를 흔히 구조중심, 또는 학문중심 교육과정이라고 한다. 이 사조는 브루너를 기점으로 강조되는 것으로서, 각각의 학문분야는 그 학문의 독특한 기본구조를 가지고 있다는 것을 전제로 하여, 교육과정은 이러한 학문구조를 중심으로 조직되어야 한다고 주장한다. 즉, 한 교과의 교육과정은 그 교과의 구조를 나타내는 일반적인 원리를 가장 깊이 이해하고 있는 사람들에 의하여 결정되어야 한다는 것이다.

여기서 구조는 학문의 기저를 이루고 있는 일반적 원리, 일반적인 아이디어, 일반적 개념 등으로 규정하고 있다. 브루너는 학문에 있어서 그 구조를 밝히는 것은 이해, 기억, 전이, 고등지식과 초보지식의 연계성에 크게 이익이 된다고 보고 있다. 결국 이러한 브루너의 사상은 학문중심 교육과정을 탄생시켰으며 학습하는 데 있어서 기본적인 개념, 아이디어, 원리를 밝히는데 주력하게 하였고 지식간의 거리를 단축시키는 데 기여하게 됐다.

2) 완전학습[5)]

우리나라에서 완전학습의 대두는 김호권 씨가 1970년에 처음 「완전학습」이라는 저서를 출판하면서부터 시작되었다고 볼 수 있다. 이 절에서는 김호권 씨의 저서 중 일부 내용을 요약하여 정리함으로서 완전학습의 이해를 돕는 데 주력하고자 한다.

(1) 완전학습의 의미

오늘날 상대적 평가를 강조하고 있는데 이는 정상분포곡선을 전제로 하고 있다. 학교학습에 관한 이러한 견해도 물론 하나의 학교 학습관임에는 틀림이 없으며, 이런 학습관이 과거에 그리고 현재까지 이론적 지지를 받아 왔음을 부인할 수 없다 그러나 이러한 고정적인 학습관에 대비할 새로운 학습관이 학습자 개인의 이익과 결부되어 대두되리라 보는데 그 중 하나가 완전학습이 아닌가 한다. 완전학습이란 단적으로 정의하여 "학급 전체의 약 95%의 학생들이 주어진 학습과제의 약 90% 이상을 완전히 학습해내는 학습"이라고 정의할 수 있다. 주어진 학습과제가 어느 과목이든 간에 신체적 또는 기타 능력면의 결함을 가진 약 5%의 학생을 제외한 대부분의 학생들을 그 개개인에 알맞은 최상의 수업조건과 적절한 조력이 주어진 조건 속에서 거의 완전한 학습을 해낼 수 있을 것이라는 것이다. 이때 학생들의 성취 분포도는 정상분포가 아닌 극단적인 정적 분포를 가져올 것이다.

(2) 완전학습의 모형과 제요인

Carroll은 한 학습자에게 주어진 한 과제에서 학습의 정도는 그 학습자가 그 과제의 학습을 위해서 필요로 하는 시간량에 비추어 얼마의 시간을 실제로 사용하느냐의 비율에 의해서 결정된다고 하여 이를 방정식화하였다.

$$\text{학습의 정도} = f\left(\frac{\text{(학습에 사용한 시간)}}{\text{(학습에 필요한 시간)}}\right)$$

위 식에서 학습에 사용한 시간이 적을수록 학습정도가 낮아짐을 알 수 있다. 이 학습에 필요한 시간량과 학습에 사용한 시간량을 결정하는 변인으로 Carroll은 2군으로 분류할 수 있는 다섯 가지 요인을 들고 있는데 내용은 다음과 같다.

① 학습에 필요한 시간량

이 계산은 학습과제를 완전학습이라는 기준선까지 학습하는 데 소요되는 총 시간량을 말하는 것으로 학습 속도란 개념과 대치시킬 수 있으며, 이는 다시 적성, 수업이해력, 수업의 질 등으로 나눌 수 있다.

- 적 성 : 주어진 특정한 학습 과제를 학습하는 데 요구되는 학습자의 적성을 말하는 것으로, 한 학습자가 최상의 수업 조건하에서 주어진 학습과제를 기준점까지 학습하는 데에 필요로 하는 총 시간량을 측정할 수 있다. 수학을 싫어하는 학습자는 수학에서 많은 시간을 소비할 가능성이 높으므로 적성이 맞지 않을 때는 많은 시간이 소비됨을 알 수 있다.
- 수업이해력 : 적성과는 별도로 수업과, 또는 수업에 사용되는 여러 수업자료(교과서, 교구 등)를 이해하는 데 요구되는 일반적 능력을 말한다. 이는 일반지능과 언어 능력이 복합된 것으로 볼 수 있다. 교수자와 학습자 간의 호흡일치는 수업이해력을 높이는 데 기여한다.
- 수업의 질 : 이것은 한 학습과제의 제시 방법의 적절성을 말한다. 이것은 개인차 변인이 아니다. 수업의 질을 규정해 주는 것으로 다음과 같은 네 가지가 있다.

첫째, 학습자들이 이해할 수 있도록 수업해 주어야 한다.

둘째, 학습자 개개인이 학습해야 할 자료와 감각적 접촉을 유의할 수 있도록 해주어야 한다.

셋째, 학습은 단계에 따라 자세하게, 그리고 적절한 순서로 제시하여야 한다.

넷째, 수업의 전 과정이 학습자 개개인의 특수한 필요와 성격(예컨대 학습자의 학습에 대한 현재수준을 포함함)에 알맞도록 조절해야 한다.

② 학습에 사용한 시간량

여기에서의 시간량이란 학습하는 과정에서 흘러간 시간량을 말하는 것이 아니라 학습자가 학습하는 행위에 능동적으로 참여하여 학습하는 데에만 투입하는 시간이어야 한다. 여기에는 다음의 두 가지 변인이 있다.

- 학습기회 : 주어진 학습목표의 학습을 위해서 허용된 총 시간량을 말한다. 학습자 아동의 능력에 따라 각 학습자마다 서로 상이하게 교사의 위치에서 허용된다. 학생들에게 강한 학습의욕이 있어도 그에게 필요한 학습시간이 충실히 주어지지 못한다든가, 지진아동들이 수업에서 자기들의 학습시간이 낭비되고 있다고 느끼게 되는 경우가 많은데 이것이 적절히 조절되어야 한다.
- 학습지속력 : 이는 학습자가 학습을 위하여 사용하려고 하는 총 시간량을 말한다. 이는 학생 스스로의 학습시간이다. Carroll은 지속성이 높은 학습자는 지속성이 낮은 학습자에 비해 다음과 같은 차이가 난다고 지적하고 있다.

  첫째, 학습을 위해서 더 많은 시간을 능동적으로 투입하려고 한다.

  둘째, 학습과정에서 어려운 과정을 인내하며 학습에의 계속적인 노력을 쉽사리 중단하지 않는다.

  셋째, 학습과정에서 난관과 실패에 굴하지 않고 끝내는 성공적인 학습에 도달하기 위한 노력을 계속하는 학습자가 된다.

③ 완전학습을 위한 수업전략

Carroll의 학습 모형을 중요한 이론적 출발점으로 삼아 완전학습의 가능성을 포착하고 그 가능성을 학습현장에서 실시하기 위한 수업전략의 구성과 재조직으로 이끌고 간 사람은 시카고 대학의 불름(Bloom)이라 할 수 있다.

여기서는 Bloom의 완전학습 수업전략을 중점적으로 다루기로 한다. Bloom은 90% 이상의 학생들에게 학습시키고자 하는 수준까지 학습할 수 있다고 믿고 그런 방법을 찾아내는 것이 교수 활동의 임무이어야 한다고 주장하며, 캐롤의 학교 학습모형을 기본 모형추로 삼고 그 수업 전략을 각 변인별로 다음과 같이 제시하였다.[6)]

㉠ 학습에 대한 적성은 학습의 종류에 따라 다르며 학습의 소요시간으로 적성을 정의하는 것은 인정 받을 소지가 높다. 완전학습 수업은 학습 소요시간을 단축하는 방법으로서 적성수준을 높여주는 일과 학습조건을 개선하는 일이다.

㉡ 학습의 지구력을 높여주는 일도 중요하지만 학습과제가 요구하는 학습지구력의 절대량을 감소해 나갈 수 있도록 전략을 세워야 한다.

㉢ 학습기회에 있어서 허용된 학습시간이 완전히 학습을 위해서만 사용되고 있지 못하기 때문에 교사들은 좀더 효율적인 시간의 활용에 유의해야 한다.

㉣ 교수의 질을 높이기 위하여 개별화 수업을 중요시 하여야 한다. 현재의 성취수준 등을 고려해서 다양한 개인차에 맞을 만큼 다양한 수업방안이 세워져야 한다.

㉤ 수업의 이해력에 있어서는 언어능력의 증진과 아울러 교수에 사용되는 언어 수준을 학생들의 언어 수준에 맞추는 것이 중요하다.

㉥ 그 밖에 고려해야 할 사항으로는 형성평가와 이에 따르는 계속적인 수정 혹은 시정이 필요하다. 수업 후 진단적 결과에 대한 분석적 평가가 내려지고 치료방법이 제시되어 오류를 수정해 나가는 기회를 마련해 주도록 연구 검토가 필요하다.

3) Glaser의 수업모형

Glaser는 수업이 이루어지는 과정을 컴퓨터의 원리에 의해 일목요연하게 다음과 같이 정리하였는데, 그는 수업이 이루어지는 각 단계마다 적절한 조치가 필요하다고 나름대로의 처방을 〈그림 2-1〉과 같이 제시하고 있다.

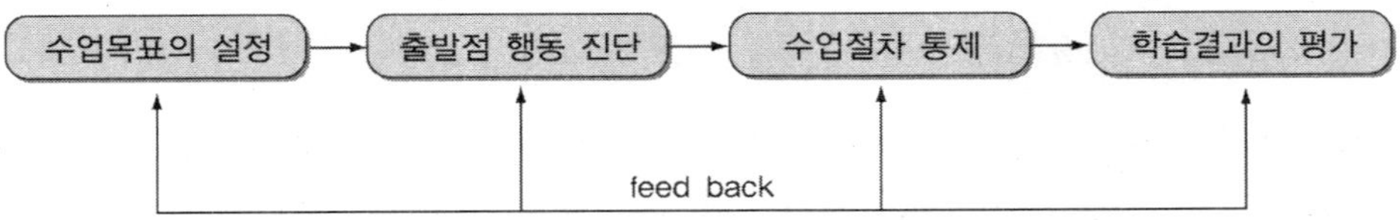

〈그림 2-1〉 Glaser의 수업모형

(1) 수업목표 설정의 명세화

Glaser는 수업에 있어서 가장 먼저 고려해야 하는 것을 적절한 수업목표를 설정하는 것으로 보았으며, 수업목표 설정 시 학생들의 심리상태, 교과의 구조, 난이도, 사회적 필요 등을 고려해야 하며, 특히 목표를 설정할 때는 모호한 목표 설정보다는 내용과 행동의 이원적 구조를 지닌 목표 설정이 필요하다고 하였다. 또한 평가가 용이할 수 있는 구체적이고 세부적인 목표 설정이 중요하다고 강조했다.

(2) 출발점 행동진단

출발점 행동진단이란 새로운 수업이 시작되는 시기에 학생들의 전시간 수업과정, 인성, 특성 등을 진단하고 처리해 주는 것을 말한다. 학생들의 개인차를 중시하며 각각 새로운 수업에 적응할 수 있도록 필요하다면 개별화 전략을 사용해야 한다. Glaser는 특히 전 시간 수업내용을 제대로 파악하지 못하는 학생들이 새로운 수업에 적응하기 위해서는 출발점 행동을 진단해 주고 처리해 주는 것이 필요하다고 보았다.

(3) 수업절차 통제

수업절차 통제란 실제수업이 이루어지는 시간에 학생들의 심리를 이용해 능률적인 수업이 되도록 통제하는 것을 말한다. 이때 교사는 준비성, 동기유발의 원리, 전이이론, 연습-복습이론, 강화이론 등의 행동주의 심리학의 제 원리를 충분히 숙지하고 실제 수업장면에서 적용하는 것이 중요하다. 수업시간의 80~90%를 차지하는 본격적인 수업을 진행함에 있어서 교사의 적절한 통제는 효과적인 학습 전달을 위해 필요한 것이다.

(4) 학습결과의 평가

학습결과를 평가할 때 월말고사, 중간고사, 기말고사 등 장기적으로 평가하는 종합평가도 필요하지만, 수시로 학생들의 수업 이해력을 평가하는 형성평가가 더욱 중요하다. Glaser는 학습결과를 제대로 평가하는 것은 수업목표 설정, 출발점 행동진단, 수업절차 통제 등이 효과적으로 수행되었는가를 재점검할 수 있는 판단 근거가 될 수 있으므로, 매우 중요한 절차라고 보았다.

주)

1) 安商元, 「教育史」, 서울 : 載東文化社, 1977, 50~51쪽.
2) 金千鎰, 「教育史」, 서울 : 載東文化社, 1984, 266~268쪽.
3) 安商元, 前揭書, 326~321쪽.
4) 李烘雨 譯, 「브루너 教育의 過程」, 서울 : 배영사, 1981, 20~24쪽.
5) 金豪權, 完全學習의 原理」, 서울 : 배영사, 1970, 29~70쪽.
6) 金湜中, 「教育課程」, 서울 : 학문사, 1971, 484~486쪽.

CHAPTER 03

교수-학습지도의 계획

Methodology for Practical Education

제1절 교수-학습지도 계획의 성격

1) 교수–학습지도 계획의 의의[1)]

어떠한 업무를 수행하고자 할 때 철저한 계획 수립은 그 업무의 성패와 관련이 있다. 교육에서도 마찬가지이다. 이러한 계획은 사상의 흐름이나 학습자의 등 수요자의 요구에 따라 변할 수 있다는 점을 전제로 해야 한다.

전통적인 교육에서는 교과서 위주의 본질주의적 교육 형태였기 때문에 교사는 중계자, 전달자 역할을 하였다. 그러나 오늘날 민주주의 교육에서는 학생에게 무엇을 가르칠 것인가 하는 내용 선택이나 어떻게 가르칠 것인가 하는 교수-학습 지도방법이 교사의 판단과 능력에 맡겨지고 있다.

그러므로 전통적인 교육에 있어서는 교사 자신이 교육내용을 선택한다거나 지도방법을 연구하는 데에는 제한을 받았다고 할 수 있다. 반면 자율적 권한이 주어지고 있는 민주주의 교육에 있어서는 교사 자신에게 모든 책임의 소재가 집중되는 만큼 교재 선택뿐만 아니라 구체적인 지도방법에 이르기까지 치밀한 계획을 세우지 않으면 안되게 되었다.

교수하는 데 있어서 계획의 필요성을 처음으로 주창한 사람은 Herbart 학파들이었다. 그들은 "교수하거나 학습지도를 하는 데 계획은 교사의 책임이요, 그 계획성에 의하여 진행되는 학습만이 성과를 기대할 수 있으며 교수의 효과를 바랄 수 있다."[2)]고 하였다. 교수-학습 계획은 마치 항해 시 항해도와 같은 것으로 목적지를 설정하면 가장 가깝고 가장 안전하고 가장 경제적으로 가기 위해서 상세한 계획이 세워져야 한다. 물론 이때에는 항해 시 발생할 수 있는 각종 변인들을 예상하고 제반 준비를 갖추어야 한다.

그러한 뜻에서 교수-학습 계획은 교육 대상인 학습자를 바람직하게 육성하기 위해서 더욱 필요한 것이다. 더구나 교육은 의도적 · 목적적 행위이기 때문에, 아울러 오랜 시간과 많은 양의 내용이 있기 때문에 주어진 기간 내에 효과적인 행동변화를 가져오기 위해서는 치밀한 계획이 없이는 안 된다고 할 수 있다. 또한 교육목적은 확실하다할지라도 계획이 치밀하지 못하면 중도에서 중단되든지 그렇지 않으면 소기의 성과를 거두기 어려울 것이다.

Herbart 학파의 교수론자들은 계획의 작성은 교사의 책임이며 교수의 성과를 올리는 불가결의 조건이라고 하였다. 한 시간의 수업은 교사의 교육관과 교사의 인격, 그리고 교과에 대한 지식, 지도력 등이 종합해서 이루어지기 때문에 이 계획은 교수 현장의 조건뿐만 아니라 교사 자신의 제반 조건도 충분히 감안하여 종합적인 측면에서 검토된 계획이어야 한다.

2) 교수-학습지도의 성격[3)]

교수-학습지도는 학습자의 능력이나 주위 여건에 따라 역동성이 있어야 한다. 그러기 위해서는 학습자를 직시하고 그들의 성장과 발달 특징을 살펴 학습자에게 알맞은 지도계획을 세워야 한다. 또한 그들이 살고 있는 사회의 요청이나 과제에 부합되어야 하는 것이어야 한다. 이와 같이 교수-학습지도의 계획은 학습자들의 심리적 · 사회적인 면을 고려하여 교재 내용의 성격에 따라 치밀하고 역동성있게 계획을 세워야 한다.

그러한 학습계획의 본질에 따라 학습 활동을 전개하고 학습목표를 달성하려면 교수-학습계획이 다음과 같은 성격을 지녀야 한다.

첫째, 목적에 적합한 계획이어야 한다.

교수-학습지도란 그 시간 시간에 교재 중심이나 흥미 중심으로 학습경험을 쌓거나 교재의 진도를 맞추어 간다는 등 그 시간의 활동으로만 그치는 것이 아니고 교육목표와 직결되는 유목적적인 활동이어야 한다. 왜냐하면 교수-학습지도 계획은 교육목표를 달성하기 위한 구체적인 것이어야 하기 때문이다. 그러므로 어떠한 학습이든 학습목표가 명확하게 나타나는 것이어야 한다. 물론 그 시간의 학습목표는 그 시간에만 만족하는 것이 아니라 학교의 교육목표, 그 지역사회의 교육목표, 더 나아가서는 중앙의 교육목표와 결부되어야 함은 재론의 여지가 없다. 따라서 교수-학습계획은 그 교과나 교재만의 분과적 · 단편적인 것으로 그쳐서는 안 된다. 상호 간에 상호관련성과 일관성에 의하여 교육목표를 달성할 수 있는 계획이 되도록 해야 한다.

아울러 목표를 명확히 제시하는 것을 종전의 교수에서와 같이 단순한 지식을 위한 지식, 즉 고정된 응용력이 없는 지식이 아니라 필요에 따라 활용할 수 있는 탄력성 있는 지식에 의한 계획을 세우는 것이 가장 효과적이다.

둘째, 교수-학습계획은 과학적이어야 한다.

교수의 학습은 교재의 성질이나 경험 영역에 따라서는 어떤 개인만이 보람을 느끼는 것이 있다. 또는 어떠한 특정 집단의 성원에게만 타당성이 있는 경우가 있다. 이와 같은 교수-학습계획은 작성한 사람에게는 의미와 가치가 있을지 모르나 다른 사람에게는 별로 이익이 되지 못한다. 이는 객관적인 타당성을 갖추고 있지 못하기 때문이다. 이 점은 교수-학습계획을 할 때에는 지도나 전개에 필요한 모든 조건을 포함하는 것이어야 한다. 그것은 교수-학습계획에서 객관적인 타당성을 갖추게 하기 위해서이다 또 학습 진행이나 학습 결과를 실증적으로 증명할 수 있는 온갖 자료를 준비하여야 한다. 그리고 교수에 지나친 중점을 둔 본질주의적 교수과정의 계획은 효과가 적다. 그것은 학습 활동이란 자기활동의 과정이기 때문이다. 이와 같이 학습의 진행에 대해서 예견하고 행동방향을 통찰하여 계획하는 것이 과학적인 지도계획을 세우는 방법이 된다.

셋째, 교수-학습계획은 역동성이 있는 것이어야 한다.

교수-학습과정은 교사의 단독 활동만으로, 또는 교사 혼자만의 계획대로 전개되는 것은 아니다. 효율적인 교수-학습과정은 교사와 학습자 간의 자주적인 학습활동에 의하여 호흡이 일치되고, 활발하여 보람 있게 진행되는 것이어야 하기 때문이다. 만일 교수-학습계획이 교사의 일방적인 지도계획으로 그친다면 그 학습은 타율적이고 수동적이기 때문이다. 교수-학습과정은 원리적인 면에서 생각한 바와 같이 교사의 지도성도 중요하지만 학생이 학습의 전개과정에 능동적으로 참가할 수 있고 그들의 요구를 반영시키는 민주적인 과정이어야 한다. 아울러 학습 진행과정에서 학습효과를 높이기 위하여 필요하다면 학습자의 요구나 필요에 따라 학습방향을 전환시킬 수 있는 준비를 갖추고 있어야 한다. 왜냐하면 교사의 계획이 반드시 과학적이고 절대적이며 획일성을 강조할 만큼 충분하다고 보기는 어렵기 때문이다. 또 학생들도 교사와 같이 학습 계획에 참가하는 것이 책임감을 느끼며, 효과적인 학습결과를 가져오는 경우가 많기 때문이다.

더욱 이상적인 형태는 교수-학습계획에 학습자 이외에도 학부모나 지역사회 자원인사도 참가시키는 것이 바람직하다고 볼 수 있는 것이다. 이상에서와 같이 교수-학습지도 계획은 합목적적 · 과학적 · 역동적인 성격을 갖추어야 한다고 강조하였는데, 실제 계획은 다음과 같이 구분할 수 있다.

3) 교수-학습 지도계획의 구분[4)]

교수-학습지도의 계획은 장기계획과 단기계획으로 나누어 생각할 수 있다.

- 교수-학습계획
  - 장기안
    - 학교의 연간계획
    - 월간계획
    - 단원지도계획
  - 단기안
    - 주안
    - 일안
    - 시안
      - 약안
      - 세안

〈그림 3-1〉 교수-학습지도의 계획

〈그림 3-1〉에 대하여 구체적인 설명을 하면 다음과 같다.

(1) 장기학습 지도계획

학교의 연간계획이라든가, 월간계획, 단원의 지도계획 등이 포함되는 것으로서 모든 학습활동, 생활지도, 기타 학교행사 등에 관한 세부적인 계획의 배경을 이루고 있는 계획이다. 각 계획의 종류에 따라 요약하여 정리한다.

① 학교의 연간계획

연차계획 또는 학교전체의 교과 경영계획을 말한다. 1년이나 그 이상에 걸치는 장기 지도계획으로서 일반적으로 교육계획 또는 지도계획의 큰 골자를 말한다. 따라서 이 연간 학습 지도계획은 교사가 직접 지도하려는 일과라든가 단원을 전개시키는 데 있어서 배경이 된다고 볼 수 있다. 단적으로 설명하면 교육과정의 운영계획이라든가 교과시간 배당에 관한 문제들이 이 계획에 해당한다. 이와 같이 학교의 연간계획은 학교행사, 학교환경, 총 수업 일수 등을 고려하여 짜임새 있게 계획한다.

② 월간계획

연간계획, 학기계획, 계절계획을 배경으로 월별로 자세하게 세운 계획이다. 월별 학급 운영계획도 포함된다.

③ 단원지도 계획

장기의 학습지도 계획에서 포괄적으로 계획한 것을 나누어 구체성을 띠도록 계획하는 것이다. 예를 들면 길게는 학기계획, 계절계획, 짧게는 월간계획, 주간계획과 같이 일정한 기간 계속될 수 있는 학습계획을 세우는 것인데 보통 몇 주일 또는 2~3개월에 걸치는 지도계획을 말한다. 즉, 장기계획의 일부분을 단원으로 계획하는 것이다. 다만 그 계획의 단위는 단원의 크기에 따라 몇 개월에도 걸치는 계획도 있고 또는 2~3주일에 그치는 계획도 있다.

(2) 단기학습지도 계획

단기계획에는 주안, 일안, 시안을 들 수 있다. 즉 1주일의 학습지도계획, 1일의 학습지도계획, 그 시간 시간의 학습지도 계획으로서 어떻게 학습을 진행시킬 것인가에 대한 구체적인 지도계획이다.

① 주안

주안은 장기계획을 바탕으로 하여 1주일을 단위로 해서 구체적인 지도계획을 세우는 것이다. 실례를 들면 주당 시간배당표 등이 여기에 해당한다.

② 일안

그 날 그 날의 학습 지도계획이다. 주안과 혼동할 수도 있으나 다음과 같은 다른 점이 있다. 주안은 일주일을 단위로 계획된 것이어서 일정한 고정된 성격을 띠고 있기 때문에 배당된 시간에 따라 기계와 똑같은 생활이 되풀이된다. 그러나 일안은 주안에 따라 기본적인 학습활동은 매일 되풀이하지만 행사교육이라든가 기타의 유동적인 학습활동을 포함하여 역동적인 성격을 띤 것으로 계획할 수 있다. 따라서 일안은 교사에 따라 각양각색으로 다채로운 학습계획을 작성할 수 있다. 다만 일안의 배경을 이루고 있는 제반 계획이 어느 정도로 융통성과 신축성을 허용하는 것이냐에 따라 많은 영향을 받게 된다.

③ 시안

시안에는 약안과 세안의 두 가지 종류가 있다. 이것은 그 시간 시간마다 학습의 내용에 따라 효과적인 지도방법을 사용하기 위한 계획이다. 소위 학습지도안이 이 시안에 해당되는데 이 내용은 제5절에서 다루기로 하겠다.

제2절 학습의 의미 교육목표의 설정

1) 교육목표의 성격

교육목표가 학습자의 구체적인 학습내용이 근원이 된다고 볼 때, 오늘의 교육이 학습자와 사회를 떠날 수 없다는 사실과 또 학습자나 사회가 변화 · 발전해감에 따라 사회에 적절한 교육이 이루어져야 한다는 현대 교육철학에 비추어 교육목표는 다음과 같은 세 가지의 성격을 갖추어야 한다.

첫째, 교육목표는 현실적인 교육활동의 실질적인 내용을 결정해 주는 것이어야 한다.

둘째, 교육목표는 필요에 따라 변경될 수 있는 것이어야 한다.

셋째, 교육목표는 설정된 교육목표가 달성되면 그 결과에 따라 다음 새로운 목표가 다시 설정되어야 하고, 또 이런 목표의 설정이 단계적으로 연계성을 지녀야 한다. 이상과 같이 교육목표는 학습자의 심리적 기초와 사회적 요구를 기초로 하여 알맞게 설정해야 하는 것이다. 뿐만 아니라 그 목표의 달성에 따라 다음 목표로 지향하는 반면에 사회성의 변화 발판과 학습자의 성장 발달에 맞추어 필요에 따라 교육목표가 재 설정되어야 한다.

2) 교육목표의 분류

교육목표는 그것이 적용되는 대상이나 범위 또는 성질에 따라 여러 가지로 분류할 수 있다.

(1) 계열적 분류

교육목표를 크게 일반목표와 특수목표로 보는 것이 일반적인 견해이다. 일반목표 계열에는 추상적 · 집단적 · 전체적 · 계속적인 여러 가지 목표들이 여기에 속한다. 특수목표 계열에는 구체적 · 개별적 · 부분적 · 일시적인 제목표 등이 여기에 속한다.

(2) 단계적 분류

교육목표는 그 적용의 대상 또는 성질에 따라 국가의 교육목표, 지방교육목표, 학교, 학년, 교과 단원, 시간 등의 각 목표가 설정되며, 또 이와 같은 여러 단계별의 교육목표는 각각 분립된 것이 아니라 상호관련성과 일관성이 있어야 한다.

(3) Bloom의 분류

학습을 통하여 기르고자 하는 인간의 행동은 수없이 많으며 또 그것이 여러 가지 용어로 표현되기 때문에 일반 교사들은 갈피를 잡기가 어려운 실정이다.

이러한 복잡한 영역을 Bloom은 지적 영역, 정의적 영역, 신체적 영역의 세 가지 영역으로 나누고 지적 영역은 다시 복합성의 법칙, 정의적인 영역은 내면화의 원칙을 주로 살려서 행동형으로 분류하였다. 따라서 아직 심체적(心體的) 영역의 내용 분류는 분명치 않으나 주로 단순성에서 복합성으로, 외층적 특성에서 심층적 특성에로의 서열에 따라 기르고자 하는 교육목표, 행동형들을 우리에게 시사해 주고 있으며 실질적인 수업목표의 진술 용어로 사용되고 있다. Bloom 등이 분류한 교육목표의 골자를 소개하면 다음과 같다.[5)]

① 지적 영역

- 지식(knowledge)
  - ㉠ 특수 사상에 관한 지식
  - ㉡ 용어에 관한 지식
  - ㉢ 특수 사실에 관한 지식
  - ㉣ 특수 사상을 다루는 방법과 수단에 관한 지식
  - ㉤ 형식 혹은 관례에 관한 지식
  - ㉥ 경향과 순서에 관한 지식
  - ㉦ 분류와 유목(類目)에 관한 지식
  - ㉧ 준거에 관한 지식
  - ㉨ 방법론에 관한 지식
  - ㉩ 보편적 · 추상적 사상에 관한 지식
  - ㉪ 원리와 통칙에 관한 지식
  - ㉫ 이론과 구조에 관한 지식
- 이해력
  - ㉠ 번역(translation)
  - ㉡ 해석(interpretation)
  - ㉢ 추론(extrapolation)
- 응용력

  방법, 원리, 학설, 추상개념의 이해를 기초로 하여 새로운 문제사태에 그 방법, 원

리, 학설, 개념을 적용하여 문제를 해결하는 능력

- 분석력
  - ㉠ 요소의 분석력
  - ㉡ 관계의 분석력
  - ㉢ 조직원리의 분석력
- 종합력
  - ㉠ 독특한 의사전달의 구안
  - ㉡ 계획 및 시행절차의 구안
  - ㉢ 추상관계의 도출
- 평가력
  - ㉠ 내적 준거에 의한 판단
  - ㉡ 외적 준거에 의한 판단

② 정의적 영역

- 감수 혹은 주의
  - ㉠ 감지
  - ㉡ 자진 감수(willingness to receive)
  - ㉢ 주의집중
- 반응
  - ㉠ 묵종반응(aequiescence in responding)
  - ㉡ 자진반응
  - ㉢ 만족
- 가치화
  - ㉠ 가치수락
  - ㉡ 가치선택
  - ㉢ 확신

• 조직화
㉠ 가치의 개념화
㉡ 가치 체계의 조직

• 가치 또는 가치 복합에 의한 인격화
㉠ 일반화된 행동태세
㉡ 인격화

③ 운동기능적 영역

㉠ 체력 : 일상의 건강상태, 힘, 근육 등
㉡ 속도 : 단위시간에 움직이는 양
㉢ 충동(impulsion) : 정지된 상태에서 움직임의 시작
㉣ 정확도 : 신체의 위치를 정확하게 함
㉤ 조정 : 근육이나 신체 각부 조절
㉥ 유연성 · 신체의 유연

이상의 Bloom의 교육목표 분류나, 교육목표의 분류를 식별력 · 문제해결력 · 기억의 재생력 · 조작력 · 언어표현력 등으로 설명하고 있는 Mager의 이 견해는 Gagne의 학습조건 8가지에 근거를 두고 있는데, 그 내용을 요약하면 다음과 같다.

첫째, 신호학습 : 무의식적 반응을 포함하는 고전적 조건화이다.
둘째, 자극 · 반응학습 : 도구적 조건화이다.
셋째, 연쇄 : 연계적인 자극과 반응(5-R)의 조합이다.
넷째, 언어연합 : 연쇄와 같으나 맺어주는 것은 언어이다.
다섯째, 변별학습 : 자극 중에서 유사점과 차이점의 식별이다.
여섯째, 개념학습 : 자극을 분류하고 추상적 특성에 반응하는 것이다.
일곱째, 법칙학습 : 개념을 조합하는 것이다.
여덟째, 문제해결 : 여러 장면에서 궁극적인 목표를 성취하기 위해서 법칙을 활용하는 것이다.

3) 교육목표의 진술[6)]

교육목표 설정의 과학적 방법은 연구 집단으로 하여금 자원을 확보하게 하고 거기서 목표를 도출해 내어 종합 분류한 것을 문장으로 서술한다. 이때 교육목표를 진술함에 있어서, 진술된 교육목표는 교육내용을 선정하고 교사의 지도 지침에 가장 도움을 주는 형태로 진술하는 것이 바람직한 목표의 진술이다.

실례로 '현대 사회의 수학의 가치와 힘에 관한 이해', '시민적 자질의 함양', '근로 협동심의 배양' 등과 같은 교육목표는 국가적 또는 교육 행정적 차원에서 진술된 형식이기 때문에 학교에서 학습자가 무엇을 배워야 할 것인지, 또는 교사가 어떻게 해야 할지 전혀 제시되지 못하고 있다. 이러한 목표들은 일반적인 목표로서 정책의 수립이나 교육행정의 방향을 나타낼 뿐이므로 기관적 의사결정 또는 사회적인 의사결정은 될 수 있을지라도, 학습 내의 학습의 목표와는 거리가 멀다. 다시 말하면 그러한 목표는 교사나 학습자가 노력하여야 할 방향이나 움직여야 할 행동의 지표 또는 상상력을 자극하는 철학으로서 구체적인 지도나 학습과는 별다른 관계를 갖지 못한다. 따라서 그러한 목표는 그것이 학습지도 현장에 어떤 영향을 줄 수 있을 정도로 번역되지 않는 한 일종의 구호나 선전문에 지나지 않을 수도 있다.

교육목표의 진술은 이미 전 절의 성격에서 살펴본 바와 같이 교육현장에서 교수·학습과정의 구체적인 방향과 내용을 뚜렷하게 나타내 줄 수 있을 정도로 구체화되고 명문화된 것이어야 한다. 이러한 입장에서 교육목표 진술상 지켜야 할 원칙을 살펴보면 다음과 같다.

첫째, 교육목표는 내용과 행동이 이원적으로 진술되어야 한다.

진술된 교육목표가 가령 '근대학교의 기원', '뉴우턴의 운동법칙' 등으로만 되어 있다면 그것은 목표로서의 내용은 시사되고 있지만 그 내용을 가지고 학습자가 어떠한 행동의 변화를 해 나아가야 할 것인가의 방향이 명시되지 못하였기 때문에 완전치 못하다. 여기에 반하여 '자료의 해석력을 기른다', '창의력을 배양한다' 등으로 진술된 교육목표의 경우는 학습자의 행동면은 나타나 있으나, 그러한 행동이 나타나야 할 장면이나 자료가 명시되지 않고 있다. 이러한 진술은 어떠한 자료의 해석력인지, 어떠한 경우의 창의력인지가 분명치 않다.

그러나 교육목표(좁은 의미로서 학습목표 포함)를 '곱셈의 배분법을 실제로 조작할 수 있는 능력', '피타고라스의 정리를 증명하는 능력', '화학원소의 원자가를 쓸 수 있다', '복문을 단문으로 분개한다' 등의 식으로 진술한 것은 모두가 내용과 행동이 함께 내포된 교육목표로서 교육목표의 이원(二元)적 진술이 된 것이다.

둘째, 교육목표는 학습자의 행동으로 진술되어야 한다.

학습은 학습자로 하여금 여러 가지 기대했던 방향으로 그들을 변화하도록 도와주는 체계적인 과정이다. 따라서 학습자에게 바랐던 행동의 변화의 질과 정도가 곧 교수의 목표가 되는 것이다. 교사의 행동은 이러한 학습자의 행동의 변화를 돕기 위한 수단이지 목적은 결코 아니다. 그런데 만일 교육목표가 '대한민국 정부 조직의 설명', '낭만주의 문학의 강의', '새마을 교육의 필요성 설명', '발전원리의 시범 실험' 등으로 진술된 것은 교사의 행동을 나타낸 것이다. 따라서 이러한 내용을 학습자의 행동형으로 진술하자면 '대한민국 정부조직을 이해한다', '낭만주의 문학의 성격을 안다', '독해력을 기른다' 등으로 서술되어야 한다.

셋째, 교육목표는 행동특성의 변화를 넓은 범위로 충분히 포괄할 수 있는 진술이 되어야 한다.

오늘의 학교교육은 학습자 한사람 한사람이 전인으로서 성장, 발달을 위해서 노력해야 하므로 거기에는 지 · 덕 · 체 등의 특성이 조화를 이루도록 지도하여야 한다. 결코 교육과정에서 다루어야 할 지적 능력만을 가지고서는 우리가 바라는 전인교육의 완성은 될 수 없다. 그러므로 교육목표의 진술이 지적 분야에만 치우치거나, 신체적인 것에만 치우친다면 그것은 포괄성이 없는 것이 되고 만다. 가령, 수학과에서 '1+1=2의 계산을 할 줄 안다'라는 식의 목표가 진술되었다면 그것은 너무 협소하고 융통성이 없는 목표이며 내용상 전혀 포괄성도 없다. 그러나 이 경우 '한자리 수의 덧셈을 할 수 있다' 식으로 진술하면 보다 포괄성이 있는 교육목표가 된다.

넷째, 교육목표들 사이에 일관성 있는 진술을 하여야 한다.

여기서 말하는 일관성은 교육목표 내용의 일관성과 서술형식의 일관성이라는 두 가지 측면을 의미한다. 내용의 일관성이란 교육과정의 기반이 되고 있는 교육철학에 비추어 보았을 때의 일관성이 있어야 한다는 것으로 이것은 구체적인 교육목표의 타당성과 관계되는 기준이기도 하다. 가령, '민주적인 생활태도'가 교육목표로 진술되었는데 그 계열에 '권위에 대한 무조건의 복종'이 함께 서술된다면 그것은 교육철학적인 일관성이 없다. 또 진술형식에서 '지도를 해석하는 능력'이라든가 '지도를 그릴 수 있다' 등으로 서술한다면 전자는 구(phrase)로 서술하였고 후자는 문장(sentence)으로 서술되고 있다. 그러므로 그 서술상의 형식에서 일관성이 없게 된다.

다섯째, 교육목표는 개조식으로 진술하여야 한다.

교육목표는 교사와 학습자와 다같이 어떠한 내용을 어떻게 지도하고 학습할 것인가를 뚜렷하게 시사해 주는 것이어야 한다. 따라서 미문절구(美文絶句)의 나열이나 너무 긴 진술은 바람직하지 못하다. 가령 '현대 한국문화를 감상하는 힘을 기르고, 고문과 현대문의 표현상의 차이를 분별하며 현대문의 일반적인 특성을 알아볼 수 있다'는 식보다는 ① 현대 한국 문학을 감상할 수 있다, ② 고대문과 현대문의표현상의 차이를 분석하는 능력을 기른다 등의 식으로 개조식으로 진술하는 것이 바람직하다. 이와 같이 서술함으로써 각 목표 속에는 한 가지의 개념이 내포된 단일 문장으로 되어, 보는 자로 하여금 이해도 쉽고 또 그 과제나 단원에는 몇 개의 목표가 있는지도 알 수 있다. 이 외에도 교육목표를 진술할 때 학습 결과를 진술해야 한다는 점, 실현성이 있어야 한다는 점, 부단히 변화되는 데 대처해야 한다는 점 등을 들 수 있다.

여섯째, 교육목표는 가능한 한 명세하고 구체적이어야 한다.

Mager는 교육목표를 진술함에 내용과 행동의 이원적 진술형태를 구비해야 하며, 더 나아가 행동을 진술하는 낱말들이 모호하거나 다의적으로 해석될 여지가 없는 구체적인 진술을 취해야 한다고 했다. 즉, ~을 이해하다, 파악하다, 감상하다, 깨닫다, 인지시키다 등의 표현 등은 의미 축적적인 표현으로서 대안적으로 설명될 수 있는 여지가 있으므로, ~을 암송하다, 문제를 풀다, 지적하다, 비교시키다 등의 구체적이고 한정적인 표현을사용해야 한다고 주장하였다.

어쨌든, 교육목표의 진술은 명세적이고 구체적으로 하는 것이 바람직하다.

4) 교육목표의 진술모형[7)]

(1) 우리나라의 교육목적

우리나라 교육목적은 「교육기본법」 제1조에 다음과 같이 나타나 있다.

이 법은 교육에 관한 국민의 의무와 국가 및 지방자치단체의 책임을 정하고 교육제도와 그 운영에 관한 기본적 사항을 규정함을 목적으로 한다하여 포괄적인 기본적 사항을 제시하였다. 교육목적과 관련된 내용으로서는 「교육기본법」 제2조에 교육이념으로 제시하였다. 그 내용을 보면 다음과 같다.

"교육은 홍익인간 이념 아래 모든 국민으로 하여금 인격을 도야하고 자주적 생활능력과 민주 시민으로서 필요한 자질을 갖추게 하여 인간다운 삶을 영위하게 하고 민주국가 발전과 인류공영의 이상을 실현하는데 이바지하게 하여야 함을 목적으로 한다."

교육이념에 나타난 홍익인간이란 우리나라 교육의 기본적 이념을 제시해 주고 있다고 할 수 있다. 이 이념이야말로 절대적이고 불변하는 숭고 지대한 것이다.

여기서 홍익인간은 널리 인간을 이롭게 한다는 뜻으로 실로 인간의 행복을 위하고 인간생활을 유익하게 하는 인류 역사의 숭고한 이상이다. 그리스도교의 사랑, 불교의 자비심, 유교의 인은 모두 홍익인간의 이념과 통하는 것이다. 따라서 홍익인간은 이기인이 아닌 자아희생적이며 봉사정신에 투철한 이타인(利他人)을 말하며 이러한 인간을 길러내는 것을 교육의 이념으로 하고 있는 것이 홍익인간의 이념인 것이다.[8)] 이와 같은 교육이념을 달성하기 위하여 유아교육법, 초중등교육법, 고등교육법, 각급학교별 교육목적이 교육법에 규정되어 있다.

(2) 미국의 교육목표

민주사회의 교육목적으로서 우리는 교육목표 설정 진술의 좋은 본보기를 미국에서 찾아보기로 한다. 미국교육협회(N.E.A)의 교육정책위원회(Educational Policies Commission)가 1938년에 발표한 미국 민주주의에 있어서의 교육목표가 바로 그것이다. 여기 내용은 민주주의사회에서 교육이 잘 된 사람은 어떤 사람이어야 하는가를 네 가지 주요 생활 영역에서 나누어서 밝히고 이를 교육의 목적으로 채택하고 있다.

이것은 오늘에 이르기까지 미국에서 민주주의 교육실천의 지표가 되어 있다.

① 자기실현의 목적

㉠ 탐구심 : 교육받은 사람은 배움에 대한 욕망을 가지고 있다.
㉡ 말하기 : 교육받은 사람은 모국어를 똑똑하게 말할 수 있다.
㉢ 읽기 : 교육받은 사람은 모국어를 능률적으로 읽는다.
㉣ 쓰기 : 교육받은 사람은 모국어를 효과적으로 쓴다.
㉤ 수 : 교육받은 사람은 계산에 관한 문제를 스스로 풀 수 있다.
㉥ 보기와 듣기 : 교육받은 사람은 듣기와 관찰하는 일에 능숙하다.
㉦ 건강의 지식 : 교육받은 사람은 건강과 질병에 관한 기초적인 사실을 이해하고 있다.
㉧ 건강의 습관 : 교육받은 사람은 자기 자신의 건강과 부양가족의 건강을 보호한다.
㉨ 공중위생 : 교육받은 사람은 지역사회의 보건을 증진시키는 데 힘쓴다.
㉩ 레크리에이션 : 교육받은 사람은 각종 운동경기 및 기타 오락에 참여하고 구경한다.
㉪ 지적 취미 : 교육받은 사람은 여가를 이용할 만한 정신적 자원을 가지고 있다.
㉫ 심미적 흥미 : 교육받은 사람은 미를 감상한다.
㉬ 품성 : 교육받은 사람은 자기 생활을 책임지고 통제할 수 있다.

② 인간관계의 목적

㉠ 인간의 존중 : 교육받은 사람은 인간관계를 가장 소중한 것으로 본다.
㉡ 우정 : 교육받은 사람은 풍부하고 참되며 다채로운 사회생활을 즐긴다.
㉢ 협동 : 교육받은 사람은 타인과 같이 일하고 같이 놀 수 있다.
㉣ 예의 : 교육받은 사람은 사회적 행동을 하는 데 기쁨을 갖는다.
㉤ 가정의 감사 : 교육받은 사람은 가족을 사회적 제도로서 감사하게 생각한다.

ⓑ 가정의 보존 : 교육받은 사람은 가정의 이상을 보존해 둔다.
ⓢ 가정 이루기 : 교육받은 사람은 가정을 이루는 데 기술을 가지고 있다.
ⓞ 가정 내의 민주주의 : 교육받은 사람은 민주적 가족관계를 유지한다.

③ 경제적 능률의 목적

㉠ 일 : 교육받은 생산자는 일을 힘껏 하는 데에 만족을 느낀다.
㉡ 직업의 지식 : 교육받은 생산자는 각종 직업에 필요한 조건과 직업의 기회를 이해하고 있다.
㉢ 직업의 선택 : 교육받은 생산자는 자기 작업을 선택하고 있다.
㉣ 직업의 능률 : 교육받은 생산자는 자기가 선택한 직업에 성공한다.
㉤ 직업에의 적응 : 교육받은 생산자는 자기의 직업능률을 유지하고 증진시킨다.
㉥ 직업의 감상 : 교육받은 생산자는 자기 일의 사회적 가치를 잘 알고 있다.
㉦ 개인의 경제 : 교육받은 소비자는 자기 자신의 경제생활을 계획한다.
㉧ 소비자의 판단 : 교육받은 소비자는 자기 지출을 조정하는 표준을 갖게 된다.
㉨ 능률적인 구매 : 교육받은 소비자는 잘 알고 사고, 또 기술적으로 사는 사람이다.
㉩ 소비자의 보호 : 교육받은 소비자는 자기 이익을 옹호하기 위하여 적당한 수단을 취한다.

④ 시민적 책임의 목적

㉠ 사회적 정의 : 교육받은 시민은 인간 환경의 불공평에 대해서 민감하다.
㉡ 사회적 활동 : 교육받은 시민은 사회적 구조와 과정을 이해하려고 노력한다.
㉢ 비판적 판단 : 교육받은 시민은 선전에 속지 않을 준비를 갖추고 있다.
㉣ 관용 : 교육받은 시민은 진정한 의견의 차이를 존경한다.
㉤ 자원보호 : 교육받은 시민은 국가의 자원에 대해서 관심이 많다.
㉥ 과학의 사회적 응용 : 교육받은 시민은 과학의 발달을, 그것이 인류복지에 얼마나 공헌하느냐에 따라서 평가한다.
㉦ 세계적 시민정신 : 교육받은 시민은 세계 지역사회에 협동하는 성원이다.

ⓞ 준법정신 : 교육받은 시민은 법률을 존중한다.

ⓩ 경제적 편견 : 교육받은 시민은 경제적 식견이 높다.

ⓒ 정치적 시민정신 : 교육받은 시민은 자기의 시민적 제 의무를 수행한다.

ⓚ 민주주의에 대한 헌신 : 교육받은 시민은 민주주의에 대해서 뚜렷한 충성심을 가지고 행동한다.

⑤ 중등교육의 목적

미국 NEA의 교육정책위원회에서 Anderson, Grim, Gurhn의 세 사람이 취한 "미국 민주주의에 있어서의 교육정책"이라는 보고서를 통하여 중등교육의 목적을 제시하였는데, 그 내용은 다음과 같다. 이 내용은 우리나라에서 학습지도안을 작성할 때 단원 설정의 이유로서 참고적으로 제시될 수 있는 내용이기도 하다.

(태 도)

㉠ 집단의 복지를 위하여 자기가 공헌할 바에 대한 책임감
㉡ 타인의 권리의 존중
㉢ 자기의 행동이 가져오는 결과의 감수
㉣ 집단결의에의 추종
㉤ 새로운 생각을 찾으려는 마음의 태도
㉥ 의견의 차이와 타인의 관점의 환영
㉦ 자기 자신의 생각을 자유롭게 이야기할 수 있는 용기
㉧ 믿을 만한 자료에 대한 판단
㉨ 충분한 정보를 얻기까지 판단을 연기
㉩ 자기의 행동이 전체 집단에 미칠 영향의 신중한 고려
㉪ 정당한 권위에 대한 존경
㉫ 학교 내외의 여러 가지 사회적 문제해결을 위한 자진 봉사
㉬ 지역사회의 여러 가지 봉사활동에의 참가
㉭ 목적이나 종파나 사회경제적 지위를 떠나서 타인의 가치의 판단

(감 상)

㉠ 학교 내 여러 가지 일에 있어서의 여러 개인들의 민주적 참여에 대한 가치를 높이 평가

㉡ 현 사회의 여러 가지 문제점을 지적하는 책이나 기사의 애독

㉢ 문화유산으로서의 자유의 향유

㉣ 여러 문화집단의 공헌의 찬양

㉤ 가난과 비참 속에 허덕이는 사람에 대한 깊은 동정

㉥ 미술, 음악, 과학, 역사, 문화 등에의 폭넓은 흥미

㉦ 책과 정기 간행물의 애독

㉧ 새로운 것을 배우고 개척하고자 하는 의욕

㉨ 미화된 환경의 감상

㉩ 창의적 자기표현을 즐김

㉪ 타인들과의 오락 활동에 참가함을 즐김

㉫ 어휘를 넓히는 일에의 흥미

(이 해)

㉠ 커다란 전체 집단의 자유를 위하여 개인이나 소집단이 가지는 자유의 한도에 제한이 있어야 한다는 사실의 이해

㉡ 민주주의는 완성된 것이 아니라 계속적인 갱신의 과정 속에 있다는 사실의 이해

㉢ 자기가 속하고 있는 소집단, 이를테면 지방적 · 문화적 · 종교적 · 경제적 · 사회적 집단의 이익만을 지나치게 추구할 때 전체로서의 사회의 자유가 위기에 빠지게 된다는 사실의 이해

㉣ 민주적 생활은 정치적 · 경제적 · 사회적 제 권리의 보장을 포함한다는 사실의 이해

㉤ 사회질서를 위한 법의 필요성 인정

㉥ 어떤 결정을 위하여 집단적 노력이 큰 가치를 가지고 있다는 사실의 이해

㉦ 논쟁되는 문제(시비를 가리기 곤란한 문제)는 공개토론과 객관적 연구를 통하여

가장 잘 해결된다는 사실의 이해
ⓞ 다수가결을 함에 있어서도 소수파의 권익이 보호되어야 한다는 사실의 이해
ⓩ 민주사회는 책임 있고 적극적으로 참여하는 시민을 요구한다는 사실의 이해
ⓒ 지적 노력이 성공의 기본요소가 된다는 사실의 이해
ⓚ 가정생활에 있어서의 조화적 참여는 건전한 사회적 관계의 기초가 된다는 것의 이해
ⓣ 세계적 협동과 평화를 달성하기 위해서는 각 국가는 우선 주권을 찾아야 한다는 사실의 이해

(기 능)

㉠ 문제해결에 있어서 원인과 결과의 관계를 관찰하고 자료를 분석할 수 있는 능력
㉡ 독서물의 선택 및 변별력
㉢ 자료의 자원소재를 알아내고 이용하는 능력
㉣ 자료의 조직력
㉤ 조사를 통하여 합리적이고 논리적 결론을 내릴 수 있는 능력
㉥ 사실과 의견의 변별력
㉦ 독립적으로 자기선택을 할 수 있는 능력
㉧ 독립해서 일할 수 있는 능력
㉨ 타인과 더불어 협동적으로 일할 수 있음
㉩ 구두로나 글로 자기 의사를 표현할 수 있음

제3절 교육내용의 선정

1) 교육내용의 개념

교육이 이루어지는 과정을 크게 나누어 보면 교육목표 설정, 교육내용의 선정 및 조직, 교수-학습, 교육평가 등으로 나뉘는데, 여기에서는 교육내용에 관련된 내용을 다룬다.

교육내용은 설정된 교육목표를 달성하기 위하여 학습자에게 학습시키고자 하는 어떤 의도, 다시 말하면 교육목표의 구체적인 표현으로서 학습자가 학습할 내용이다. 교육과정의 구성작업에서 교육목표에 적합한 교육내용을 선정하는 일은 가장 어려운 일인 동시에 그 작업량도 제일 많다. 교육내용 선정 작업 과정에서 교육목표에 적합한 내용의 선정이 어렵다고 해서 목표가 무시되는 수가 있는데, 이것은 목적적인 교육 작용이라고 할 수 없는 것이다. 또 경우에 따라서 많은 교사들은 기성 교육내용을 변화시키는 일이 교육을 그릇되게 하는 일이라고까지 생각하기도 한다.

그러나 그들이 그러한 생각을 갖는 것은 인간생활에 있어서의 교육내용의 역할을 모르고 있을 뿐만 아니라 종래의 교육내용의 선정이나 조직에 많은 편견이나 선입견이 개재되어 있다는 사실을 모르고 있기 때문이다. 이러한 이유에서도 먼저 교육내용의 뜻과 그것을 선정하는 데 기초가 되는 문제를 알아보아야 한다.

오늘날 교육내용을 선정하는 데 대하여 두 가지 사고방식이 있는데, 그 하나는 교육내용을 교과내용으로 보는 입장이고 다른 하나는 학습경험으로 보는 입장이다.

교육내용을 교과내용으로 보는 입장에서는 교육의 목표를 객관적인 문화 영역에서의 체계적이고 조직적인 지식, 기능, 가치 등을 강조하고, 학습경험으로 보는 입장에서는 교육의 목표를 개인의 능력이나 자질 또는 행동 방식의 개발이라는 방향에서, 교육내용을 보는 것으로 학습자의 목표와 관심에 의한 자발적이고 적극적인 목표 연구 활동에서 요구되는 사고력, 기능, 태도 등을 강조한다.

(1) 교과내용으로 보는 입장

교육내용을 교과내용으로 보는 입장은 교육의 가장 주된 내용은 인류가 애써 만들어 놓은 광범위한 각종의 문화를 영역별로 체계화하여 조직한 각종의 교과내용을 이해하고 새로운 경험을 해결하는 데에 도움이 되는 지식, 기능, 가치 등의 체계적이고 조직적인 교과 또는 학문이 가장 소중하다고 보고 있다.

교육내용을 교과내용으로 본 견해는 교육 역사상 가장 오랜 동안 믿어왔으며 고대나 중세는 물론이고 근대 교육에서의 교육내용의 주종을 이루었고 또 오늘의 교육에서도 교육내용의 주종을 이루고 있다.

이러한 상황은 초등교육 분야에서만도 세계 여러 나라에서 교육목표 달성을 위해 각종 교과들이 늘어나고 있는데, 어떤 조사에 의하면 73개국에서 352종의 교과목이 있다고 보고하였다.

우리나라 초등학교 교육내용도 대부분이(저학년 제외) 교과내용으로 되어 있으며, 현행 초중등교육법 시행령에서 도덕, 국어, 수학, 사회, 과학, 체육, 음악, 미술, 실과 및 영어와 교육인적자원부장관이 인정하는 교과로 정해 놓았다. 이와 같은 교과를 정한 기반은 말할 것도 없이 「교육법」 제38조의 초등학교 교육목적을 달성하기 위한 것이다.

교과내용에 관해서는 여러 가지로 그 분류를 시도하고 있는데 미국의 스미스(B. O. Smith) 등은 크게 두 가지로 분류하여 서술적 교과와 규범적 교과로 보았다. 서술적 교과는 어떤 현상이 생기는 과정과 결과에 관한 사실적 원리적인 것들의 진술로서 예를 들면 역사적인 사건의 기술, 동식물의 구조에 관한 기술, 물리적 법칙 등이 여기에 속한다. 규범적 교과는 사람이 도덕적 · 심미적으로 선택할 수 있는 규범이나 규준으로 이루어진 것들로서, 실례로 정치 경제의 사회적 · 도덕적 견지에서, 바람직한 가정생활에서, 예술의 감상 등에서 교과가 이루어진 것들이다.

이 이외에 다음과 같이 분류하는 연구가 있으니 우리의 교과와 매우 가까운 양상으로 보인다.

① 내용교과 : 환경의 내용에 관한 교과(사회과, 과학과 등)

② 형식교과 : 환경의 형식에 관한 교과(언어, 수학 등)

③ 표현교과 : 심정의 표현에 관한 교과(음악, 미술 등)

④ 기능교과 : 생명보존의 기능에 관한 교과(체육, 실업, 가정 등)

이와 같이 교과를 4군으로 분류하였는데 그 중 형식교과를 모든 학습활동의 기초가 된다고 하여 때로는 기본교과 또는 도구교과라고 칭하기도 한다.

그러나 형식교과에 대한 그러한 생각은 은연중 낡은 형식도야주의적인 사상이 내포되고 있다는 점에 주의해야 할 필요가 있다.

그러나 교과내용의 분류는 어떻게 하든지 교육내용을 교과내용으로 보는 입장에서는 이와 같은 교과를 학습하게 함으로써 설정된 교육목표를 달성하게 한다는 것이다.

(2) 학습경험으로 보는 입장

교육내용을 교과와 같은 문화내용의 영역별 집약이나 체계화한 지식 등으로 보는 것이 아니고 특정한 문제를 학습자가 해결하는 과정이나 경험으로 보는 경험중심 입장에서는 체계화된 지식을 학습자에게 전달하는 것이 문제가 아니라 경험을 통해서 지식에 도달하고 지식은 문제해결의 수단에 불과하다고 보는 견해이다. 그러므로 어떤 교육목표를 달성하게 하기 위하여 학습자에게 어떠한 경험을 마련해 주어야 할 것인가 하는 일을 생각하는 것이 학습과정의 내용 선정에서 매우 중요한 일이다. 여기서는 어떤 교과내용을 학습자에게 제공하는 것인가가 중요한 것이 아니라 어떤 학습경험을 하도록 할 것인가 하는 방향에서 교육내용을 선정하게 된다. 또 여기서는 학습자의 자발적이고 능동적이며 적극적인 목표의 연구 활동에서 요구되는 사고력이나 기능, 태도 등이 강조된다. 무엇을 아느냐의 문제보다도 어떻게 생각하고, 느끼고, 활동하느냐가 보다 중요시된다.

이와 같은 입장에서 볼 때 학습경험을 Tyler 교수나 정범모 교수는 다음과 같이 분류를 하고 있다.

① 지식, 이해의 함양을 위한 학습경험 : 정말로 필요한 지식이나 이해를 기르기 위한 목표를 달성하기 위해서는 지식 내용 자체의 가치보다 기능적 가치에서 선택

된 사실, 원리, 법칙, 정의, 이론 등이 중핵 이 되는 학습경험을 말한다.

② 사고력 함양을 위한 학습경험 : 문제의 해결과정에서 요구되는 사고를 적절히 기능적으로 할 수 있는 학습경험을 말한다.

③ 사회적 태도 함양을 위한 학습경험 : 인성적 · 사회적인 면에서 바람직한 인간관계나 사회적 관계를 유지 발전시켜 나아갈 수 있는 학습경험을 말한다.

④ 흥미 함양을 위한 학습경험 : 다양한 활동의 동기 체제의 역할을 할 수 있는 학습경험을 말한다.

⑤ 감상력 함양을 위한 학습경험 : 어떤 작품이나 현상을 깊이 그리고 폭넓게 음미 평가해 보려는 학습경험을 말한다.

⑥ 기능 함양을 위한 학습경험 : 운동적 · 정의적 · 사회적 혹은 지적인 기능을 기르기 위한 학습경험을 말한다.

이상과 같이 여섯 가지의 유형으로 분류한 그들의 의견을 살펴보았는데, 정범모 교수는 그 중 기능 함양을 위한 학습경험은 제외하고 있다.

(3) 교육내용의 종합적 입장

이제까지 교육내용에 관한 두 가지의 다른 견해, 즉 문화 지식 분야에 보다 중점을 둔 교과내용으로 보는 입장과 경험면에 중점을 둔 학습경험으로 보는 입장을 살펴보았다.

그러나 양자를 서로 완전히 분립된 것으로 보아서는 안 된다. 경험이나 활동은 학습의 주체인 학습자의 작용에 속해 있기 때문에 그 작용의 대상이 되는 교과와는 대립관계에 처해 있는 것 같고, 따라서 학습경험과 교과내용과의 관계는 작용과 대상과의 대립관계에 있는 것 같다. 그러나 실제로는 작용이란 진공 속에서 일어날 수 없는 것이고 대상으로서 어떤 장이나 터전이 있어 그 속에서만 일어나는 것이다.

작용과 대상, 교과와 경험과의 관계는 백과 흑과 같은 상반되는 관계가 아니다. 예로 지식, 이해를 기르는 학습경험을 마련한다고 할 때 그 지식, 이해는 진공 속에서 길러지는 것이 아니고 어떤 매개의 대상을 통해서 길러지는 것이다. 그 매개물이 대상의 역할을 담당하게 되는데 곧 어떤 사실, 원리, 법칙 등을 내포하고 있는 교과가 그 역할을 하는 것이다. 이것을 역으로 본다면, 가령 사회적 태도를 기르고 개인과 사회와의 관계를 이해시키기 위해서 사회과라는 교과내용을 지도한다고 할 때 한낱 사회과란 교과서에 접했다고 해서 그런 목표가 달성되는 것은 아니고 학습자가 능동적으로 사회적 태도를 기르는 학습경험을 또는 개인과 사회와의 관계되는 여러 사실이나 원리 등을 이해하는 학습경험을 가지게 될 때 비로소 사회과라는 교과가 내세운 목표가 달성될 수 있다.

또 그러기 위해서는 종래의 지식의 집합체, 또는 문화유산을 논리적으로 체계화하고 조직된 것으로서의 교과의 목표와 필요를 충족시키는 인간, 또는 학습자의 생활 활동 학습경험 속으로 면모를 바꾸어 융화되어져야 할 것이다.

여기에서 교과나 문화와 생활이나 경험 또는 활동과의 융화를 위해서 다음과 같은 시도가 요청된다.

첫째, 생활 경험 활동을 중심으로 교과의 내용이 이루어져야 할 것이 다.

예로, 국어란 교과는 언어생활 또는 언어활동을, 사회란 교과는 사회적 · 시민적 생활 또는 활동을, 미술이란 교과는 미적 활동을, 체육이란 교과는 광의의 건강생활, 보건, 체육활동 등을 내용으로 하는 것들이다. 이와 같이 교과가 생활경험이나 활동을 내용으로 하게 되는 생활교과라는 성격을 갖게 된다.

둘째, 지식체계로서 교과가 학습자의 경험생활에 봉사하게 되려면 그 자체의 논리적 체계를 해체하지 않으면 안 될 것이다. 예를 들면, 역사가 현재 및 장래 생활에 소용이 되도록 취급하기 위해서 연대순적인 조직체계로 표기하는 것도 하나의 방법일 것이다.

셋째, 인간의 생활경험, 학습자의 목표 필요를 분석하여 소위 생활교과의 내용을 이루어야 할 것이다.

이것은 생활 활동, 목적 연구 활동의 수행에 필요한 능력이 먼저 문제가 되며, 이러한 능력을 충족시키는 데 필요한 교과내용이 마련되어야 한다.

넷째, 생활경험, 학습자의 경험활동을 중심으로 교과의 내용이 이루어지게 되면 각

생활교과 사이에는 상호 중복 관련이 생기게 될 것이다. 여기에서 교과 간의 정리 통합이 이루어져 상관형 또는 광역형의 교육과정으로 또는 대담한 중핵형이나 활동형으로 발전할 수 있는 기저도 마련되게 될 것이다.

이상에서 교육내용을 보는 두 가지 입장인 교과내용과 학습경험은 결국 양자가 각각 분립될 수 없음을 알 수 있다. 한편, 같은 교과를 가지고 특정의 지식내용을 강조하는 입장과 지적 과정을 강조하는 입장의 대립이 교과내용과 학습경험을 분립해서 생각하는 견해와 상통하는 점이 있다. 그러나 교과는 어디까지나 내용과 과정의 양면을 다 가지고 있는 것이며, 그것은 분리될 수 없는 것이다. 특정한 지식이나 원리를 완전히 이해한다는 것은 그 지식의 과정을 이해해야 하며 또 특정한 지식 내용을 담지 않은 탐구과정이란 있을 수도 없지만 있다고 해도 무의미한 형식이 되고 말 것이다. 여기에서 내용과 과정의 통합이 불가피하게 이루어져야 할 이유가 있는 것이다.

이러한 점으로 보아 오늘날 교육내용은 지식의 내용과 탐구방식을 합친 것이 되어야 한다는 주장이 성립된다.

2) 교육내용 선정의 원리

교육내용은 교과내용과 학습경험의 두 가지 견해가 있으나 양자의 견해는 분립되기보다는 통합적으로 보는 것이 오늘날 바라는 교육내용의 경향임은 앞에서 살펴본 바와 같다.

그러나 교과내용이라고 모두가 다 바람직한 교육내용이 될 수 없고 또 학습경험이라고 아무거나 다 좋은 교육내용이 될 수 없는 일이다. 따라서 교과내용이나 학습경험을 선정함에 있어서 보다 바람직하고 교육적인 뜻이 있는 것들을 선정하기 위하여 몇 가지 원칙을 적용하여야 한다.

다음에 편의상 교과내용의 선정과 학습경험의 선정 원칙을 따로 나누어서 살펴보기로 한다.

(1) 교과내용 선정의 원리

최근의 지식의 폭발적인 증가와 정보혁명(information revolution)은 교육의 혁신에 크게 작용하고 있다. 학교 교육에서는 이제 지식의 전부를 가르칠 수 없는 일로 되고 말았다. 이와 같은 실정에서 최근에 와서는 교과내용의 현대화를 위한 노력은 충분하고도 중요한 연구문제를 우리에게 시사해 주고 있다. 그 중의 하나로 미국의 스미스(Smith) 등의 연구에서는 다음과 같은 다섯 가지의 원칙을 제시하고 있다. 그러나 이러한 원칙들이 모든 교과내용을 선정하는 데에 동일하게 적용되지 않을 것이며 그 내용에 따라 그러한 원칙이 한 가지나 몇 가지 또는 전부가 적용될 수 있을 것이다.

첫째, 지식의 조직 분야에서의 중요성의 원리 : 이 기준은 그 교육내용 또는 교재가 지식의 조직분야에 있어서 중요한 것인가 아닌가를 분별하여 가장 중요하다고 판단된 것을 선정하는 원리이다. 따라서 이것은 어느 지식이 어느 분야의 지식의 정통을 위해서 가장 기본적인 것이라고 생각되면 그러한 내용이 곧 교육내용으로 결정되는 기준이다.

둘째, 생존의 원리 : 이 원리는 우리는 교육내용으로 선정해서 가르쳐야 할 것은 오랜 동안의 역사의 과정을 통해서 시련을 견디어 낸 것이어야 한다는 것으로 시대는 가치의 표현이라는 생각에 근거를 두고 있다. 그러므로 교육내용을 선정하는 기준으로 어느 것이 가장 적절한가를 결정함에 있어서 한낱 역사적 과정에서만 가치가 있었던 것만이 아니고 현대 인간의 요구와 나아가서는 미래의 요구조건까지도 계속하여 충족시킬 수 있는 능력이나 기능에 의하여 제정될 것을 요구하는 것이다.

셋째, 유용성의 원리 : 이 원리는 교육내용을 선정하는 기준을 그 교재가 학습자에게 어떤 유용성이 있는가에다 두고 결정하는 것으로 현대사회가 가지고 있는 수많은 지식 중에서 현대인으로서 실생활에 가장 쓸모가 많은 내용을 선정하는 원리이다.

유용성이란 흔히 사용의 빈도로 해석하고 생활에서 가장 많이 사용하는 지식, 기능, 가치 등을 교육내용으로 삼으려는 생각이다. 그러나 이 유용성에서 주의해야 될 점은 현대생활에서만의 유용성이 아니라 사회능률의 이상에 유용하게 봉사할 수 있는 유용성이 고려되어야 한다.

넷째, 흥미의 원리 : 이 원리는 교육내용의 선정 기준을 학습자의 문제, 관심, 흥미, 욕구 등으로 삼자는 생각이다. 따라서 교육내용은 학습자들의 문제를 해결하거나 그들의 목표를 달성하는 데 필요한 내용으로 결정되어야 한다는 원리이다. 이 원리의 일반적인 해석은 교육내용이나 교재는 학습자의 필요를 충족시켜 준다는 것이다.

다섯째, 사회발전의 원리 : 이 원리에서는 바람직한 교육내용이란 민주주의 사회의 성장과 발전에 공헌도가 높은 것이어야 하기 때문에 그러한 내용의 선정을 강조한다. 이 원리에서 사회발전의 원칙을 강조하는 기저에는 사회란 변화하는 것이며 사람은 이런 변화를 보다 나은 생활 방향으로 이끌 수 있고 또 이끌어야 하며, 학교는 가장 바람직한 교육내용을 선정하여 사회 변화와 발전을 바람직한 방향으로 이끌 수 있다는 생각이 가로놓여 있는 것이다. 여기에서 바람직한 사회변화에 관련된 문제들을 지적으로 취급하는 데에 요구되는 지식이나 가능을 가려서 선정하는 기준이 이 원리에서 뜻하는 것이다.

(2) 학습경험 선정의 원리

이미 본 절 앞부분에서 교육목표를 달성하기 위한 교육내용으로 어떤 학습경험을 학습자에게 마련해서 제공하여야 할 것인가에 관하여 여러 가지 견해가 있다는 점과 학습경험의 유형에 관하여 살펴보았으나, 여기서는 그러한 학습경험을 선정하는 데에 교사나 연구자가 지켜야 할 몇 가지 원리를 다음과 같이 살펴보기로 한다.

첫째, 타당성의 원리 : 이 원리는 기회의 원리라고도 말하며 바람직한 학습경험의 선정은 설정된 교육목표가 지시해 주는 바로 그 행동을 할 수 있는 기회가 마련되도록 하는 학습경험이 되어야 한다는 기준이다. 또 교육목표에 비추어 보아 목표가 지시한 대로의 학습활동이 마련되어야 그 내용이 타당성이 있게 된다.

둘째, 만족의 원리 : 이 원리는 설정된 교육목표에 알맞은 학습경험을 거치는 과정에서나 또는 경험하고 난 결과에서 학습자가 자기의 필요나 동기 등의 충족으로 어떤 만족감이나 성공감을 가질 수 있는 학습경험을 선정해야 할 기준을 뜻한다. 이것은 어떤 필요, 욕망, 흥미 등이 어떤 학습경험을 거치는 과정이나 결과에서 성공감이나 또는 만족스럽다는 느낌을 얻게 될 때 그 학습경험은 비로소 질적으로 좋은 경험이 된다는 원리이다.

셋째, 가능성의 원리 : 이 원리는 어떠한 학습경험을 선정함에 있어서 학습자가 능히 학습할 수 있는 정도의 내용을 선정해야 한다는 기준을 뜻한다. 교사나 연구자의 입장에서 볼 때 그 경험내용이 학습자에게 꼭 필요하다고 판단되더라도 그들의 능력, 경험의 배경, 발달 정도로 보아 상당한 노력을 한다 해도 그것을 학습할 수 없는 곤란도나 차원이 높은 것은 학습경험으로 선정되어서는 안 된다는 기준이다.

넷째, 일목표 다경험의 원리 : 이것은 한 가지 교육목표를 달성하기 위하여 여러 가지 경험을 하도록 가능한 한 광범위하고 다양한 경험과정을 밟도록 해야 한다는 원리이다. 따라서 이 원리는 어느 교육목표 달성을 위해서 꼭 하나의 학습경험만을 고집할 것이 아니라, 타당성만 있다면 신축성 있게 여러 가지의 적절한 학습경험을 선정해야 한다는 기준이다.

다섯째, 일경험 다목표의 원리 : 이 원리는 한 가지 학습경험을 선정함에 있어 가능한 한 그 경험을 학습함으로써 여러 가지 목표를 동시에 달성할 수 있는 경험이 선정되어야 한다는 것을 의미한다. 이것은 보다 바람직한 학습경험이란 한 가지의 행동의 변화, 다시 말하면 한 가지의 학습효과만 얻게 하는 것이 아니라 동시에 여러 가지 학습효과를 얻을 수 있는 것이어야 한다는 논리에서 나온 원리이다.

이상에서 교육내용의 선정원리를 교과내용과 학습경험의 두 가지 견해를 각각 분리시킨 가운데 살펴보았다. 그러나 최근의 교육과정의 특성을 고려하면 교육내용을 교과내용과 학습경험 과정을 분리시켜보는 입장이 아니고 교과 또는 지식내용과 그것을 취득하고 적용하는 데 필요한 인지적 과정, 다시 말하면 내용과 과정을 동시에 포함한 개념에서 교육내용을 보고 있다. 그러한 입장에서 이영덕은 보다 포괄적인 교육내용 선정의 원리를 제시하고 있는데 내용은 다음과 같다.

첫째, 교육목표와의 일관성 : 이것은 교육목표는 교육내용 → 학습지도 → 교육평가로 일관되게 반영되어야 한다는 이론에서 나온 원리이다.

교육목표에는 분명히 문제해결력이나 창의력 등이 강조되고 있으면서도 선정된 내용은 단편적 지식의 누적으로 끝난다든지 수동적인 모방과 기억을 요하는 사실이나 기능의 기술에 그친다면 설정된 교육목표와의 일관성은 결여되어 있다고 하지 않을 수 없다. 기본 개념이나 원리의 학습을 목표로 하는 것이라면, 주어진 지식들을 올바르게 조작하는 학습활동을 통해서 설정된 목표로서의 기본 개념이나 원리를 파악하는 데 강력한 자료가 되는 내용들이 선정되어야 한다는 것이 일관성의 원리이다.

따라서 이 원리는 어떤 교육목표를 달성하려면 그 목표가 지시하는 행동을 실천할 기회가 주어져야 한다는 Tyler의 원리와 같은 것이라고 생각된다.

둘째, 지식의 참신성과 신뢰성 : 최근 과학기술의 발달로 지식의 폭발적인 증가의 결과로는 기존 지식의 퇴화현상이 나타나는데, 여기에는 사물적 지식이나 이론 및 개념이 낡아지고 탐구방법이나 절차도 낡아질 수 있다는 것이다. 그러므로 교과내용의 참신성과 신뢰성을 유지할 수 있도록 교과내용을 선정하고 조직하는 데 있어서 각 교과 영역의 전문가의 참여와 협조를 구하여 교육내용의 계속적인 보완 작업이 있어야 한다는 것이다.

셋째, 내용의 전이가치 혹은 활용범위가 변화하고 다양해지며 현상에 대하여 능동적으로 적용될 수 있는 보다 기본적인 교육내용일수록 그 교육적 가치는 올라가게 된다. 광범위한 활용 가능성을 가진 기본 개념이나 원리는 그 이해를 위해서 깊이 있는 탐구과정을 거쳐야 하기 때문에 이러한 목적을 위해서 많은 사실을 개관하기보다는 소수의 선택된 사실을 교과내용에 포함시켜야 한다는 원리이다. 이것은 브루너 등 학문중심 교육과정에서 기본 개념 및 원리의 이해를 중요시하고 있는 것과 같은 원리라고 할 수 있다.

넷째, 탐구정신 및 방법의 반영도 : 이미 강조한 바와 같이 중요한 지식을 학습했다는 것은 곧 그 지식의 획득과 적용을 위해 가장 효과적인 지적 과정과 태도를 습득했다는 의미도 될 수 있다. 학습자가 주요 개념이나 원리를 습득했다고 해도 그것이 학습자들의 탐구와 발견에 의한 학습이 되도록 교육내용을 선정해야 한다는 원리이다.

다섯째, 넓이와 깊이의 균형성 : 소량의 선택된 기본 개념이나 원리를 깊이 이해시키고자 할 때 일어날 수 있는 문제는 내용의 범위와 깊이의 갈등이다. 학교가 지역사회로부터 받는 여러 가지 기대가 있는데, 그것은 많은 지식을 가르쳐 줄 것을 기대하는 등 그 요구가 서로 다르게 나타난다. 따라서 여기에 기본적 지식과 실제적 지식 혹은 지식의 넓이와 깊이의 균형을 적정 수준에서 잡아 교육내용을 선정해야 한다는 원리이다.

여섯째, 다목표 달성도 : 이것은 동시학습 혹은 학습의 다과율(多果律)이라는 학습심리의 현상과 관련되는 원칙이다. 즉 우리가 의도하거나 의도하지 않거나 간에 학습자는 그 지식내용의 학습으로만 끝나지 않고, 비판적 사고력, 교과에 대한 흥미, 학교 학습에 대한 태도, 타인에 대한 태도 등을 동시에 학습하게 된다는 사실이다.

그러므로 교육내용의 선정에 있어 다목표의 동시적인 학습을 보장하기 위해서 다방면에 신중을 기해야 한다. 즉 여기에서는 내용의 풍부성, 독자적 사고를 추구하는 질문 혹은 문제의 제시, 다양한 학습활동을 필요로 하는 내용, 광범위한 영역에서의 자료, 지적 수준에 적절하고 그들의 언어에 일치하는 설명방식 등이 내용 선정에서 충분히 고려되어야 할 요인이라 하겠다.

일곱째, 학생에의 타당성 : 선정된 교육내용이 학습자의 능력과 흥미, 필요에 맞는 것이어야 한다는 원리이다.

아무리 좋은 내용이라도 학습자의 능력을 넘어서는 것이라든지, 능력에 맞는 내용이라도 흥미를 자아낼 수 없는 내용이라면 효과적인 학습을 기대할 수는 없다. 또한 학습자들의 개인적 필요 및 목적과의 의미 없고 연관성 없는 내용이라면 학습 동기를 유발할 수 없다. 따라서 교육내용은 학습자와 모든 학습 가능성의 특징을 감안하여 선정되어야 한다는 것이 타당성의 원리이다.

이제까지 살펴본 바와 같이 교육과정 구성에서 교육내용을 선정한다는 것은 결코 쉬운 일이 아니다. 여기에는 교육학적 · 심리학적 · 사회학적 · 학문적인 연구 등 여러 측면에서 다각적인 접근이 동원되어야 한다. 특히 교육내용이 학생들을 의식하고 선정되는 것이기 때문에 이들에 관한 깊은 연구가 계속되어야 한다.

3) 교육내용 선정 방법

설정된 교육목표의 달성은 교육내용 여하에 따라 그 달성 정도가 달라진다. 다시 말하면 최고 수준의 교육목표 달성을 위해서는 교육내용의 선정이 가장 적절하게 이루어져야 기대할 수 있다. 또 이러한 이유에서 그동안 많은 학자들에 의하여 보다 나은 교육내용을 선정하기 위한 여러 가지 방법이 시도되었다. 그동안 시도되었던 교육내용의 선정 방법들을 살펴보면 어떤 것은 전적으로 사고, 추리나 판단에 기반을 두고 하는 방법이 있는가 하면 어떤 것은 엄격한 과학적인 조사나 분석에 의한 방법이 있다.

또 어떤 방법은 성인의 활동분야를 통해서 선정원리에 따라 교육내용을 선정하기도 하며 어떤 방법은 교과서의 내용 분석이나 사회기능 또는 청소년들의 욕구 등을 조사하여 교육내용을 선정하려고 시도하였다.

이와 같은 여러 가지 시도 중 그 대표적인 연구가 스미스 등이 제시한 판단적 방법, 실험적 방법, 분석적 방법, 합의적 방법 등을 들 수 있고, 또 알버티가 말한 교과서법, 모방 편집법, 활동 분석법, 사회 기능법, 청소년 문제법 등이 있다.

다음에는 일반적으로 널리 알려져 있는 교육내용의 선정 방법을 몇 가지 살펴보기로 한다.

(1) 교과서법

이 방법은 현존하는 교과서나 교재 내용을 분석하여 교육내용을 선정하는 방법으로서 전통적 교육에서 흔히 적용하는 교육내용 선정의 전형적인 방법이다. 교과서법의 기반은 각 교과에서 무엇을 가르칠 것인가를 결정하는 것은 그 분야의 전문가가 할 일이고 교사는 다만 전문가가 만든 교과서에 대해서 연구하고 자기가 가르치는 학습자에게 적합한 것을 교과서에서 선정하여 가르치면 된다는 생각이 근저에 깔려 있다. 이 방법에서의 교육내용은 주로 기존 문화재인 교과서나 이에 관련된 문헌 등이 교육내용의 유일한 자원으로 보고 있다. 그러나 현대 교육이 기성세대에서 만들어진 문화재만으로는 변화 발전해 나가는 현대인 교육에 만족할 수 없으며, 교과서나 문헌 등은 편집자의 전문성에 따라 일방적으로 지배될 뿐만 아니라 학습자를 직접 지도하는 교사의 활동에서 창의적인 지도나 자유 융통성이 결여될 우려가 있다. 그리고 학습자의 심리적 특성도 살리지 못할 결함을 안고 있는 방법이다.

(2) 활동분석법

이 방법은 인간생활의 제 활동을 과학적으로 분석하여 사람이 살아가는 데 가장 필요로 하는 활동내용을 학습경험으로 선정하려고 시도한 방법이다. 활동분석법은 1920년과 1930년에 걸쳐 미국에서 활발히 연구되었으며 이 방법을 연구한 주요 인물은 보비트(F. Bobbitt), 차더스(W. W. Charters), 해랍(H. Harap) 등이다.

이 방법의 기본은 교육이란 훌륭한 성인생활을 형성하고 또 형성해야 할 모든 활동에 대처하여 준비시키는 것이기 때문에 여기에 필요한 활동을 얻기 위하여 인간생활의 주요 영역에 걸쳐서 여러 가지 활동을 분석하여 그것을 학습자에게 가르치는 것이 학교가 해야 할 일이라고 보았다.

따라서 활동분석법의 기본원리는 인간의 생활 활동에 두었으며, 인간생활의 여러 가지 활동을 실제로 조사 분석하여 일반적이고 공통된 주요한 생활 활동을 파악하여 학습경험으로 삼자는 것이다.

Bobbitt는 인간생활의 주요 활동 영역을 다음과 같이 대영역으로 구분하고 이것이 각 교재와 학습경험 선정의 자료가 된다고 하였다.

※ 10대 생활활동 영역

① 건강생활
② 양친(兩親)생활
③ 언어활동
④ 공민적 활동
⑤ 여가 활동
⑥ 직업적 활동
⑦ 종교적 활동
⑧ 일반적 사회활동
⑨ 정신적 건강활동
⑩ 비전문적 실제활동

그의 연구는 위의 ①에서 ⑨까지의 각각 능력, 기능, 습관, 지식 등으로 다시 구체적으로 분류하여 총 21종의 주제로 분석하였고, ⑩은 개인 선택의 직업 활동을 더해서 교육내용의 전체적인 주제로 삼았다. 그러나 이렇게 분석한 내용을 학습경험으로 만들기 위해서는 연구자의 전문적인 기술이 문제가 되며 또 활동분석법이 가장 완전한 방법이라고 말할 수도 있다.

활동분석법의 난점을 Alberty는 다음과 같이 지적하고 있다.

첫째, 사람의 현실적 생활과 이상이나 가치를 실현시키기 위해서의 활동과의 사이에서 모순이 있다.

둘째, 현실 활동이 분석되었다 해도 사회는 항상 변화 발전하므로 분석해 낸 제 활동 영역이 현실성을 반드시 유지한다고 볼 수 없고, 또 학습자의 현재와 장래라는 점에서 어느 정도가 적합한가도 문제가 된다.

셋째, 활동분석법이 성인사회 활동에서 출발한다면 그 결과는 성인중심으로 될 것이고 아동이나 학생의 특징을 무시하는 결과가 나올 것이다.

이상과 같은 난점이 있다고 평가된 활동분석법이지만 이 방법이 종래의 문화적 가치나 지식 주입만을 위주로 하는 교육과정 구성상의 전통적인 방법에서 보다 현대화 방향으로 합리화된 교육과정으로의 발전에 기여한 영향은 활동분석법의 커다란 공헌으로 인정하고 있다. 특히 이 방법은 직업적 교육 연구의 특수 영역에 대하여 이바지한 점은 높이 평가를 받는다. 이 방법이 근거가 되어 현행 직업분석이 실시되고 그 곳에서 여러 가지 사실과 법칙이 발견되어 직업지도, 직업교육 연구 분야에 많은 영향을 주었다.

(3) 사회기능법

이 방법은 사회기능 분석법, 사회 요구법, 생활 영역법, 또는 영역 계열법 등 여러 가지로 불린다.

사회 기능법은 한 마디로 말하면 활동 분석법에서는 결과적으로 성인의 생활활동을 분석하여 성인중심의 교육과정으로 빠지기 쉬운 결함이 있다는 점에 반하여 사회면과 아동면의 양자를 합리적으로 조정하면서 학습자인 아동의 사회성원으로서의 필요를 결정하기 위하여 사회생활을 분석하고 거기에서 명시된 사회적 학습의 필요를 교육과정의 범위영역으로 결정하고 학습경험을 선정하려는 방법이다.

사회기능법은 1930년경부터 1940년경까지 활발하게 연구된 방법으로 그 연구의 주요 인물은 카스웰(H. L. Caswell)을 비롯하여 캄벨(D. S. Campbell), 채프맨(J. C. Chapman), 카운츠(G. C. Counts) 등이 있다. 이 방법의 연구절차에는 두 가지가 있다. 그 하나는 사회적 필요를 논리적으로 분석하는 방법이고, 다른 하나는 직접 실태조사를 통하여 분석해 내는 방법이다.

사회적 필요를 논리적으로 분석해 낸 연구로는 영국의 스펜서(H. Spencer)가 제시한 인간생활의 5대 영역(직접적인 자기보존, 생활 필수품의 획득, 자녀의 양육과 교육, 사회적 · 정치적 관계, 여가활동)을 그 예로 들 수 있다.

사회적 필요를 실태조사 분석으로 연구한 Campbell과 Counts 등은 인간생활의 5대 영역을, ① 건강, ② 가정생활, ③ 공민생활, ④ 오락생활, ⑤ 종교생활 등으로 제시하고 있다.

사회기능법은 교육의 목적이 사회에서 바람직한 개인의 행동특징을 발달시킨다는 원리에서 Caswell이나 Campbell은 사람의 행동을 전체적인 장면에 있어서 유기체와 환경과의 관계 개념에서 포착하려고 하였다. 이러한 입장에서 인간행동의 형식이나 특징은 요소적인 여러 가지 능력의 집적으로 성립되는 것이 아니라 전인으로서의 활동의 전체적 과정이라고 보았다.

따라서 인간 내에 바람직한 행동 특징의 변화를 가져오게 하는 학습경험의 선정이 논리적인 교과의 조직이나 또는 인간 생활 활동에 필요한 능력을 세분한다고 되는 것이 아니라고 생각하였다. 양자는 오히려 인간과 사회와의 관계에서 사회적 행동을 해석하려고 하였다.

이와 같은 견해에서 사람의 바람직한 행동형성은 학습자에게 사회의 생활과정을 이해시키고 그 곳에 필요한 지적 요소가 필요하다고 보아 학습경험은 사회과정 또는 사회기능에서 선정하려고 하였다.

사회기능법에 의하여 학습경험을 연구한 예로는 여러 가지 있으나 그 주요한 것으로는 미국의 버지니아 플랜(Virginia plan)을 비롯하여 미시시피 플랜(Mississippi plan), 죠지아 플랜(Georgia plan), 아칸사스 플랜(Arkansas plan), 플로리다 플랜(Florida plan), 캔사스 플랜(Kansas plan) 등이 있다.

다음에 사회기능법에 의한 학습영역의 연구실적의 예를 제시해 둔다.

※ Harp. H.의 연구

① 가정생활
② 여가생활
③ 시민생활
④ 조직적인 집단생활
⑤ 소비생활
⑥ 생산활동
⑦ 교통
⑧ 수송

이 연구는 1934년 Caswell 등이 연구한 것이었으나 그 후 1943년에 내용의 변경을 보았다. 다음의 내용이 연구 결과이다.

※ Virginia plan

① 생명, 재산과 자연자원의 보존
② 물질의 생산과 생산적 분배
③ 물자와 인간의 교통 및 수송
④ 물자의 소비
⑤ 오락
⑥ 심미적 요구의 표현
⑦ 종교적 요구의 표현
⑧ 교육
⑨ 자유의 확장
⑩ 개인의 통합
⑪ 탐험

(4) 청소년 욕구법

이 방법은 학습자의 심리적 특성을 근본 원리로 삼고 청소년의 흥미, 필요 등의 욕구를 기본으로 하여 학습경험의 영역을 선정하려는 방법이다. 이 방법은 1940년경부터 연구된 것으로 이 연구의 대표자는 홉킨스(L. T. Hopkins) 등이다.

청소년 욕구법은 교과서법이나 활동분석법, 사회기능법 등이 결과적으로 지식문화에 편중하거나 또는 성인중심의 생활이나 사회관에 편중한 나머지 학습자의 욕구가 무시되거나 소홀히 취급되어 이러한 결과는 학습의 주체인 학습자의 활발한 학습 의욕의 결여를 가져오게 하고 나아가서는 학습효과의 부진을 가져오므로 이러한 결함을 시정하기 위하여 시도된 방법이다.

청소년 욕구법에 의한 연구결과의 하나는 미국의 진보주의 교육협회(P.E.A.)의 중등학교 교육과정 위원회에서 실시한 것으로 동 연구에서는 청소년의 욕구를 다음과 같이 분류하고 그 속에 학습경험의 영역을 선정하였다.

제1영역: 개인 생활영역

① 개인의 건강에의 욕구
② 자기 보존에 대한 욕구
③ 만족할 만한 세계상과 근로의 생활 철학을 구하려는 욕구
④ 개인의 일련의 흥미와 미적 만족을 구하려는 욕구

제2영역: 신체적인 개인적 · 사회적 관계

① 가정과 가족에 있어서 점진적으로 성숙해 가는 관계에 관한 욕구
② 양성(兩性)에 있어서 점진적으로 성숙해 가는 관계에 관한 욕구

제3영역: 사회적 · 공민적 관계

① 사회적으로 유의한 여러 가지 활동에 책임지고 참가하려는 욕구
② 사회를 인식하려는 욕구

제4영역: 경제적 관계

① 성인역(成人域)으로 도달해 나아 가려는 진보성에서 정서적으로도 확보하고자 하는 욕구
② 취직을 위한 직업선택에 관한 지도의 욕구
③ 물자의 현명한 선택과 작용 및 봉사에 대한 욕구
④ 기본적인 경제문제를 해결하기 위한 효과적인 활동을 필요로 하는 욕구

또한 청소년의 생활영역을 흥미 중심으로 나눈 사회생활과 학습경험의 6대 영역을 제시하면 다음과 같다.

① 가정생활
② 공민성
③ 생산, 소비, 보건 및 분배
④ 교통과 수송
⑤ 여가선용
⑥ 도덕적 · 정신적 · 심리적인 발달과 표현

이상과 같은 청소년 욕구법에 관하여 장점과 단점을 알랙산더(W. M. Alexander)는 다음과 같이 지적하였다.

(장점)

① 청소년 욕구법은 심리적으로 알맞은 방법이다.
② 청소년 욕구법은 기능적인 학습을 할 수 있다.
③ 학교 교육 계획에서 바라는 결과에 대하여 여러 방면으로 도움이 많다.
④ 청소년 욕구법은 학습자의 성장과 발달을 토대로 해야 한다는 점을 강조한다.
⑤ 청소년 욕구법은 정신위생 개념을 강조한다.
⑥ 청소년 욕구법은 학교 교육 활동에서 보다 나은 학습의 통합을 가져오게 한다.

(단점)

① 사업상의 흥미, 필요 등의 욕구와 문제가 무엇인가를 결정하기가 어렵다.
② 학교의 사회적 책임감을 과소평가하기 쉽다.
③ 교과별로 본 영역에서 충분한 결과를 가지게 하기 어렵다.
④ 학습자의 교육적인 경험이란 점에서 심각한 간격이 생기는 결과를 가져오게 한다.
⑤ 조직화된 교육적인 제 계획을 전개함에 있어서 사실상 난점이 많다.
⑥ 오늘날 대부분의 학교에서 청소년 욕구법을 적용하기는 곤란하다.

(5) 문제영역법

금세기에 들어와서 교육내용의 선정방법은 전술한 바와 같이 교과서법, 활동분석법, 사회기능법, 청소년 욕구법 등 새로운 연구가 시도되었다. 이러한 방법들은 대체로 문화유산인 지식중심에서 현실적인 사회생활에서의 구체적인 활동으로 다시 사회와 인간과의 유기적인 기능으로 그리고 학습자 중심으로의 교육내용 선정방법의 근원이 변해 왔다. 앞에서 이제까지 살펴본 각 시도는 결국, 인간과 사회라는 양면에서 교육과정의 교육내용(학습경험)이 선정되어야 한다는 방향으로 발전한 것을 말해 준다.

그러나 개인을 중심으로 한 교육과정이나 사회를 중심으로 한 교육과정은 다 같이 현대사회에서 보다 바람직한 인간 형성을 위한 계획이므로 위의 방법들은 이러한 관점에서 볼 때 각각 결함이 있다. 그러므로 개인을 사회적인 개인이라는 견지에서보다 종합적인 생활문제를 중심으로 하여 교육내용을 선정하자는 주장이 문제영역법이다.

이 방법은 1945년경부터 연구된 것으로 이 연구의 주요 인물로는 알버티(H. Alberty), 스트리에트메이어(F. B. Stratemeyer), 맥킨(M. Makin), 포크너(H. L. Forkner) 등이 있다. 한편 문제영역법은 미국의 진보주의교육협회(P. E. A.)의 중핵교육과정위원회에서도 연구되었다.

Stlatemeyer, Forkner, Makin 등은 이 방법으로 인간의 항상적 생활국면을 분석하고 개인의 발달과 성장은 환경과의 상호작용에서 이루어지는 이상, 그 상호작용을 이루는 장이 곧 학습자가 성장 · 발달하는 장이므로 그것이 학습경험으로 선정되어야 한다는 것이다.

따라서 교육은 보다 지속적인 최소한의 교육내용을 확정하기 위해서는 학습자가 직면하는 여러 가지 생활경험의 장면에서 기본적인 장면을 발견해야 하며, 이러한 지속적인 장면을 항상적 생활 장면이라고 하였다. 그리하여 이 항상적 국면을 분석함으로써 학습자들의 문제를 발견하여 교육내용(학습경험)의 영역을 선정하려고 하였다.

문제영역법에 의하여 연구 설정된 항상적 생활국면의 예를 다음에 소개한다.

첫째, 개인능력의 성장을 요구하는 장면

① 건강

㉠ 신체적인 욕구를 만족시킨다.

㉡ 정서적 · 사회적 욕구를 만족시킨다.

㉢ 질병과 장해의 예방과 주의

② 지적인 힘

㉠ 관념을 명료하게 한다.

㉡ 타인의 이상을 이해한다.

㉢ 여러 가지 관계를 취급한다.

㉣ 일에 관하여 효과적인 방법을 사용한다.

③ 도덕적 선택에 대한 책임

㉠ 개인의 자유의 본질과 범위를 결정한다.

㉡ 자기 자신과 타인에 대한 책임을 결정한다.

④ 미적 표현과 감상

㉠ 자기 자신 속에 미적 만족을 가져올 수 있는 자료를 발견한다.

㉡ 환경을 통해서 미적 만족을 가지게 한다.

둘째, 사회적 참여에 있어서의 성장을 요구하는 장면

① 개인과 개인과의 관계

㉠ 타인과의 효과적인 사회관계의 확립

㉡ 타인과 효과적으로 일할 수 있는 관계의 확립

② 집단의 성원

㉠ 집단에 가입하는 시기의 결정

㉡ 집단의 성원으로서의 참가

㉢ 지도적인 책임성의 견지

③ 집단과 집단과의 관계

㉠ 민족집단과 종교집단과 같이 일을 한다.

㉡ 사회경제적 집단과 같이 일을 한다.

셋째, 환경의 제 요소와 여러 가지 힘을 취급하는 능력을 신장시키고자하는 것을 요구하는 장면

① 자연환경

㉠ 물리적 현상의 취급

㉡ 식물, 동물, 곤충의 생활의 취급

㉢ 물리적 · 화학적 힘의 사용

② 기술적 자원

㉠ 기술적 자원의 이용

㉡ 기술 향상을 위한 공헌

③ 경제적 · 사회적 · 정치적 구조와 힘

㉠ 생활의 자재를 얻음

㉡ 물자의 확보와 서비스

㉢ 사회복지를 위한 준비

㉣ 공적 견해의 형성

㉤ 지방 또는 중앙정부에의 참여

지금까지 같은 항상적 생활국면은 대체로 일상생활의 장면인 인간생활을 통하여 다음과 같은 5대 영역을 배경으로 결정하였다. 즉 ① 가정생활, ② 사회생활, ③ 근로생활, ④ 여가생활, ⑤ 정신생활 등이다. 그리고 앞서 소개한 각 항은 다시 구체적인 요소로 세분되어 있으나 그 부분은 생략한다.

이와 같은 문제영역법의 장 · 단점을 다음과 같이 지적하고 있다.

(장 점)

① 학습자의 생활 활동과 가깝고 밀접하게 관계 있는 여러 가지 경험을 마련한다.
② 생활의 중요한 사회적 기능에서 학습자에게 여러 가지 경험을 제공할 수 있다.
③ 학교가 가지고 있는 사회적인 책임에 직접적으로 공헌하게 한다.
④ 보다 나은 학습경험의 종합적인 선정을 할 수 있다.

(단 점)

① 학습활동의 부자연한 조직의 결과를 가져오게 하기 쉽다.
② 참다운 학습자의 활동이 아니라 성인 중심의 활동이 되기 쉽다.
③ 교육계획에서 과대한 결과를 바라는 경향이 있다.
④ 오늘날 학교에서 적용하기는 곤란하다.

제4절 교육내용의 조직

1) 교육내용 조직의 개념

교육내용의 조직은 교육목표를 달성하기 위하여 선정된 교육내용은 학습자가 학습현장에서 학습활동이 구체적으로 전개될 수 있도록 알맞게 조직해 놓는 것을 말한다. 따라서 교육내용의 조직은 선정한 여러 가지 교육내용을 어떻게 배열하고 그 범위를 어느 정도로 한정시키느냐의 문제가 주가 되는 작업이다.

교육이란 단 한 번에 목표가 달성되는 것이 아니라 장기간에 걸쳐서 계속적이며 조직적으로 이루어 나아가야 할 작용이다. 학습자에게는 시간 단위의 학습부터 일일, 주간, 월간, 학기간, 학년간 나아가서는 입학부터 졸업할 때까지 여러 가지 내용을 순서대로 학습해 나아가도록 교육내용이 마련되어야 한다. 교육에서 바람직한 태도, 이해, 기능, 사고력, 판단력 등 전인으로서의 인간의 행동의 변화가 단기간에 조직적으로 일어날 수는 없을 것이다. 따라서 선정된 교육내용을 학습자에게 제시하자면 학습자의 학습을 위한 내용의 계열, 순서, 범위, 관련 등과 나아가서는 각 학습내용의 조화, 균형이 이루어지도록 적절한 조직을 해 놓아야 한다.

일반적으로 교육내용을 조직함에 있어서는 다음과 같은 세 가지 작업이 있어야 한다.

첫째, 교육내용의 수직적 · 종적 견지에서의 조직 작업이다.

이것은 선정된 학습내용을 어떤 순서와 계열에 따라 배열할 것인가가 작업의 초점이 되는 문제이다. 따라서 어느 때 무슨 내용을 학습시킬 것인가, 학년에 따라 무슨 내용을 어떻게 정치시킬 것인가 등의 문제로서 선정된 교육내용을 어떤 순서로 계열화하여 배열하느냐의 일이다. 다시 말하면 교육내용의 선습 · 후습의 관계가 그 작업의 주요 과업이 된다.

둘째, 교육내용의 수평적 · 수직적 견지에서의 조직 작업이다.

여기서는 선정된 학습내용을 서로 어떻게 통합적 · 병렬적으로 조직하느냐의 문제가 초점이 되는 것이다. 즉, 한 학습내용과 다른 학습내용과의 중요 교육내용이 문제가 되는 것이다. 이는 한 학습내용과 다른 학습내용과를 어떻게 상관 통합시키느냐의 문제이다. 다시 말하면 여기서는 내용과 내용과의 통합적 · 병렬적인 일을 함께 연구해야 하는 것이므로 이것은 교육내용의 기능적 좌우 관계가 초점이 되는 작업이다.

예를 들면, 첫 번째의 작업이 1학년의 수학 내용과 2학년의 수학 내용을 어떤 내용으로 정하느냐의 문제이고 두 번째의 작업은 동일한 교과내용을 학년에 따라 그 학습의 범위를 달리하는 것으로 이것은 학습의 심화 확대와 관계가 있을 뿐만 아니라 동일한 학년에서 국사와 지리와의 관계도 따지는 작업이다.

셋째, 학습현장에서 실제적인 학습을 위한 핵심적인 주제나 문제 그리고 학습단원, 즉 학습을 조직하는 중심을 어떻게 결정하고 작성하느냐 하는 문제이다.

여기에서는 교육목표를 달성할 수 있는 학습을 위한 실제적인 초점으로써 실제 학습을 조직하게 하는 핵심을 말한다. 이때 조직하는 중심은 가르치려는 개요만 밝힌 일반적인 것도 있으나, 어떤 경우에는 매우 구체적이어서 자세한 자료단원에 의해서 학습의 도달점, 읽어야 할 책 목록, 시험문제의 범위, 지도교사의 재량 등까지도 표시한다.

교육내용의 조직은 어디까지나 학습자의 학습을 위한 조직이 되어야 한다는 점을 특히 강조하며, 교사의 편의나 학문의 체계만을 내세운다는 것은 위험한 일이다. 이러한 점으로 보아 학습자의 학습의 효율을 높이기 위하여 교육내용을 조직하자면 여러 가지 조직상의 원리를 살려야 한다.

2) 교육내용 조직의 원리

교육내용을 조직하려면 횡적으로는 내용이 다양한 범위를 지녀야 하고, 또 그것들이 서로 목표를 중심으로 일관성 있게 통합되어야 하며, 종적으로는 계속적으로 반복되면서 심화되는 계열성을 지녀야 한다. 그림으로 나타내면 〈그림 3-1〉과 같다.

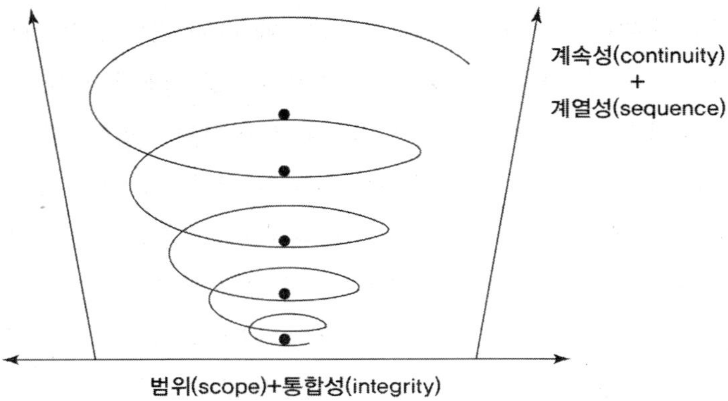

〈그림 3-1〉 조직의 구조 모형

(1) 계속성의 원리

이 원리는 반복의 원리라고도 말할 수 있는 것으로 교육내용을 조직함에 있어서 중요한 개념, 원리, 사실 등의 학습이 어느 정도 계속해서 반복학습을 할 수 있도록 하기 위한 것으로 교육내용 조직에 있어서 종적 관계와 관련되는 원리이다. 특히 이 원리는 학습 심리면에서 망각의 법칙이 근거가 되는 것으로 학습자가 학습한 내용을 망각되지 않을 정도까지 학습되게 하기 위해서는 학습목표와 직결된 지식이나 과정 또는 행동양식이 어느 기간 동안 계속해서 반복학습이 되도록 조직해야 한다는 것이다.

예를 들면 애국심, 책임감, 협동성, 관용성이나 민주시민의 생활태도와 같은 학습은 단번에 또는 어느 학년이나 학기 동안에서만 학습한다고 완전할 수는 없다. 이러한 목표들은 여러 학습상황에서 몇 번이고 계속 반복학습이 되도록 함으로써 학습자로 하여금 심성화되고 내면화, 생활화, 또는 습관화된 산지식이나 힘이 되도록 하자는 것이 여기서 말하는 계속성의 원리의 기본 취지이다.

(2) 계열성의 원리

이 원리는 교육내용 조직의 종적 관계에 관한 것으로는 앞의 계속성과 같으나 계속성에서는 개념, 원리, 사실 등의 단순한 반락에 관한 원리였지만 계열성에서는 그 질적인 심화성과 양적인 확대성에 관한 원리이다.

그러므로 계열성에서는 선습과 후습을 정하는 데 있어 선습 내용을 기초로 하여 다음의 내용은 학습량이 보다 많아지고 그 수준도 높아지도록 조직해 나가는 원리이다.

예를 들면, 초등학교 저학년에서 덧셈, 뺄셈에서 10자리 미만의 +, -가 고학년에서도 +, -의 원리는 똑같지만 분수나 소수의 덧셈이나 뺄셈, 또는 십만, 천만 등의 덧셈과 뺄셈으로 조직하는 경우가 그것이다.

교육내용을 조직함에 있어서 계열성을 살리기 위하여 그 기반이 되는 요인으로는 ① 학습자의 성숙, ② 경험의 배경, ③ 정신연령, ④ 흥미, ⑤ 실용성, ⑥ 곤란도 등이 있으며, 또 실제로 이러한 제 요인에 따라 교육내용을 계열화할 때에는 논리성, 연대순, 구체에서 추상, 단순에서복잡, 사회권의 확대 등의 원칙이 고려되어야 한다.

(3) 범위(scope)의 원리

교육내용의 조직은 교육목적에 타당하면서 풍부하고 다양하게 조직되어야 하는 것이다.

예를 들면, 국어 학습에서 교사가 시인이라고 해서 다른 내용은 소홀히 하고 오직 시에 관한 내용만을 다룬다거나, 독해만을 강조하고 작문이나 청취력을 외면한다면 이것은 범위의 원리에 위배되는 것이다.

(4) 통합성의 원리

이 통합성의 원리는 교육내용 조직에 있어 횡적 관계를 강조하는 것으로 교육내용들이 상호 연결 통합됨으로써 보다 효과적인 학습을 촉진시키는 것이다.

통합성은 한 영역의 한 가지 내용이나 경험, 능력들이 다른 여러 영역의 그것들과 어떻게 상호 관련을 시키도록 하느냐의 문제이다. 극단적으로 말하면 교과와 교과 간 또는 경험과 경험 간의 횡적인 조직관계의 원리이다. 이것은 여러 교과의 여러 학습상황에서 얻어진 내용이나 경험들이 서로 독립적으로 상호관련 없이 단절되어 있는 것이 아니라 각각의 경험들이 상호 연결되어 통합됨으로써 보다 효율적인 학습과 성장, 발달을 촉진할 수 있도록 조직하기 위한 것이다.

교육내용을 조직함에 있어 통합성이 고려되지 않는다면 교과내용이나 경험 사이에는 자칫하면 불균형 또는 부조화를 가져오게 되고 또 내용이 중복, 누락, 상극(相剋) 등의 모순을 가져오게도 한다.

3) 교육내용의 조직 방법

교육내용을 조직한다는 것은 선정된 내용들을 어떠한 순서와 계열로 배열하느냐의 문제가 주가 된다. 원래 교육과정을 구성한다는 것은 교육내용의 선정과 조직이 그 작업의 대부분을 차지한다고 볼 수도 있다. 교육과정의 구성에서는 교육내용의 조직방법은 다음과 같은 세 가지를 말하고 있다.

(1) 논리적 방법

이 방법은 교육내용을 조직함에 있어서 교과나 학문의 논리적 구조에 따라 조직하는 방법이다. 논리적 방법에서 적용되는 원칙으로는 구체적인 것에서부터 추상적인 것으로, 쉬운 것에서부터 어려운 것으로, 단순한 것에서부터 복잡한 것으로, 또는 연대순이나 사회권의 확대 등의 제 원칙이 있다.

그리고 논리적인 방법은 교과중심이나 학문을 중심으로 한 교육과정 구성에 적용되는 방법이다. 학문중심 교육과정에서 교육내용을 학습자의 심리적인 발달단계를 고려하지 않고, 그 학문의 기본 개념이나 기본 구조를 중심으로 하여 교육내용을 조직하려는 의도가 곧 논리적 방법이라 하겠다.

논리적 방법으로 조직된 교육내용은 대체로 교과의 논리적 순서가 학습자에게 제공되는 학습내용의 배열성이 된다.

(2) 심리적 방법

심리적 방법은 교육내용을 배열함에 있어서 학습자의 심리적인 제 특성을 기반으로 하는 방법이다. 따라서 학습자의 성숙이나 성장, 발달의 특징, 심리적 · 정신적인 경험의 민감성, 필요와 흥미 또는 관심, 학습의 곤란도, 그리고 성공이나 실패가 학습에 미치는 영향 등을 연구하여 교육내용을 조직하려는 방법이다.

이 방법은 주로 학습자의 심리적 특성이 토대가 된다는 점에서 논리적 방법에 비하면 진보적인 방법이라고 생각되지만 이 경우에는 여러 가지 어려움이 많다. 교육현장에서 학습자 집단의 실태에는 각자의 능력, 흥미, 관심, 취미 등이 다양하고 또 변화가 많으며, 서로의 환경이나 선행 경험들이 다르기 때문에 개인차를 최대한으로 고려하지 않을 때에는 많은 문제가 개재된다. 어떤 문제나 내용이 아무리 학습자의 흥미나 지적 능력에 맞게 조직되었다 하더라도 학습자의 개인차에 따라 그것이 적절할 수도 있고 그렇지 못할 수도 있기 때문이다.

(3) 절충적 방법

이 방법은 앞에서 살펴본 두 가지 방법을 절충한 것으로 학습자의 심리적 특성을 최대한으로 살리면서 한편으로는 교재의 논리적 순서나 그 발전이 보장되도록 배열하는 방법이다.

앞에서 살펴본 논리적 방법이나 심리적 방법도 다 같이 동일한 내용을 서로 다른 측면에서 강조한 것이나, 실제에 있어서는 양자의 극단보다는 통합과 조화의 견지에서 연구되어야 한다는 입장에서 절충적 방법이 제시된 것이다.

절충적 방법을 주장하는 학자들은 학습자의 활동에는 논리적인 발전의 순서가 있으며, 또 논리적인 교과나 교재에도 그 학습의 특유한 심리적 요소가 있다는 것을 인정하고 학습자의 발달순서와 교재의 논리적인 발전을 조화적으로 취하는 방법을 제안한 것이다.

현대 교육과정의 이론을 살펴볼 때, 특히 1960년대 이후 학문중심 교육과정 이론이 대두되면서 과거의 극단적인 교과중심 교육과정의 특성과는 다르지만 학문의 기본구조나 기본 개념, 학습자의 지적 과정 등만을 주로 강조하는 경향이 여전히 보이고 학습자의 사회적 · 정서적 · 심리적인 측면을 비교적 소홀히 하는 데에서 많은 문제점이 드러나고 있음은 학문중심 교육과정의 대표자인 브루너(B. F. Bruner) 자신도 고백하였듯이 교육내용의 조직방법에서 한 측면만을 위주로 하는 데에는 언제나 문제성이 있게 마련이다.

Bruner는 1960년 초에 처음으로 학문중심 교육과정 이론을 발표하였다가 그 후 10년 만에 그보다 오히려 우리가 당면하고 있는 여러 가지 사회적인 문제와의 관련에서 교육과정을 다루게 될 것이라고 말한 것은 교육내용 조직에서 어느 한 측면만을 강조할 수 없다는 것을 뜻한 좋은 본보기라고 하겠다.

4) 교육내용의 조직구조

교육내용을 구체적으로 조직함에 있어서는 그 내용을 어떠한 구조 또는 틀 속에 집어넣을 것인가 하는 것이 문제가 된다. 다시 말하면 교육내용을 조직해서 최종적으로 만들어지는 교육내용이 형식, 즉 구조는 혹은 유형, 형태를 어떻게 하느냐의 문제로서, 이것이 교육과정 구성작업의 마지막 단계의 일이 된다.

교육내용을 조직함에 있어 구체적으로 계획되어야 할 일은 첫째는 교육과정의 대단위 구조인 전체 구조, 둘째는 중간 단위의 구조인 중간 구조, 셋째는 소단위 구조인 최저단위 구조 등 세 가지가 있다.

세 가지 구조 중 학습자가 필요로 하는 것은 최저단위 구조로서 여기에서 구성되는 것이 곧 단원구성이다.

(1) 전체 구조

교육과정의 전체 구조는 대단위 구조라고 할 수 있는 것으로 학습내용과 경험 등을 전체적인 견지에서 어떻게 크게 묶느냐의 문제이다. 그리고 그것은 조직된 구조가 세분되고 여러 개로 하느냐, 크게 몇 개만으로 하느냐, 또는 조직의 요인을 교과에서 가져오느냐, 생활경험에서 가져오느냐, 또는 얼마나 경험의 폭을 넓게 잡느냐에 따라 여러 가지로 구분된다.

① 교과중심

교과중심 구조에서는 그 조직의 요인을 교과에 한정시키는 것으로 교육과정의 전체가 교과로 그 구조를 이룬다. 이런 틀의 전체 구조를 가지고 구성되는 교육과정을 흔히 교과교육과정이니, 분과교육과정이라고 부른다.

예컨대 역사 · 지리 · 대수 · 기하 · 물리 · 화학 등의 학과목이 전체 구조의 교과목 구조가 되는 것이다. 그리고 교과중심 구조에서는 위에서 들어 본 각 학과목 사이의 과목선이 뚜렷한 것이 특징이다. 따라서 학과목은 각각 독립적인 것으로 범위 안에서 없애고 학과와 학과와의 상호 관련을 도모하는 교육과정의 구조가 경우에 따라 상관구조(상관교육과정)가 될 수도 있고 광역구조(광역교육과정)가 될 수도 있다.

이 경우 상관구조는 교과중심 구조 속에서 운영상 학과와 학과를 상관시켜 보자는 것이고, 광역구조는 교과중심 구조이지만 학과분야를 세분하지 않고 보다 넓은 영역으로 묶어서 조직한다. 예로 사회과(역사, 지리, 공민 등을 묶었음), 과학과(물리, 화학, 생물, 지학 등을 묶음), 미술과(회화, 서예, 공작 등을 묶음) 등으로 한다거나 또는 인문과학, 사회과학, 자연과학 등으로 크게 나누어 조직하는 구조이다.

② 경험중심 구조

이 구조는 조직의 요인을 학습자의 흥미, 활동 혹은 생활에서 찾는다. 일반적으로 이 경험구조에서는 경험의 범위를 넓게 정하는 것이 보통이다. 예컨대 말하기, 만들기, 찾기, 창작하기 등과 같은 활동을 중심으로 교육과정 구성을 하면 이른바 활동구조, 즉 활동교육과정이 되고, 생명과 건강의 보호, 생계의 유지, 가정의 유지 등 인간생활의 주요한 영역에서 조직요인을 추출하여 넓게 그 조직의 중심을 잡으면 생활영역구조, 즉 활동영역 교육과정이 된다.

③ 중핵구조

이 중핵구조는 공통적이고 유의한 중핵부와 교과구조와의 두 부분으로 구성한다. 이 중에서 중핵부 내의 구조는 보다 의미 있는 사회문제나 사회기능의 영역이 이것을 결정하는 것이 보통이다. 중핵구조 내에서는 교과의 선은 완전히 제거되어야 하며, 인간생활의 주요 문제의 영역만이 초점이 된다.

그리고 이 영역들도 실제 사회생활과의 관련이 있는 것이니 엄밀한 구분은 바람직하지 않는 것으로 생각되고 있다. 여하튼 이 중핵구조에서는 학습자가 당면하는 생활

문제나 사회문제를 폭넓게 학습시키고자 하는 데에 그 근본적 의도가 있다.

(2) 중간구조

교육과정의 대단위구조인 전체구조가 결정되면 다음에는 그 전체 구조를 기초로 하여 학습자에게 제공해야 할 구체적인 학습내용으로 발전시키기 위한 중간 단위가 필요하게 되며 이것을 중간구조라고 말한다. 중간구조는 중단위구조라고도 말할 수 있는 것으로서 이것은 교육과정 전체구조에서 정해진 한 영역 혹은 교과단위 차원에서의 구조라고 할 수도 있다.

가령, 교육과정의 대단위 구조에서 국어, 수학, 사회, 자연 등으로 전체구조가 결정되었다면 이것을 학년별이나 학기별에 따라 어떻게 분화할 것인가가 문제가 된다. 즉 '국어 교과목에서는 학년별로 이런 것들을 가르친다' 등이 결정되어야 할 필요가 있다. 그리고 그것이 결정되면 학년에 따라 그 학습의 순서와 범위를 어떻게 하는가가 결정되어야 한다.

그런데 이 중간구조는 두 가지 형식이 있다. 그 하나는 연속적 과정으로 만들어지는 구조이고 또 하나는 비연속적 과정으로 조직되는 구조이다.

① 연속적 과정

이 연속적 과정으로 조직되는 구조를 계열적 과목구조 또는 순환적 구조라고 말하기도 한다. 연속적 과정은 다음의 비연속적 과정과는 달리 비교적 장기간을 내다보며 특히 통합적 견지에 서서 한 영역 또는 교과를 조직 배열하려고 하는 것이다.

가령, 음악이라는 한 영역의 교과를 음악 1, 음악 2, 음악 3, 음악 4라고 하여 학년의 진전에 따라 조직 배열하였다면 연속적 과정의 구조가 되는 것이다. 이때 1, 2, 3, 4라는 것은 단순한 부호만을 표시하는 것이 아니라 음악 전체의 한 과정을 투시해 보고 거기에서 복합적인 여러 가지 조직요인을 찾아 통합적으로 조직의 중심을 잡으려고 하는 시도인 것이다. 다시 말하면 음악 1에는 초급으로서의 음악 일부, 기악 일부, 작곡 일부, 감상 일부가 통합적으로 조직되고, 음악 2에서는 음악 1보다 심화 확대된 성악, 기악, 작곡, 감상의 일부가 통합적으로 학습되도록 하는 것이다. 또 초등학교 자연과목을 1학년에서 6학년까지 매 학년마다 물리, 화학, 생물, 지학 등의 내용을 일부씩 그 계열성이 유지되도록 하면서 학습할 수 있도록 조직한 것은 연속적 과정의 예이다.

현재의 일반적인 교육과정 구성의 경향으로 보아 초등학교나 중학교 교육과정의 중간구조는 연속적 과정으로 조직되어 있다고 생각된다.

② 비연속적 과정

비연속적 과정으로 조직하는 구조는 단계적 구조라고도 말한다. 이것은 장기간에 걸쳐 학습의 통합성이나 계열성을 생각하는 것이 아니고, 일정한 기간을 단위로 한 영역 또는 한 교과목의 학습을 끝마치게 하는 식의 조직 배열을 말한다.

이 비연속적 과정의 예는 고등학교나 대학 교육과정에서 많이 적용되는 구조이다. 그 예를 들면 자연과학의 내용조직 배열에서 1학년에서는 생물, 2학년에서는 물리, 3학년에서는 화학 등의 형식으로 자연과학이라는 영역을 분할하여 배열하는 것이다.

가령 대학 1학년 1학기에는 성악을, 1학년 2학기에는 기악을, 2학년 1학기에는 작곡, 2학년 2학기에는 감상 등의 형식으로 중간구조를 조직한 것은 비연속적 과정의 구조들이다.

비연속적 과정으로서의 구조는 그 조직요인을 단일한 것으로 잡을 뿐만 아니라 조직의 중심도 좁게 잡게 된다. 따라서 앞에서도 강조한 바 있으나 조직 요인이 다음 학습의 조직 요인과 계속성이 잘 보장이 되지 않을 뿐만 아니라 통합성도 기하기가 어려운 구조이다. 그러나 단일 요인을 일정 기간 동안에 집중적으로 강조하기 때문에 학습의 집중성을 기할 수 있으며 초점화할 수 있다는 장점이 있다. 이러한 특징이 있기 때문에 고등학교나 대학에서 특히 인문과학, 사회과학, 자연과학 계통의 영역에서는 비연속적 과정으로 조직하는 경향이 많다.

(3) 최저단위 구조

교육과정 조직에 중간구조가 결정되면 그것은 각 교과의 내용구조와 학년별 학습의 순서가 결정된 것이다. 이러한 중간구조를 학습자의 학습이 가능하도록 다시 세분해서 실질적인 학습의 소단위로 조직하는 일이 곧 최저단위의 구조에 관한 일이다.

이 최저단위의 구조는 소단위의 구조로서 대개의 경우는 단원 차원에서의 구조를 뜻하게 된다. 또 이 최저단위의 구조는 실제적인 학습을 조직하는 중심이 되는 것이기 때문에 그 내용에 따라 여러 가지 형식으로 조직될 수 있다. 이때 최저 단위를 구성하는 형식에는 과목, 주제, 문제, 구안, 단원 등이 있으며 구체적 내용을 살펴보면 다음과 같다.

① 과목(Lesson)

이것은 교육내용 조직에서 전통적으로 사용되어 온 최저단위의 구조형식이다. 과목은 어떤 특정한 개념이나 기능을 전개하기 위하여 짧은 시간으로 나누어 학습하기 위한 교육계획의 소단위 구조이다. 그리고 과목에서 강조되는 학습의 초점이나 조직의 요인은 어떤 개념, 지식, 원리나 기능들이 그 주가 된다.

과목은 타 영역의 교과에서 결정한 과목과는 아무런 관계가 없거나 거의 상관을 갖지 않는 것이 보통이다. 뿐만 아니라 동일교과 내에서도 과목은 토막토막의 지식의 단편을 분할한 것을 단위로 구성하는 것이므로 과목과 과목 사이의 상관도 별로 고려되지 못한 것이다.

예를 들면 생물에서 제 1과 화본과 식물, 제 2과 미생물, 제 3과 국화과식물 … 식으로 되어 있는 것은 과목 구성의 전형적인 예이다. 이와 같은 과목 구조는 그것이 학습의 초점으로 삼는 지식이나 개념, 기능 등을 논리적으로 체계화한 종래의 교과목 속에서 얻어 오는 것이며, 또 학습의 과정에서도 기억이나 암송이 주가 되어 학습자의 능동적이고 적극적인 학습참여가 보장되지 못하게 될 뿐만 아니라 그 학습의 평가도 그 과목에 담겨 있는 내용의 형식적인 기억이나 재생에 그치게 되는 경향을 가지게 된다.

따라서 과목에 의한 학습은 기성의 지식이나 기능 습득에 한정되고 그 분야에 관한 보다 발전적인 창의성이나 학습자의 심리적인 특성은 고려되지 못하는 구조이다.

② 주제(Topic)

주제는 앞의 과목 구조에 비하면 그 내용구성이 짧은 시간 단위로 분할하지 않고 비교적 여러 날짜 또는 여러 주에 걸쳐 길고 넓은 견지에서 조직하는 최저 단위의 구조이다. 이것은 동시에 단순한 지식, 기능의 강조보다는 복합적이고 통합적인 조직요인을 강조한다.

다시 말하면 이것은 어떤 주제를 중심으로 하여 상당한 기간 동안에 여러 가지 학습경험들이 통합되고 병렬적인 학습이 이루어지도록 조직하는 구조이다.

이 조직 구조의 학습의 초점은 과목 구조의 경우와 같이 주요 개념이나 원리 등을 강조하는 경향이 있기는 하지만 과목에 비하면 훨씬 통합적인 학습경험을 시도하고 있다. 그리고 주제는 경우에 따라서는 교사의 창의성에 의해서 단원의 체제로 전환시킬 수도 있는 융통성도 가지고 있다.

③ 문제와 구안

교육과정 구성의 최저단위 형식의 하나인 문제 또는 구안은 그 단위조직의 초점이 개념 내용에서 학교생활의 유의한 목적, 문제, 흥미, 활동으로 옮겨간 것이 가장 큰 특징이다. 그리고 이 문제나 구안들은 대개의 경우 수일 또는 수주, 경우에 따라서는 그 이상의 학습이 계속되는 조직이다. 그리고 문제나 구안을 구성할 때의 주요 조직의 원칙은 문제해결의 심리적 과정이 그 기준을 이룬다. 여기에서 문제 구조나 구안 구조나 다 같이 비슷한 개념이지만 그 중 문제는 실제의 노동, 노작, 방안, 실행까지는 포함시키지 않으나 구안은 이러한 것까지를 포함하는 것이다.

예컨대, '배는 왜 물에서 뜰까?'는 문제의 하나이고 '배 만들기'는 구안이 된다.

④ 단원(Unit)

최저단위 구조에서 가장 전형적인 조직형식이 단위구조이다. 이 단원구조는 전술한 과목이나 주제보다 조직하는 내용의 범위도 크고 다양하다.

단원은 수주 또는 수개월에 걸친 장기적인 교육계획(학습계획)인 동시에 단원구조에서 강조되는 학습내용은 종래의 교과 개념에서보다는 학습자들의 생활 목적, 과제, 경험, 흥미 등에서 찾으며 학습과정도 학습자들이 적극적으로 참여할 것과 활동, 사고 등을 강조한다. 다시 말하면 단원 구조는 보다 장기간에 걸친 학습자의 생활경험에서 얻은 소재를 기반으로 한 다양성과 통합성이 있는 조직으로서 학습자의 능동적인 참여를 보장하려는 조직구조라고 볼 수 있다.

5) 학습시간의 배당

(1) 학습시간 배당의 경향

교육과정 구성에서 각 부분에서 학습시간을 얼마나 배정해야 하느냐의 문제는 실제로 대단히 중요한 문제이다.

학습시간을 배당하는 문제에 있어서 가장 핵심이 되는 요소는 그 학교의 수업 연한에 따른 총 학습 시간량을 각 교과별 · 영역별 · 활동별로 어떻게 배당하느냐는 문제라고 하겠다. 이 문제를 구체적으로 해결하기 위해서는 수업 연한은 얼마가 되어야 하며 한 교과 또는 학습활동에는 얼마만큼의 시간을 배당해야 하는가, 한 주를 몇 시간으로 배당하고 몇 번이나 가르쳐야 하며, 하루의 수업시간은 어떻게 조직하여 학습에 충당해야 할 것인가의 문제들이 먼저 해결되어야 한다. 그러나 오늘날 교육과정 각 부분에 대한 시간배당에 관하여 정확한 해답을 얻는 데 필요한 어떠한 연구나 과학적인 근거는 찾아내지 못하고 있다.

학습시간 배당의 일반적 경향을 스미스(Smith)는 다음과 같이 제시하였다.

① 전체 교육과정은 점점 연장되고 있다.

② 일 년간의 학교 시간은 점점 증가되고 있다.

③ 절대 시간량에 있어서는 소위 국어, 수학, 과학 등 일반교과의 학습시간도 늘어나고 있지만 상대적인 비중으로 보아서는 과외활동, 특별활동 등에 대한 시간배당량이 점점 늘어가고 있다.

④ 1시간 단위의 일과표보다는 두서너 시간의 큰 단위시간이 설정되어 그 속에서 다양하고 신축성 있는 학습지도가 계획 실천되어 가고 있다.

⑤ 교사가 지배하는 시간량은 줄어들고 학생이 능동적으로 활동하는 시간량은 늘어가고 있다.

(2) 학습시간 배당방법

학습시간 배당은 대체로 다음과 같은 두 가지 방식에 따라 결정한다.

첫째는 실제 경험의 결과를 존중하여 관례에 준하여 결정하는 방식이고, 둘째는 개인 또는 위원회 등이 달성하고자 하는 목적들의 상대적인 중요성의 판단에 의해서 새로운 시간량을 결정하여 시행 개선하는 방식이다.

전자는 소극적이고 경험적인 경향이 강한데 반하여, 후자는 적극적이고 실험적인 견지에서 시간량을 결정하려고 한다. 그러나 이 두 가지의 견해는 서로 상극되거나 상반된 것이 아니라 실제로 어떤 교육과정이 각 교과별 또는 영역별 시간량을 결정하려면 이 두 가지 방식을 병용하기 마련이다. 그러므로 이 두 가지 방식의 분류 진술의 편의상 그렇게 나눈 것뿐이다. 실제로 학습시간을 배당함에 있어 어떤 교과나 영역 또는 활동의 시간량을 결정하는 데 있어서는 다음과 같은 질문에 대한 연구조사와 판단이 따라야 되리라 생각한다.

① 전체적으로 교육과정, 부분적으로는 교과분야에 대한 시간량의 배당 경향이 역사적으로 또는 국제적으로 어떻게 달라지고 있는가?
② 어떤 교과분야가 달성하고자 하는 목적이나 목표들은 타 교과 분야에 비하여 얼마만큼의 상대적 중요성을 가지는가?
③ 어떤 교과분야를 성공적으로 학습하려면 얼마만큼의 시간이 필요한가?
④ 어떤 교과분야를 학습하는 학생들은 어느 정도의 능력, 경험의 배경을 갖고 있는가?

이와 같은 점에서 학습 시간량을 결정하려면 과거의 역사적, 현재의 국제적 경향은 물론 달성하고자 하는 목표의 정확한 확인, 지도기술, 자료에 따른 학습 시간량의 추정, 그리고 학습하게 될 학습자들의 준비성 등에 대한 연구가 있어야 한다.

학습 시간량을 배당함에 있어서 그 기본 전제를 생각하지 않고서는 무의미하다. 여기서는 다음과 같은 네 가지의 기본적인 전제의 가정 아래 시간량을 논하고 있음을 밝혀둔다.

① 어느 교과에 있어서나 비슷한 지능과 성숙을 갖는 학생들은 적어도 그들이 학습하는 한 동일한 방법과 동일한 정도로서 학습한다는 가정이 된다.
② 수업지도의 범위와 강도는 코스와 코스 간에, 시간과 시간 간에 동일하다는 가정을 세워둔다.
③ 모든 코스를 통해서 동등하게 좋은 노력이 이루어진다면 학생의 성숙도는 그 교과에 배정한 시간량과 직접 비례한다는 가정을 세워둔다.
④ 당연한 결과로 동일한 시간량과 동등한 수업지도의 질이 마련되는 어떤 두 교과는 그 가치에 있어서 동등하다는 가정을 세워둔다.

(3) 일과표 작성

① 일과표 작성의 요령

일과표는 교육과정 시간 배정에 따라 학습자가 학습활동을 구체적으로 전개해 나가기 위한 일일계획에 관한 시간의 배분과 활동분야를 정하는 일이다.

이 일과표 작성에 있어서 종래에는 학습자의 심리적인 요인으로 학습과 피로라는 점을 관련시켜서 계획해 왔음이 일반화된 경향이었다. 그동안 믿어 왔던 우리의 통념은 아침 첫 시간이 비교적 맑은 정신으로 학습할 수 있고 피로도도 적다고 생각하고, 국어나 수학 등과 같은 교과를 과하는 것이 좋다고 여겨왔다. 또 비교적 학습의 피로도가 적다고 생각하는 사회나 음악 등의 교과를 3, 4교시에, 그리고 심신이 모두 피로한 시간이 오후이니 이때에는 미술이나 체육 또는 실기교과 등을 과(課)하도록 계획해 왔었다.

그러나 최근에 이르러서는 학습에 관한 여러 연구의 결과에서 그동안의 이러한 통념이 일과표 작성상 반드시 알맞은 것도 아니라는 결과가 나오고 있다. 다시 말하면 학습자의 생활은 대체로 오후 3시경까지는 별로 큰 차가 없다는 견해도 있다.

또 최근에 와서 일과표 작성이 학습자의 피로도만을 감안할 것이 아니고 한편으로는 학습의 흥미와 관심도 영향이 크다는 점을 고려해야 한다는 견해가 많이 나오고 있다. 학습활동과 흥미와 관심을 연관시켜 보면 피로도만에 의한 학습시간의 배당은 불합리한 것이라는 생각이 나오고 있다.

게이츠(Gates)에 의하면 정상적인 코스에 있어서 지적 활동의 능률이 오르고 안 오르는 것은 피로나 신체적인 상태에서 오는 것이 아니라 동기유발의 변동이라든가 또는 흥미나 습관의 부족에서 그것이 좌우된다고 지적하고 있다. 이러한 연구결과를 감안할 때 일과표는 피로 조건과 흥미 조건 등의 양자를 감안하여 합리적으로 작성해야 할 것으로 생각된다.

장시간에 걸친 학습활동은 심신의 피로가 나타나기 마련이다. 이에 적절한 학습의 흥미를 높이고 알맞은 학습내용을 제시하여 학습효과를 높이자는 데서 일과표 작성의 요령으로 기술적 문제가 요청되는 것이다. 일과표 작성에서 학습자의 피로를 감안하여 연구된 내용을 다음에 소개한다.

㉠ 어떤 교과가 피로하기 쉬운가 하는 것은 여러 가지 조건에 따라 영향이 있지만 대체로 많이 피로하는 교과는 수학, 외국어 등이고, 체육이 이에 준하며 국어나 과학은 중간 정도이며, 가장 피로도가 적은 것은 기능교과라고 한다.

㉡ 같은 교과의 경우에도 새로운 교재가 더 피로를 느낀다.

㉢ 기억, 이해, 추리 등을 요하는 교과는 오전이 좋고 운동은 오후가 좋다.

㉣ 학습시간은 개인의 능력이나 교재, 환경 등에 따라 다르지만 대체로 다음과 같은 기준을 생각할 수 있다.

3~5세 : 20~30분
6~ 8세 : 35~40분
9~12세 : 40~50분
13~15세 : 50~60분
16 이상 : 60~90분

이와 같은 연령에 따른 학습시간이라도 동일 작업을 오래 계속하는 것보다 다양한 작업의 변화를 가져오는 방법이 피로도가 적다.

㉤ 하루의 학습시간은 9~10세는 4시간 이내, 13~15세는 5시간 이내, 16~18세는 6시간 이내가 좋다.

㉥ 1주일의 작업능률의 고저는 대체로 주초가 높고, 화요일부터 주말이 되어감에 따

라 감소하지만 토요일에는 약간 상승하는 것이 보통이다. 그러나 초등학교 아동의 경우는 월요일은 결석자가 많으며 건강상태가 좋지 않기 때문에 화요일이 가장 높다.

ⓢ 작업은 오래 계속하면 그에 따라 피로회복 시간이 많이 걸리므로 짧은 시간이라도 간격을 두어 쉬는 것이 장기작업의 장기휴식보다 효과적이다.

ⓞ 아동의 신체 상태 자체가 피로를 가져오는 수도 많으나 교사의 지도방법과 교재의 취급방법도 피로와 밀접한 관계가 있다. 그 외에도 학습 진행의 지나친 긴장, 음의 고 · 저 등도 이와 관계가 깊다.

ⓩ 피로를 회복시키기 위해서는 안정, 휴식, 산책, 음식물 섭취, 수면 등이 효과적이다.

② 일과표 작성상의 유의점

학교에서 실제로 일과표를 작성함에 있어서 교사는 여러 학자들의 연구결과를 살펴보는 것도 중요한 일이지만 그렇다고 다른 학자의 결과에만 의존해서는 안 된다. 작성된 일과표에 따라 일일생활을 지도해야 할 교사 스스로의 연구와 창의성을 발휘해서 작성한다는 것이 더욱 소망스러운 일이다.

다음에 교사가 일과표를 작성함에 있어 고려해야 할 몇 가지 유의사항을 살펴보겠다.

㉠ 교사는 학습자의 생활 실태를 파악하여 그들의 필요, 흥미 등에 응할 수 있는 일과표를 작성해야 한다.

㉡ 가정인, 사회인으로서 조화된 인격 형성과 개성 신장에 도움이 되는 활동과 실생활에서 기초적으로 꼭 알아야 할 3R's(읽기, 쓰기, 셈하기)의 능력, 생활지도에 필요한 활동 등 폭 넓은 영역에 걸쳐 교육목표를 달성할 수 있도록 작성해야 한다.

㉢ 짧은 시간의 배당보다 긴 시간의 분할에 의한 융통성 있는 계획을 세워야 한다.

㉣ 교과내용의 학습뿐만 아니라 생활 전체에 걸쳐서 계획되어야 한다.

㉤ 창의적인 자기활동을 하기 위한 기회를 주도록 계획해야 한다.

㉥ 예술을 즐기고 감상력을 기를 수 있는 기회를 주도록 계획해야 한다.

㉦ 자연의 세계와 친하고, 관찰하고 이해할 수 있는 시간의 계획이 필요하다.

ⓞ 교과내용의 습득, 학습 활동에 필요한 기능 및 연습을 위한 시간을 마련해 주도록 한다.

ⓩ 균형 있는 활동과 역동성 있는 풍부한 계획이 수립되어야 한다.

이상과 같은 점을 염두에 두고 일과표를 작성해야 하겠지만 학교에 따라 각각 특수성이 있으므로 일률적으로 꼭 위에 제시한 내용들을 모두 지킬 수는 없는 것이다.

제5절 학습지도안의 작성

1) 학습지도안의 필요성[9)]

학습지도안은 종전에 교수안, 교안이라고 불려왔다. 그러나 오늘날은 학습지도안, 학습보도안, 학습전개안, 생활보도안 또는 생활안 등 여러 가지 이름으로 불리고 있는데 왕왕 이에 대한 필요성 여부에 관하여 논의되는 일이 많다.

학습지도안의 불필요론은 종전에 흔히 빠지기 쉽던 틀에 박힌 획일적이며 기계적인 교안 작성에 대한 염증을 갖게 된 후부터 나타났다고 볼 수 있다. 그러므로 학습지도안을 작성해서 수업을 전개시키면 학습자의 자유로운 학습활동을 틀에 박은 듯 구속하고 개성의 자유로운 활동과 발달을 막을 염려가 많으므로 형식적이며 일률적인 지도안을 작성할 필요가 없다는 것이다.

아울러 지도안을 작성하면 교사 자신도 지도안에 구애되어 지도안에 끌려가기 쉽게 마련이고 자유롭고 활발한 학습활동을 전개시킬 수 없으므로 학습자뿐만 아니라 교사 자신도 구속을 받게 된다는 것이다. 이 뜻은 교사활동이나 학습자들의 학습이 형식화될 위험성이 크다는 의미이다.

그러나 이러한 반대를 받아들일 수는 없다. 일반적 견지에서 학습지도안은 필요하다. 왜냐하면 학습에 대한 사전계획인 지도안을 작성하여야만 학습의 요건을 빠짐없이 다룰 수 있기 때문이다. 인간의 기억은 한계가 있으며 주어진 상황에 따라서도 기억은 달라진다.

때문에 학습지도안 없이 기억된 사실로 교수한다는 것은 때에 따라서는 교수해야 할 일정 내용이 누락될 수 있다는 가능성을 나타내기 때문이다. 따라서 모든 학습활동은 계획성 있는 것이어야 한다. 그 구체적인 계획이 바로 교사가 작성하는 학습지도안이다. 그러므로 교사는 학습지도에 필요한 사항을 치밀하게 계획한 후에 학습에 임하는 것이 원칙이다.

다만 세안(細案)을 작성하느냐, 간단한 수업지도안을 작성하느냐 하는 것은 교사의 경험이나 능력 등에 비추어 결정해야 할 문제이지만 특히 처음으로 교직생활을 하는 교사라든가 미숙한 교사에 있어서는 더욱 그 필요성을 느끼게 되는 것이다. 보다 세밀하게 작성하는 연습을 쌓아야 하기 때문이다. 물론 능력 있는 교사는 약안(略案)으로도 가능할 것이지만 미숙련교사이든 숙련교사이든 세안 · 약안을 불문하고 지도안을 작성하여 학습지도에 임하는 것은 원칙적으로 필요한 일이다. 만일 지도계획 없이 학습지도에 임한다면 마치 지도도 없이 미지의 산야를 탐험하는 일과도 같은 것이기 때문이다.

그러나 유의할 점은 학습지도안이 어디까지나 안(案)의 성격을 지닌 것이므로 지도안에 계획한 대로 기계와 같이 빈틈없이 일정한 학습을 진행시킬 필요가 없다는 것이다. 학습자나 지도자나 사람은 자유로운 발전성을 지녔기 때문에 지도안을 작성하여 학습지도에 임한다고 해도 지도안 그대로 진행시켜야만 한다는 일은 없다. 학습 진행 도중에 학습자들의 요구에 따라서는, 또 그들의 질문이나 학습 진행의 형편에 따라서는 가변성 있는 지도를 해도 무관한 것이다. 단지 또 다른 효율성을 기하고자 했을 때에 그렇다.

2) 학습지도안의 구비 조건[10)]

학습지도안은 일률적 · 획일적이며, 또 형식적인 것이 되어서는 안 된다. 즉, 계획을 위한 계획이 되어서는 안된다. 계획을 위한 계획은 형식이 되기 때문이다. 그러므로 지도안은 학습내용의 성질이라든가 교재의 종류, 학습자의 요구수준, 학습경험 등에 따라서 각각 그 특성을 고려하고 필요에 따라서는 임시로 학습지도 계획을 변경할 수 있도록 융통성 있게 작성해야 한다. 바꾸어 말하면 여유롭고 역동적인 지도안이어야 한다. 또 초임교사의 경우는 세안을 작성하는 훈련을 받아야 하며, 특히 연구수업과 같이 공개하는 학습지도에서는 세밀한 지도안이 필요하게 된다. 이와 같은 학습지도안이 구비하여야 할 요건으로는 다음과 같다.

① 지도안에는 예상했던 학습목표 달성의 결과에 대하여 설명이 되어 있어야 한다.
② 지도안은 이미 학습한 사항과 연결되어야 한다.
③ 지도안에는 학습과정, 교재, 활동의 선택과 조직이 되어 있어야 한다.
④ 지도안에는 학습 진행의 형태에 맞는 지도기술이 제시되어야 한다.
⑤ 지도안에는 목표 달성의 성공도에 대하여 적절한 평가방법이 준비되어 있어야 한다.
⑥ 지도안에는 앞으로의 학습에 관련되도록 계획되어 있어야 한다.

이상 내용 외에 N. L. Bossing은 학습지도안은 다음과 같은 특징을 지녀야 한다고 제시한다.

① 충분히 공식화된 목표
② 능숙한 과제 다루기
③ 능숙한 개괄
④ 개인차에 따른 준비
⑤ 중심적인 질문
⑥ 중요한 예시와 시범
⑦ 복습
⑧ 내용 교재
⑨ 도입의 기술
⑩ 평가의 기술

⑪ 학습전개의 각 장면에 대한 대체적인 시간 배당
⑫ 새 학습이나 이미 학습한 것과의 관련

3) 학습지도안의 양식

학습지도 방법은 일정한 공식이 없고 학습 환경을 위시하여 학습 분위기에 따라 변화하되 그 변화는 학습지도의 근본 원리를 기저로 한 변화이어야 함을 강조하였다. 마찬가지로 학습지도를 위한 계획서, 즉 학습지도안은 일정한 그리고 고정된 양식은 있을 수 없다. 단지 학습지도가 도입 · 전개 · 정리 과정을 거치며 내용적인 면에서 학습목표, 학습내용, 학습활동 등에 관하여 사전에 세밀한 계획이 서 있어야 한다는 원칙은 있다. 그러기에 학습지도안의 양식을 일률적으로 제시한다는 것은 대단히 무모한 일이다. 그러나 경우에 따라서는 공통적이고 동질적인 면도 있기 때문에 학습지도안 작성에서 동질적으로 다루어지는 일도 있다는 것을 명심해야 한다. 여기서는 먼저 학습지도안 자체의 항목별 설명을 하고 실제 예를 들고자 한다.

(1) 단원명

단원명이란 지도하여야 할 학습내용 덩어리, 즉 학습내용의 제목을 말한다. 이 제목은 학습내용 덩어리의 크고 작음에 따라 대단원명, 중단원명, 소단원명이라고 하는데 기재방법은 세 가지가 있다.

① 제목식 : 명사로 된 제목 그대로를 표시하는 것으로서 대체적으로 많이 사용하고 있는 형태이다. 예를 들면 '고향', '이퇴계', '언어의 역할'과 같이 쓰는 형태이다.
② 방법식 : 무엇을 해 보자는 식으로 표현되는데 예를 들면 '나비의 생태에 대하여 알아보자', '컴퓨터의 기본원리를 알아보자'와 같이 학습문제를 분석해 보고자 할 때 표현되는 방법이다.
③ 문제식 : 의문 또는 질문식으로 표현되는데 예를 들면 '그림자의 크기는 왜 달라질까?', '낙엽은 왜 떨어질까?'와 같이 나타나는 형태이다.

(2) 단원설정의 근거

이것은 교사 자신이 학부형의 입장과 일반 사회인의 입장, 그리고 교사 자신의 입장, 그리고 정치적, 사회적, 교과적 배경 등에 따라 이 단원을 학습함으로써 어떤 도움이나 이익, 그리고 어떤 변화를 가져올 수 있는가를 생각해서 기술하는 항목이다. 즉, 왜 이 단원을 학습하는가의 이유를 밝히는 것이다. 따라서 실제 기술방법은 다음과 같이 나눌 수 있다.

① 국가 및 사회의 입장에서
② 학교의 입장에서
③ 학습자의 입장에서 등

이와 같이 각각 풀어쓰는 방법과 위 세 가지 입장을 고려하되 표현은 한데 묶어서 표현하는 방법이 있다.

(3) 지도목표

여기서 말하는 지도목표란 지도해야 할 전체 내용의 목표를 말한다. 지도목표는 이해, 기능, 태도 등으로 나누는데, 이해는 지식에 해당하는 내용, 기능은 능력, 또는 키워져야 할 기술적인 면을 말하며, 태도는 이것을 학습함으로써 어떤 생활 및 학습태도를 갖게 하겠다는 것을 밝히는 것이다. 그러나 학습목표에서는 학습자 입장에서 학습목표를 진술하는 경우가 일반적이다.

(4) 전체 지도계획

대단원을 몇 차시(次時)로 나누어 지도할 것인가를 밝히고 나누어진 학습내용은 각각 어떤 교과목과 관련이 있고 또한 준비해야 할 자료 등은 무엇인가를 밝혀 쓰는 것이 전체 지도 계획인데 이것은 지도안 작성자 임의대로 일정한 양식에 집어넣어 쓰는 경우와 풀어 쓰는 경우 두 가지로 나뉘는 것이 통례이다.

(5) 본시의 주안점

본시의 주안점은 이번 시간에 지도할 학습내용 중 가장 핵심이 되는 내용이 무엇임을 밝히는 것을 말한다. 여기에서도 서술적으로 기술하는 방법과 이해, 기능, 태도로 나누어 기술하는 방법이 있다. 전체 지도목표가 잘 설정되면 그 중에서 본시에 해당하는 지도목표를 끄집어내어 기술하면 비교적 쉽게 쓸 수 있다.

지금까지 기술한 것 이외에 본시안에 해당하는 학습목표, 학습내용, 전개활동, 평가계획 등 구체적으로 여러 항목이 있으나 이것은 글로 표현하는 것보다 실제 작성된 지도안을 많이 읽어 봄으로써 이해가 보다 더 쉽게 이루어진다. 그리고 일선 교사나 앞으로 교직에 나아갈 사람들 모두는 지도안 작성을 실제 해봄으로써 훌륭한 지도안을 작성할 수 있는 것이다. 단 한 번의 지도안이 아니라 같은 내용을 갖고서 여러 번 되풀이해서 작성하면 할수록 문제점을 발견하게 된다. 그리고 지도안 자체가 어느 정도 잘 작성되었느냐에 따라 실제 학습의 성공 여부가 결정되는 것이다.

(6) 학습지도안 양식

앞에서도 언급하였지만 학습지도안의 표준양식은 없다. 하지만 적어도 학습지도안에 단원명이나 학습목표, 교육해야 할 내용, 학습도구, 시간 분배, 보충학습, 형성평가 등의 내용은 포함되어야 한다. 여기에서는 앞으로 학습지도안을 작성할 때 도움을 주기 위해서 몇 가지 양식의 학습지도안 을 개괄하여 제시하고 다음 절 4)에서는 각 교과별 실제 학습지도안을 어떻게 작성할 것인가를 보다 구체적으로 정리하여 참고 자료로 제시한다.

Ⓐ 양식 [1]

대단원		중단원	
소단원		교과서 쪽	
수업모형		수업자료	
학습목표			
지도상 유의점			
중점지도사항			
관련학습내용	선수학습		
	연계학습		
형성평가			
과제제시			

Ⓑ 양식 [2]

<table>
<tr><td>단원명</td><td></td><td>페이지</td><td></td><td>차시(지도일)</td><td>1/4(/ ~ /)</td></tr>
<tr><td>학습목표</td><td colspan="5"></td></tr>
<tr><td rowspan="2">학습단계</td><td rowspan="2">학습절차</td><td colspan="3">교수-학습활동</td><td rowspan="2">지도상유의점</td></tr>
<tr><td>교사</td><td colspan="2">학생</td></tr>
<tr><td>도입</td><td></td><td colspan="3"></td><td></td></tr>
<tr><td>전개</td><td></td><td colspan="3"></td><td></td></tr>
<tr><td>정리</td><td></td><td colspan="3"></td><td></td></tr>
<tr><td>형성평가</td><td></td><td colspan="3"></td><td></td></tr>
</table>

© 양식[3] : 2005년도 경상남도 공립중등학교 교사 및 특수교사 임용후보자 선정 경쟁시험 학습지도안 답안지

〈본시 학습지도안〉

<table>
<tr><td>대단원</td><td></td><td>차시</td><td></td></tr>
<tr><td>중단원</td><td></td><td rowspan="2">수업방식</td><td rowspan="2"></td></tr>
<tr><td>단원명</td><td></td></tr>
<tr><td>학습목표</td><td colspan="3"></td></tr>
<tr><td>과정</td><td colspan="3">교수-학습활동</td></tr>
<tr><td>도입</td><td colspan="3"></td></tr>
<tr><td>전개</td><td colspan="3"></td></tr>
<tr><td>정리</td><td colspan="3"></td></tr>
<tr><td>형성평가</td><td colspan="3"></td></tr>
</table>

Ⓓ 양식[4] 출처: Http://vod..scem.or.kr:8080/cd.files/blog/100568/8.%20대표값과%20산포도

〈단원의 개관〉

<table>
<tr><td>단원지도목표</td><td colspan="3"></td></tr>
<tr><td>지도상 유의점</td><td colspan="3"></td></tr>
<tr><td rowspan="2">내용의 연계성</td><td>관련된 내용</td><td>이 단원의 내용</td><td>관련된 배울내용</td></tr>
<tr><td></td><td></td><td></td></tr>
</table>

〈단원지도 계획〉

<table>
<tr><th>소단원명</th><th>절명</th><th>쪽수</th><th>차시</th><th>학습내용</th><th>용어와 기호</th><th>비고</th></tr>
<tr><td></td><td></td><td></td><td></td><td></td><td></td><td></td></tr>
<tr><td colspan="2">단원평가</td><td></td><td></td><td></td><td></td><td></td></tr>
<tr><td colspan="2">다시 알아보기

좀 더 알아보기</td><td></td><td></td><td colspan="2">각 차시의 자기 주도적 학습과
심화문제의 해당 영역에 각 문제를 배열</td><td></td></tr>
</table>

〈본시 지도계획〉

<table>
<tr><th>수준
문제</th><th>학습
문제</th><th colspan="4">학습요소</th><th colspan="2">교수-학습활동</th><th>유의점 및
학습자료</th></tr>
<tr><td rowspan="8">기본
과정</td><td>도입</td><td colspan="4"></td><td colspan="2"></td><td></td></tr>
<tr><td>전개</td><td colspan="4"></td><td colspan="2"></td><td></td></tr>
<tr><td rowspan="5">형성
평가
(번호
추가
가능)</td><td colspan="3">행동분석</td><td>번호</td><td rowspan="2">문제</td><td rowspan="2">정답</td><td rowspan="8">※형성평가 문제풀이 보며 설명듣고 문제풀기

※심화문제는 부연설명 필요시 제공</td></tr>
<tr><td>지식</td><td>이해</td><td>적용</td><td rowspan="2">(1)</td></tr>
<tr><td></td><td></td><td></td><td></td><td></td></tr>
<tr><td>지식</td><td>이해</td><td>적용</td><td>(2)</td><td></td><td></td></tr>
<tr><td></td><td></td><td></td><td></td><td></td><td></td></tr>
<tr><td>정리</td><td colspan="4">학습집단구성</td><td colspan="2">문제</td></tr>
<tr><td rowspan="2">심화
일반
문제</td><td>전개</td><td colspan="4">일반문제(기본학습 재확인)</td><td colspan="2">심화문제(자기 주도적 학습)</td></tr>
<tr><td>정리</td><td colspan="4"></td><td colspan="2"></td></tr>
<tr><td>종합
문제</td><td>정리</td><td colspan="4">본시학습정리
차시예고
과제예시</td><td colspan="2"></td><td></td></tr>
</table>

4) 학습지도안의 실제[11)]

(1) 국어과 학습지도안

일　　시 :　　년　월　일 교시
대　　상 :　　학교 제　학년　반
지도교사 :

① **단원명 :** 생활의 이모저모
소단원 : 학교 도서관을 찾아서

② **단원의 개관**

가) 단원의 구성 : 본 대단원은 생활이란 공통된 소재로 일관된 네 소단원으로 구성되어 있다. '9. 학교 도서관을 찾아서'는 학교생활 중 도서관 이용을 위한 지식을 제공해 주고 있고, '10. 신문이 되어 나오기까지'는 신문의 편집, 제작의 과정을 소개해 주고 있는 것으로 사회생활의 일면을 보여주기 위한 소단원이다. 그리고 '11. 학교 행사를 마치고'는 학교 생활 중 두 가지 예를 보여주고 있으며, '12. 도산 안창호 선생'은 우리가 본받아야 할 생활의 본보기를 보여주기 위하여 수록된 단원이다.

이들 소단원에서 학습되어지는 내용들을 요약하면 다음과 같다.

9. 학교 도서관을 찾아서 – 학교 생활의 일면 소개 } 실제생활의 예
10. 신문이 되어 나오기까지 – 사회 생활의 일면 소개 } 실제생활의 예
11. 학교 행사를 마치고 – 학교 생활의 일면 평가 – 고쳐야 할 점
12. 도산 안창호 선생 – 생활의 본보기 – 생활의 기준

나) 단원학습 목표

이 해	태 도	기 능
① 대담의 효과와 중요성을 이해한다. ② 도서관의 종류, 역할을 이해한다.	① 웃어른과 이야기할 때는 예의바른 태도로 이야기한다. ② 도서관의 이용법을 알아 필요할 때는 언제나 도서관을 이용하는 습관을 기른다.	① 존대법에 유의하여 대화할 수 있다. ② 현재와 같은 도서관이 되기까지의 과정을 말할 수 있다.

이 해	태 도	기 능
③ 신문의 제작과정을 이해한다. ④ 통신사의 조직과 역할을 이해한다. ⑤ 객관적인 표현과 주관적인 표현의 상이점을 이해한다. ⑥ 전기문의 일반적 특성을 이해한다. ⑦ 전기문에 나타난 주인공의 활동·업적 등을 이해한다.	③ 신문의 제작과정에 따라 학교 신문을 만든다. ④ 신문과 우리 생활과는 어떤 관계에 있는지 항상 생각하는 태도를 기른다. ⑤ 생활의 모습을 글로 남기는 습관을 기른다. ⑥ 유명한 분들에 대한 글을 읽고 우리가 본받아야 할 것들을 마음에 새겨두는 습관을 기른다. ⑦ 한 주인공에 대한 평가가 지은이에 따라 어떻게 다른지 비교하는 태도를 기른다.	③ 신문의 제작과정 중 편집에서 하는 일을 말할 수 있다. ④ 신문사와 통신사와의 관계를 말할 수 있다. ⑤ 쓰기에 대한 생활화를 기할 수 있다. ⑥ 전기문의 독해 요령에 따라 이 글의 내용을 분석할 수 있다. ⑦ 참고자료를 이용하여 주인공의 연보를 작성할 수 있다.

다) 단원학습 지도계획

소단원	배당 시간	지도내용 및 핵심	관 련
9. 학교 도서관을 찾아서	3	① 이 글의 성격(대담 형식을 취한 설명문) ② 대문 나누기 및 짜임 분석 ③ 도서관의 역사 ④ 도서관의 종류 ⑤ 도서관의 기능 ⑥ 도서관의 이용법과 태도	중 1-1 19. 우정의 선물 중 1-2 8. 국어공부
10. 신문이 되어 나오기까지	3	① 신문의 제작과정 ② 신문편집 및 인쇄용어 ③ 통신사의 구실 ④ 주요 통신사	중 2-2 9. 기사 두 편
11. 학교 행사를 마치고	3	① 쓰기의 생활화 ② 객관적 표현과 주관적 표현 ③ 사물의 관찰태도	중 1-2 10. 작문 노트에서
12. 도산 안창호 선생	4	① 전기문의 성격 ② 전기문의 독해 요령에 따른 내용분석 ③ 대문나누기 및 글의 짜임 ④ 도산 선생의 연보작성	중 1-2 6. 주시경 선생 7. 폴란드 소녀의 울음

③ 소단원(학교 도서관을 찾아서) 개관

가) 단원학습 목표

㉠ 설명문의 성격과 특징을 말할 수 있다.

㉡ 대화(대답)식으로 쓴 글의 효과를 알고, 생활에서 대화의 중요성을 말할 수 있다.

㉢ 효과적으로 대화를 하기 위해 말하는 방법과 듣는 태도는 각각 어떠해야 하는지 말할 수 있다.

㉣ 현대의 도서관이 되어지기까지 어떠한 과정을 밟았는지를 알 수 있다.

㉤ 도서관은 운영 방식에 따라 개가식과 폐가식이 있음을 알고 그들은 각각 어떠한 장 · 단점이 있는지를 말할 수 있다.

㉥ 도서관의 역할이 어떠한 것인지를 말할 수 있다.

㉦ 도서관의 종류에는 어떠한 것들이 있는지를 말하고 그 이용 방법을 알 수 있다.

나) 글의 종류

설명문이다. 일반 설명문은 어떤 대상에 대한 서술적인 설명으로 일관하는 것이 보통이다.

본 단원은 대화 형식을 빌어 단순한 사실의 전달 이외에 보다 절실한 호흡을 전달하고 있다. 일상 생활에서 이루어지는 전달 수단에는 언어를 매개로 한 것과 음성언어를 통한 것이 있다. 이 글은 효과적으로 대화를 이용한 설명의 좋은 예이다.

다) 글의 구성

설명문은 일반 형식에 따라 세 대문으로 나눌 수 있다. 그 중 본문은 다시 네 대문으로 나눌 수 있다.

- 제 1 대문(72:3~13): 도서관을 찾아온 목적 – 머리말
- 제 2 대문(72:13~74:13): 도서관의 역사
- 제 3 대문(74:14~77:19): 도서관의 운영에 따른 종류 – 본문
- 제 4 대문(77:20~79:21): 도서관의 종류

•제 5 대문(79:22~80:11): 현대 도서관의 역할
•제 6 대문(80:12~끝): 도서관의 방문 인사 – 맺음말

라) 글의 줄거리

글의 줄거리를 요약하여 정리한다.

마) 글의 주제

문화의 보존과 향상을 위해 공헌하는 도서관의 역할을 알고 유용하게 이용하도록 하자.

④ **소단원 학습지도 계획(총 3교시 : 1교시는 45분)**

가) 차시계획 및 학습문제

차 시	학습문제	자 료	준비물
1/3	대단원 개관 소단원 전체 낭독 및 낭독지도 지은이 소개 글의 종류(글의 형식과 특징) 글의 구성 내용 분석 연구	인명대사전	
2/3	본시학습할 부분 낭독 및 낭독 지도 도서관 이용		도서목록 카드
3/3	본시학습할 부분 낭독 및 낭독 지도 내용연구 소단원 학습내용 요약		

나) 지도상의 유의점

㉠ 도서관은 학생 스스로 도서관에 관심을 가지고 이용할 수 있도록 하여야 한다. 학교 도서관 이용에 대한 구체적인 지도가 필요하다.

㉡ 대화의 효과를 알도록 하고 대화에서 말하는 방법과 듣는 태도가 길러져야 한다. 주제를 분명히 말하고, 남의 이야기를 주의 깊게 듣는 태도가 몸에 배도록 해야 한다.

㉢ 대화의 예의와 목적하는 바를 올바로 들을 수 있도록 화제를 이끌어가는 훈련

이 필요하다.

㉣ 교사와의 대화 내용을 보고하는 식으로 쓰도록 한다.

다) 본시(1/3차시) 학습지도안

㉠ 소단원명 : 학교 도서관을 찾아서

㉡ 학습목표 : · 대단원 및 소단원의 성격을 이해한다.

· 효과적인 대담의 방법과 태도를 이해한다.

· 이 글의 짜임과 대강의 내용을 파악할 수 있다.

㉢ 학습지도(학습활동)

과정	학습문제	학습활동	학습자료	유의점	시간(분)
도입	학습동기 유발 학습목표 제시	·대단원 및 소단원 개관 · 대단원의 성격 ① 도서관과 신문에 대한 지식 제공 ② 학교생활의 일면, 쓰기의 생활화 ③ 무실역행의 생활태도 · 소단원의 성격 : 도서관에 대한 지식과 이용 · 단원학습 계획 및 학습목표 제시 본시 학습범위 : 학교도서관을 찾아서	· 교재	· 단원학습 계획을 미리 제시하여 계획성있는 학습이 되도록 한다.	5
전개	전체읽기 지은이 소개 글의 종류 글의 구성 내용연구	· 소단원 전체 4명 지명, 1회 낭독 · 낭독지도 : 발음, 띄어 읽기, 어조 · 학교도서관을 찾아서, 지은이 소개 - 장일세 : 도서관 학자 · 설명문 · 대문의 구성 및 내용 - 대담 ① 인사와 화제의 제시 ② 화제의 전개 ③ 끝인사 · 6대문 구분 · 본시학습 범위 내용 연구 · 제1대문의 내용 - 제1대문의 성격 - 제1대문의 내용	· 교재 · 인명 대사전	· 대강의 내용 파악을 위한 낭독이다. · 대담에서 지켜야 할 태도를 아울러 이해한다. · 내용파악을 위한 묵독이다.	29

과정	학습문제	학습활동	학습자료	유의점	시간(분)
전개	내용요약	·제2대문의 내용 - 교사 : 옛날 도서관의 기능을 수행했던 기관은? - 학생 : 장서각, 큰절, 서원의 문고 - 교사 : 옛날 도서관의 기능은? - 학생 : 문화재 보존의 기능 - 교사 : 현대 도서관과 옛날 도서관을 비교해서 현대 도서관의 특징이라 할 수 있는 것은? - 학생 : 특정인의 독점물이 아니라 국민 일반의 것이라는 점 ·제2대문의 내용 요약	·교재 ·인명 대사전	· 질의응답을 통해서 파악하는 것이 효과적이다. · 질의응답의 형식을 취한다. ·이상의 질의 응답을 간단히 정리 판서해 준다.	29
정리 및 평가	학습정리 형성평가	·본시학습내용 마무리 : 대담의 형식, 글의 짜임과 화제, 도서관의 역사 ·본시학습내용을 평가하기 위한 질문 ① 대담의 형식은? ② 이글의 화제는? ③ 화제를 제시한 구절은?			10
차시 예고		·차시 학습범위 예고 : 3, 4대문			1

(2) 수학과 학습지도안

일　　시 :　　년　월　일 교시
대　　상 :　　학교 제　학년　반
지도교사 :

① **단원명** : 생활의 이모저모
소단원 : 학교 도서관을 찾아서

② **단원의 목표**

가) 실수의 순서구조(대소관계의 기본 성질)를 발견하게 한다.

나) 실수의 순서구조를 토대로 하여 부등식에 관한 여러 가지 성질을 이해하게 하며, 이들을 이용할 수 있는 능력을 가지게 한다.

다) 변수를 포함하는 부등식의 뜻을 이해하여 그의 해집합을 구하는 방법을 알게 한다.

라) 함수의 개념을 이해하도록 한다.

마) 함수를 그래프로 나타내기 위한 좌표의 개념을 알도록 한다.

바) 일차함수 및 상수함수의 성질 및 기타의 여러 가지 간단한 함수의 개념을 이해하도록 한다.

③ **단원학습 지도계획**

소단원	배당시간	지도내용 및 핵심	용어 및 기호
1. 부등식	6	① 대소관계에 관한 성질(1) ② 기본성질에서 유도되는 부등식 성질(1) ③ 부등식의 해법(1) ④ 방정식 및 부등식의 해집합 그래프 표현(1) ⑤ 부등식의 응용(1) ⑥ 종합문제(1)	· 부등식 · 해집합
2. 좌표	4	① 수직선과 직선 위의 점의 좌표 실수 전체 집합과 직선과의 1대1 대응 ② 직선상의 선분 길이 및 선분의 중점(1) ③ 평면 위의 점의 집합과 실수의 순서 쌍의 1대 1 대응 및 점의 좌표 도입, 사분면(1) ④ 점의 이동 ⑤ 종합문제	· 좌표, 선분길이 · 1대 1 대응 · 사분면

3. 변하는 양	4	① 함수의 뜻(1) ② 함수의 그래프의 특성(1) ③ 여러 가지 간단한 함수 ④ 종합문제(2)	· 번역, 공변역, 치역, 변수값, 함수값, 정의역
4. 일차함수	4	① 일차함수 ② 기타 함수(제곱, 비례과정) ③ 함수의 응용 ④ 종합문제	· 함수

④ **소단원의 개관**

가) 소단원명 : 부등식

나) 소단원의 학습목표

㉠ 부등식의 뜻과 그 기본 성질을 안다.

㉡ 기본 성질에서 유도되는 여러 가지 성질을 추리할 수 있다.

㉢ 부등식의 성질을 활용할 수 있다.

⑤ **소단원의 학습지도 계획**(총 6교시 : 1교시는 45분)

가) 차시계획 및 학습문제

차 시	학습문제	자 료	준비물
1/6	대소관계에 관한 성질(1)		
2/6	기본 성질에서 유도되는 부등식의 성질(1)		
3/6	부등식의 해법(1)		
4/6	방정식 및 부등식의 해집합 그래프의 표현(1)		
5/6	부등식의 응용(1)		
6/6	종합문제(1)		

나) 본시 학습지도안(1/6차시)

㉠ 소단원명 : 대소관계의 성질

㉡ 학습목표 : · 양수, 음수를 토대로 한 대소관계를 정의할 수 있다.

· 양수, 음수를 토대로 한 대소관계의 여러 가지 어휘를 알 수 있다.

㉢ 학습활동(지도과정)

과정	학습문제	학습활동	학습자료	유의점	시간(분)
도입	동기유발 학습목표 제시	· Trichotomy : 삼일률 임의의 실수 a에 대하여 a는 양수이거나 음수이거나 0이고 어느 2개도 동시에 성립되지 않는다. 즉 임의의 실수 a에 대하여, ① a≠0⟶a : 양수이거나 음수이고 동시에 2가지가 되지는 않는다. ② a는 양수이거나 -a가 양수이거나 a=0이다. (∵a=음수⇄-a ; 양수) · 본시 학습목표 제시		· Trichotomy(삼일률)이란 용어는 사용하지 말 것 ※ 학문기술	3
전개	실수의 대소관계 (정의 1) 삼일률 (정의 2) (정의 3)	(정의 1) 두 실수 a, b에 대하여 ① a〉b(a는 b보다 크다)⇄a-b ; 양수 ② a〈b(a는 b보다 작다)⇄b〉a 1) 1 ; 양수⇄a〉0 2) a ; 음수⇄a〉0 (∵a ; 음수⇄-a ; 양수⇄-a〉0) 3) a〈 ⇄a-b ; 음수 ∵ a〈b ⇄b〉a⇄b-a ; 양수(정의②) (정의①)⇄a-b=-(b-a) ; 음수 이상을 정리하면 a〉b⇄a-b ; 양수(정의 1) a〈b ⇄a ǀ b ; 음수(③) a=b⇄a⁻ b=0 Trichotomy 임의의 두 실수 a, b에 대하여 a〈b, a=b, a〉b 중 하나 그리고 꼭 하나만 성립된다. (정의 2) a≧b⇄a〉b 또는 a=b ; a≦⇄ a〈b 또는 a=b 보기 ; 3≧2, 5≦5 · 문제 3개 정도 제시 (정의 3) a≯b ⇄ a는 b보다 크지 않다. a≱b ⇄ a는 b보다 크거나 같지 않다. ◎≮ 및 ≰도 앞에서와 같은 방식으로 정의한다. 4) a≯b ⇄ ≦ b ∵ a≯b ⇄ a-b ; 양수가 아니다. ⇄ a-b ; 음수이거나 0(삼일률) ⇄ a〈b 또는 a=b(③) ⇄ a≦b (질문) a≮b ⇄?	교재, 강의 및 질의응답	· 정의 전에는 숫자로서 구체적인 보기를 들어줄 것 · 정의란 용어는 사용하지 말것	31

과정	학습문제	학습활동	학습자료	유의점	시간(분)
전개	(정의 4)	5) $a \ngeqq b \rightleftarrows a < b$ $\because$ $a \ngeqq b \rightleftarrows a \nless b$이고 $a \neq b \rightleftarrows a-b$는 양수가 아니고 0도 아니다. $\rightleftarrows a-b$; 음수 $\rightleftarrows a < b$ (질문) $a \nleqq b \rightleftarrows$? 이상을 종합하면 ① $a \ngtr b \rightleftarrows a \leqq b$ $\quad \updownarrows \qquad \updownarrows$ $\quad b \nless a \rightleftarrows a < b$ ② $a \ngeqq b \rightleftarrows a < b$ $\quad \updownarrows \qquad \updownarrows$ $\quad b \nleqq a \rightleftarrows b > a$ (정의 4) ① $b < a$; b는 a 미만 ② $a \geqq b$; a는 b 이상 보기 : ① 이 차에는 56명 미만의 사람이 탈 수 있다. ② 나이가 15세 이상이 아닌 사람 $\rightleftarrows$ 나이가 15세 미만인 사람		· 이상, 이하, 미만의 서로의 관계를 따져 줄 것	31
정리 및 평가	정리 형성평가	· 내용을 요약, 정리한다. · 본시 학습내용을 평가하기 위한 질문 ① Trichotomy란? ② 이상, 이하, 미만의 관계를 밝히시오.			10
차시 예고		· 부등식의 성질 알아보기			1

(3) 공업과 학습지도안[12)]

일　시 :　년　월　일 교시
대　상 :　학교 제　학년　반
지도교사 :

① **단원명 :** 측량
소단원 : 방사법 및 전진법에 관한 평판 측량 실습

② **단원 설정의 근거**

가) 토지의 경계선을 정하기 위한 측량
나) 여러 가지 건설공사에 필요한 측량
다) 큰 지역에 걸쳐 나라가 시행하는 측량
라) 고등학교 교육을 받은 사람으로서 이상의 정도를 아는 데 있다.
마) 학습 재료의 분석을 하기 위함

학습 재료는 다음과 같다.

㉠ 도판, ㉡ 삼각, ㉢ Alidade, ㉣ 구심기, ㉤ 투구, ㉥ 자침함, ㉦ Tape(30m) 2개, ㉧ Pole(4개), ㉨ 도지, ㉩ 표침, ㉪ 연필

③ **소단원 학습지도 계획**(총 2교시 : 1교시는 50분)

가) 차시계획 및 학습문제

차 시	학습문제	준비물
1/2	① 측점 선정방법 ② 평판 설치법 ③ 방사 측정법 } 방사법	앞의 학습재료 참고
2/2	① 평판설치 ② 평판 이동식 표정법 ③ 전진법에 의한 측정법 } 전진법	

나) 지도상의 유의점

㉠ 방사법 : · 시준이 잘 되는 곳에 0점을 잡아 평판을 설치한다.
· 시준 시 평판이 움직이지 않도록 한다.
· 기구에 무리한 힘을 가하지 않도록 한다.
· 도지를 평판에 완전히 밀착시킨다.

㉡ 전진법 : · 평판 이동 시 표정을 정확히 한다.
· Pole을 수직으로 세우고 Tape를 팽팽히 당겨서 재도록 하며 Tape의 읽기를 정확히 한다.
· 측량 도중에 점선을 이용 정확 여부를 지도한다.

다) 안전수칙

㉠ 기구 반출 시에 조심해서 다룬다.
㉡ 실습 시에 평판이나 기구에 몸을 대지 않도록 한다.
㉢ 나사를 조정할 때 지나치게 조이지 않도록 한다.
㉣ Tape를 지면에서 약간 띄워 끌리지 않도록 조심한다.
㉤ Pole은 항상 수직으로 세워서 갖고 다닌다.

라) 본시 학습지도안(2/2차시, 1교시 50분)

㉠ 소단원명 : 방사법

㉡ 학습목표 : · 방사법에 의한 평판 측량을 할 수 있다.
· 직접 측량함으로써 측량에 대한 신속성과 오차 문제를 쉽게 발견할 수 있다.

㉢ 학습활동(학습지도)

과정	학습문제	학습활동	학습자료	시간(분)
도입	학습 동기유발 학습목표 제시	· 대단원, 소단원의 개관 · 본시 학습범위 제시, 단원학습 계획		
전개	실습	· 작업순서 설명 · 평판 설치의 정확 여부 - 정준, 구심 표정을 한다.	· 도판 · 삼각 · Alidade	

<table>
<tr><th>과정</th><th>학습문제</th><th>학습활동</th><th>학습자료</th><th>시간
(분)</th></tr>
<tr><td>전
개</td><td></td><td>· 평판을 수평으로 세운다.
· 지상의 측점과 도상의 측점 일치시킴
· 평판위 방위 또는 방향조정을 정확히 함
· 지상의 측점과 도상의 측점 일치시킴
· 평판위 방위 또는 방향조정을 정확히 함
· 각 기구 조절의 양·부 지도
· 각 점마다 시준하고 Tape로 거리를 재어 도상에 기입</td><td>· 구심기
· 추구
· 자침함
· Tape(30m) 2개
· Pole(4개)
· 도지
· 표집
· 연필</td><td></td></tr>
<tr><td>정리
및
평가</td><td>정리
형성평가</td><td>· 실습 후 어디에 문제점이 있는지 확인하고 질문
· 계속적인 평가를 실시(근거는 아래에 제시함)
<table>
<tr><td>구분</td><td colspan="5">전시법</td><td></td></tr>
<tr><td>조별</td><td>1</td><td>2</td><td>3</td><td>4</td><td>5</td><td>비고</td></tr>
<tr><td>1. 실습태도</td><td></td><td></td><td></td><td></td><td></td><td></td></tr>
<tr><td>2. 신 속 도</td><td></td><td></td><td></td><td></td><td></td><td></td></tr>
<tr><td>3. 정 확 도</td><td></td><td></td><td></td><td></td><td></td><td></td></tr>
<tr><td>4. 실습작품</td><td></td><td></td><td></td><td></td><td></td><td></td></tr>
</table></td><td>· 실습재료 일체</td><td></td></tr>
<tr><td>차시
예고</td><td></td><td>· 다음에는 전진법을 함</td><td></td><td></td></tr>
</table>

(4) 사회과 학습지도안

일　　시 :　　년　월　일 교시
대　　상 :　　학교 제　학년　반
지도교사 :

① **단원명 : 향토의 사회생활**
소단원 :

② **단원의 개관**

향토는 우리들이 태어나서 자란 곳이고, 또 현재 생활하고 있는 우리들의 보금자리이다. 거기에는 조상 때부터 서로 도우며 가꾸고 다듬어 온 논과 밭, 산과 들이 있는 고장이다. 그리고 향토 발전에 이바지한 조상들의 이야기가 있고, 역사와 전통, 사적과 문화재가 있다.

향토는 항상 가까이 할 수 있고 우리나라의 일부이며 세계의 다른 지역과 밀접하게 관련되어 있다. 향토를 학습함에 있어 향토에 대한 5만분의 1이나 2만5천분의 1의 지도를 바르게 읽음으로써 향토의 위치, 지형, 자연환경, 그와 관계를 맺을 인문 활동을 이해하고, 향토에 대한 조사를 과제를 통하여 문제점을 발견 해결할 수 있는 능력을 기를 수 있도록 한다.

이 단원의 공부는 향토 사회의 이해가 주가 되지만 계속적인 지리학습을 위해서는 물론, 기초적인 지리학습 방법으로도 중요하다. 이를 학습함에 있어 단원별, 주제별로 나누어 학습할 수도 있으나 향토 한 단원을 하나로 묶어 전체적인 단원으로써 학습을 전개하려고 한다. 시간 배정은 6시간으로 하였으나 학교의 사정이나 향토의 특수성에 따라 향토 조사 실제 답사를 통한 학습과정을 적절히 연장할 수 있다.

③ **지도목표**

가) 지리적 사상이나 개념을 파악하여 사물을 지리적으로 보고 생각하는 태도를 길러 준다.

나) 자연환경에 따라 여러 가지 향토의 모습이 나타남을 이해시킨다.

다) 향토의 사적과 문화재, 그리고 향토 발전에 이바지한 인물들을 알아 우리 조상의 얼을 계승 발전시키는 태도를 길러 준다.

라) 야외 관찰, 지도 읽는 기초 기능 및 자료 이용 방법을 습득시킨다.

④ 단원 학습계획

차시	주 제	내 용	학습형태	준비사항
1	1. 향토의 자연과 생활	① 벼농사 중심의 평야촌 ② 도시 근교의 농촌 ③ 산간지방의 산지촌 ④ 어업과 양식업을 하는 어촌 ⑤ 촌락의 사회생활	강의학습 문답방법 발표학습 토의학습	교재 괘도 · 취락형태의 괘도 사진교재 · 촌락 사진 각종 화보
2		⑥ 지방행정 중심도시 ⑦ 교통의 요지에 발달한 상업도시 ⑧ 새로 발달한 광산도시 ⑨ 관광 중심도시 ⑩ 도시의 사회생활	강의학습 문답학습	지도 · 향토조사용 지리부도
3	2. 향토의 역사 역사와 문화재	① 향토의 역사 ② 향토의 문화재		
4	3. 지형도와 향토조사	① 지도 읽는 법 ㉠ 지도란 무엇인가 ㉡ 지도의 구비조건 ㉢ 지도의 종류 ㉣ 독도법	강의학습 실제학습 및 연습 문답학습	향토조사용 지도 · 1:15,000 1:25,000 채색도구(색연필)
5		② 향토조사 ㉠ 향토조사의 목적 ㉡ 향토조사방법 준비 – 예비조사 – 실제조사 ㉢ 향토조사의 내용	강의학습	향토에 관한 문헌 향토조사용준비물 ※ 학교에 따라 실제조사를 학생들이 해보도록 지도함이 좋음
6	4. 향토의 개발	① 향토의 문제점 ② 향토개발 내용 ③ 향토의 환경조건 ④ 소득증대사업	강의학습 문단학습 발표학습	· 향토개발 자료 · 사진, 화보 통제자료

⑤ 소단원 학습지도안

가) 소단원명 : 향토의 자연생활(1/6차시, 1교시 45분)

나) 학습목표

㉠ 향토의 자연환경과 인간 생활과의 관계를 이해한다.

㉡ 향토의 자연환경은 향토의 생활 모습에 크게 작용함을 이해한다.

㉢ 주위에서 볼 수 있는 사회 현상을 지리적 이해 방법으로 연관지어 생각할 수 있다.

㉣ 촌락도 그 형태나 기능상 다양하다는 것을 스스로 판단할 수 있다.

다) 학습활동의 전개

시간(분)	학습활동	학습자료	유의점
10	1. 향토의 구분 { 촌락 / 도시 }	· 취락형태를 그린 괘도	· 본시에 들어가기 전 지리교육의 목적을 이해시킴
10	2. 촌락의 분류 ① 형태별 분류 ㉠ 집촌 : 외적의 공동방위, 기후, 토질, 자연조건에 따라 모여 사는 큰 부락 - 괴촌 : 길, 가옥 등이 불규칙한 촌락 - 가촌 : 도로를 따라 발달된 형태의 촌락 - 환촌 : 교회, 광장을 중심안 원형 촌락 ㉡ 산촌 : 가옥이 한두 집씩 흩어져 있는 촌락 ② 기능별 분류	· 사진교재 - 촌락, 도시 · 지리부도	· 취락의 형태를 간단하고 선명하게 나타낸 괘도를 사용하여 분류상 혼동이 없도록 한다.
10	㉠ 농촌 - 평야촌 : 논농사 중심, 그루갈이 - 산지촌 : 산간계곡, 산지사면 고원에 발달 - 밭농사 중심이나 특용작물 재배 - 근교촌 : 도시 주변, 고속도로 연변에 발달, 채소, 화초 - 과수재배와 낙동, 양계업 발달 ㉡ 어촌 : 순수한 어촌이 적고 반농반어촌이다. 고기잡이, 김, 귤, 양식업 3. 촌락의 사회생활	· 그림, 화보 고속도로 변의 근교(농촌, 낙동업지 등)	· 향토를 지리적으로 이해하고 향토 조사를 위한 기본 지식으로 개념을 넣어주는데 의의가 있으므로 시각적인 여러 종류의 사진, 그림 등을 제시함이 필요하다. · 판서량이 많지 않도록 유의한다.
10	① 전통을 숭배하고 보수적이다. ② 공동체적 생활환경이다. ③ 규모가 작아 대체로 영세적이다.		

시간(분)	학습활동	학습자료	유의점
	④ 근래에 간척, 개간, 경지정리, 지하수개발과 양잠, 가축기르기, 과수재배 등으로 소득증대 사업이 활발하다.		
5	정리		

– 평가

1. 우리 고장의 여러 촌락의 자연과 생활 특성을 살펴, 그것이 어떤 종류의 부류에 속하는지 설명할 수 있는가?

– 과제

1. 향토조사용 지도(1:50,000, 1:25,000)를 구해 오자.

(5) 가정과 학습지도안

일　　시 :　　년　　월　　일 교시
대　　상 :　　학교 제　학년　반
지도교사 :

① **단원명 :** 우리들의 식생활
소단원 : 매일의 식사

② **단원 설정의 이유**

사람이 살고 있는 동안에 체온을 유지하고 호흡, 순화, 소화, 성장, 운동 등 여러 가지 생활 현상을 나타내고 있다. 이러한 생활 현상으로 하여금 체내에서 분해되고 소모된 물질과 체온과 일할 때의 필요한 열과 힘을 내는 물질을 끊임없이 보급해야 한다.

이와 같은 여러 가지 필요한 물질을 우리는 음식물에서 섭취하고 있으며 음식물은 매일의 식사시간을 통하여 얻게 된다. 고로 좋은 식사, 즐거운 식사를 마련하려면 먼저 영양소와 식품이 몸에 끼치는 영양적 인식과 특징을 고려하여 합리적인 조리법과 식단 작성 등을 연구하고 실천하여 즐겁고 건강의 원천이 될 수 있는 식사를 마련하는데 도움이 되고자 본 단원을 설정하였다.

③ **학습목표**

가) 이해면

㉠ 건강 유지상 알맞은 식사를 해야 함을 인지시킴
㉡ 여러 가지 영양의 구실을 이해시켜 편식을 하지 않도록 지도함
㉢ 즐거운 마음으로 식사를 해야 건강에 유익함을 이해시킴

나) 기능면

㉠ 식품을 선택할 수 있는 기능을 기름
㉡ 식단을 작성할 수 있는 기능을 기름

다) 태도면

㉠ 식사 시의 바른 태도를 기름

㉡ 끝정리를 할 수 있는 태도를 기름

④ **학습지도과정(1교시 45분)**

과정	학습내용	학습활동		학습자료	시간(분)
		학 생	교 사		
도입		·정리정돈 ·올바른 자세	·전시 교과내용과 본시 학습내용과 연관시켜 동기유발 ·문제 제시분		2
전개	·매일의 식사가 건강과 식생활에 미치는 영향 1. 영양소의 종류와 함유식품 2. 영양소의 구실을 이해 3. 편식을 하지 않도록 4. 과학적인 조리법 연구 5. 즐거운 마음으로 식사하도록	·식사의 중요성을 질문 ·종류를 들고 예를 들어 질문함 ·영양, 영양소, 식품을 구분하도록 설명함 ·편식? ·편식을 하지 않으려면 ·요리하는 이유 ·요리할 때의 주의 ·적당한 행주감 ·행주 소독	·종합평가 후 설명 ·부족한 점을 보충설명 후 요점 필기 ·설명, 요점 필기 ·식품 선택 중요성 ·부엌 행주 관리 ·다양성 있는 조리법 ·영양 손실을 적게 하는 법 ·식품배합이 합리적이고 과학적인 조리법으로 식사를 마련해서 감사하는 마음으로 즐겁게 식사하므로 일가 단란한 시간을 가질 수 있는 점과 식사 후 뒤처리를 깨끗이 하도록 설명	식품도표	40
평가정리	질문에 응하고 학습내용 재정리				2
차시예고	다음 시간 학습 내용 제시				1

(6) 기술과 학습지도안

일　　시 :　　년　월　일 교시
대　　상 :　　학교 제　학년　반
지도교사 :

① **단원명** : 목공

② **단원의 개관**

우리들의 주위에는 많은 목재 가구들이 있다. 우리들은 이것들을 보고 실제로 만들어 보고 싶어 하며 개선하려는 마음가짐과 그 기능을 익히는 일은 생활을 개척하는 데 중요하다. 따라서 가구 등을 잘 관찰하고 견고하고 아름답고 쓸모 있는 공작물을 착상 · 고안하는 습관을 지니도록 하는 한편 재료를 바르게 이해하고 공구와 장비를 바로 사용할 수 있고, 이들을 안전하게 다루는 능력을 길러 목공 기능을 익혀 가도록 하여야 하겠다.

③ **지도목표**

가) 목재의 구조, 종류, 성질, 용도 등을 알게 한다.
나) 판자의 선정법과 용도를 알게 한다.
다) 적합 재료, 칠감 등의 종류, 성질, 용도를 알게 한다.
라) 목공구, 목공기계의 종류, 구조, 성능을 알게 한다.
마) 목공의 구상, 설계, 제작 계획을 세울 수 있게 한다.
바) 실제 제작 학습을 통하여 기술 향상에 힘쓰는 태도를 길러 준다.

④ **단원학습 계획**

주제	소요시간	주요내용	비고
1. 재료	6	· 목재 - 종류, 조직, 성질, 제재와 건조, 목재의 가공재 - 부피단위(1, 2, 3) · 접합재료 - 못, 나사못, 보강철문(1), 접합제(1) · 칠감-니스, 에나멜, 못(1)	견본 제시
2. 목공구	10	· 목공구 - 자, 곱자, 그므개(1), 톱(1, 2), 대패(1, 2), 끌,	목공구

주제	소요시간	주요내용	비고
및 목공기계		송곳, 마치, 그 밖의 공구 · 목공기계 - 둥근톱, 띠톱(1), 자동대패, 손밀이대패, 끝기계(1)	준비
3. 책꽂이	13	· 구상과 설계(1, 2) · 본설계와 제작계획 - 본설계(1), 재료표, 공정표(1) · 제작 - 마름질(1, 2, 3), 가공(1, 2, 3), 조립(1), 칠하기 (1, 2)	실습
4. 화분대	10	· 구상설계(1, 2) · 본설계와 제작계획 - 본설계(1), 재료표, 공정표(1) · 제작 - 마름질(1, 2, 3), 가공(1, 2, 3), 조립, 칠하기	실습

가) 시간 주제 : 목재

나) 지도의 주안점 : 목재의 구조, 성질, 종류, 용도 등을 이해하고 이용할 수 있는 능력을 기른다.

다) 학습목표

㉠ 목재의 종류에 따른 성질을 안다.

㉡ 목재의 조직을 안다.

라) 학습활동 전개(1교시 45분)

시간(분)	학습활동 및 유의점
15	· 목공의 재료로 목재를 사용할 때 생기는 장·단점을 발표시킨다. - 장점 ① 가볍고 열전도율이 작음-비중에 비하여 강도가 큼 ② 가공하기 쉬움-부드럽고 따뜻함-고유의 아름다운 무늬 - 단점 ① 불에 타기 쉽다. ② 습기에 약하다. ③ 건조 시 수축하여 변형된다.
30	· 목재의 종류, 성질, 용도를 알아본다. - 개량목재-합판, 베니어 합판, 플로어칭, 경질섬유판 · 나무의 조직과 명칭을 알아본다. - 침엽수(종류, 특징, 용도) - 활엽수(종류, 특징, 용도)

시간(분)	학습활동 및 유의점
30	- 나무의 조직 : 세 부분으로 되어 있다(껍질, 중심, 나이테). - 나무의 성장 : 껍질 가까이에서 양분을 섭취하여 자람(애목일 때와 고목일 때) - 나이테 : (춘재 + 추재) - 심재와 변재 · 흠의 종류와 흠이 생겼을 때의 결함을 알아본다. - 갈래가 생기는 원인 알아보기 - 갈래가 있는 목재의 제재방법 알기 - 옹이에 대해 안다. · 지선에 대하여 알아본다. · 껍질박에 대하여 알아본다. - 자라는 동안 상처를 입어 벗겨진 그 껍질의 일부가 속으로 말려들면서 아물게 된 것으로 목재를 사용하기에 불편함

(7) 체육과 학습지도안

일　　시 :　　년　월　일 교시
대　　상 :　　학교 제　학년　반
지도교사 :

① **단원명 :** 맨손체조

② **단원의 개관**

맨손체조의 운동방법과 효과를 이해하여 근육 관절의 가동성을 높이고 정확한 판단력과 유연성, 평형성, 근력을 기르고 일련의 체조를 숙달시켜 일상 생활에 활용하게 하고 짝체조, 꾸미기 체조를 실시하여 협동심, 책임감 등의 사회적 성격을 육성한다.

③ **지도목표**

가) 맨손체조의 각 종목의 실시 요령을 알고 크고 부드럽게 할 수 있도록 한다.
나) 맨손체조의 각 종목별 특성을 알고 일련의 동작으로 할 수 있게 한다.
다) 짝체조의 요령을 알고 실시하게 한다.
라) 꾸미기 체조를 실시하여 협동심, 책임감을 기른다.

④ **교재 연구**

가) 맨손체조의 특색

㉠ 나쁜 자세와 경도의 형태적 결합을 교정하는 운동이다.
㉡ 전신을 조화적으로 발달시키는 기초적 운동이다.
㉢ 자연스럽고 아름다운 몸의 움직임을 알게 하는 기초적 운동이다.
㉣ 운동과 작업에 적응될 수 있는 몸을 만드는 기초적 운동이다.
㉤ 비교적 좁은 장소에서 짧은 시간에 효과를 얻을 수 있다.
㉥ 각자의 몸 상태에 알맞은 적당한 방법으로 행할 수 있다.
㉦ 시설과 용구 없이 손쉽게 누구든지 행할 수 있다.
㉧ 타악기와 반주곡을 사용하여 단체로 행할 수 있다.
㉨ 많은 사람이 같이 행할 수 있다.

나) 맨손체조의 효과

㉠ 균형잡힌 아름다운 몸을 만들게 한다.

㉡ 신체의 고질을 고치며 예방한다.

㉢ 운동 부족으로 인한 신체적 퇴화를 예방한다.

㉣ 체력의 유지와 향상에 큰 역할을 한다.

㉤ 근육의 신전도와 관절의 가동도를 높인다.

㉥ 내장의 제 기관을 발달시켜 그의 기능을 왕성케 한다.

㉦ 심리적 피로 회복에 도움을 주고 작업 능률을 높인다.

⑤ **단원학습 계획**

주 제	지도내용	소요시간		준비물
		1학기	2학기	
일련체조	· 다리운동 · 팔운동 · 목운동 · 몸통운동	1	1	· 차아드 · 호각
짝체조	· 짝체조	1	1	· 매트
꾸미기체조	· 꾸미기체조	1	0	· 녹음기

가) 시간주제 : 일련체조

나) 지도의 주안점

㉠ 맨손체조의 운동 방법과 효과를 이해하게 한다.

㉡ 일련체조를 실시하여 생활화하게 한다.

㉢ 짝체조의 실시 요령과 방법을 알게 한다.

㉣ 꾸미기 체조의 효과를 알게 하여 사회성을 높인다.

다) 학습목표

㉠ 맨손체조의 실시요령과 방법을 안다.

㉡ 다리운동, 팔운동, 목운동, 몸통운동을 크게 부드럽게 정확히 할 수 있다.

라) 학습활동의 전개

단계(분)	학습활동	유의점
도입(5)	·집합 및 인원 파악 ·준비운동(순환운동, 신세기체조) ·학습계획의 확인	·1학년 맨손체조와 관련하여 설명한다.
전개(35)	·다리운동 - 들기 - 흔들기 : 발목흔들기, 다리의 각 방향 흔들기 - 굽혀펴기 : 발굽 굽혀펴기, 무릎펴기 - 들어흔들기 : 다리 앞뒤로 흔들기 - 휘돌리기 : 발목 휘돌리기 - 뜀뛰기 : 발모아 제자리 뛰기 - 벌리기 : 앞, 뒤, 옆 벌리기 - 손가락 굽혀펴기 ·팔운동 - 들기 : 손목흔들기, 팔을 각 방향 흔들기 - 들어흔들기 : 팔 앞, 뒤로 들어 흔들기 - 굽혀펴기 : 팔 굽혀펴기, 손목 굽혀펴기 - 휘돌리기 : 손목 휘돌리기, 팔의 각 방향 휘돌리기 - 비틀기 : 팔 안쪽으로 비틀기 ·팔다리운동 ·목운동 - 굽히기 : 목을 앞, 뒤로 왼편 오른편으로 돌리기 - 돌리기 : 몸 옆으로 돌리기 - 휘돌리기 : 몸 옆으로 휘돌리기 - 눕히기 : 몸 앞, 뒤로 눕히기 - 젖히기 : 가슴 뒤로 젖히기 - 펴기 : 가슴펴기 ·본시의 종합연습	·다리에는 전신의 힘살을 약 56%나 가지고 있다. ·혈액량은 전신의 혈액량의 약 1/3을 지니고 있다는 점을 강조한다. ·흔들기 할 때에는 최대한으로 크게 흔들어야 한다. ·율동적으로 행하도록 한다. ·굽혀 펴기에는 무릎 관절을 잘 굽혀 펴야 한다. ·어깨가 올라가지 않도록 한다. ·눈은 뜬 채로 직시하고 몸을 움직이지 않도록 한다. ·돌리기 할 때는 발뒤꿈치를 떼지 말고 돌리는 쪽 팔을 본다. ·휘돌릴 때는 동작을 끊지 말도록 한다. ·눕히기 할 때에는 척추를 펴야 한다. ·젖히기 할 때에는 배가 나오지 않도록 한다. ·기본동작과 운동효과와의 관계를 알려주어 학습의 효과를 높인다.
정리(5)	·정리 - 본시의 반성 및 질의응답 - 정리체조	

(8) 임업과 학습지도안

일　　시 :　　년　월　일 교시
대　　상 :　　학교 제　학년　반
지도교사 :

① **단원명 :** 중요 수종의 조림법
소단원 : 밤나무

② **단원 설정의 이유**

가) 우리 주변에 많이 식재되어 있는 밤나무에 관심을 갖게 한다.
나) 재래종 밤나무와 내충성 밤나무를 비교하여 그 차이점을 이해하도록 한다.
다) 밤나무의 품종을 알도록 한다.
라) 번식방법을 알게 한다.
마) 각종 용도를 알게 한다.
바) 경제성을 알아 지역사회에 이용하게 한다.

③ **학습지도 목표**

가) 이해면
㉠ 경제성 품종, 병충해의 방제법을 알게 한다.
㉡ 번식법을 이해시킨다.
㉢ 식재법과 용도를 이해시킨다.
㉣ 수종 적지와 향토 입지를 비교 이해시킨다.

나) 태도기능면
㉠ 주변 환경을 활용하는 태도를 갖게 한다.
㉡ 농가 수입을 올릴 수 있는 방법을 연구하는 정신을 갖게 한다.
㉢ 접목법을 알고 이용하게 한다.

④ 학습지도 계획

차시	내용	자료 및 준비	관련	시간배당
1차시 (본시)	1. 분포와 적지 2. 종류와 품종 ① 미국종, 유럽종, 중국종 ② 한국종 ③ 내충성 품종 ④ 야생종 3. 용도와 경제성 4. 조림방법 ① 번식방법 ② 식재 및 관리 ③ 병충해	· 괘도 · 병충해에 전염된 표본 · 종자의 표본(없음)	· 과수 · 지리 · 농업	

⑤ 지도과정

가) 주안점

㉠ 밤나무의 적지와 지역사회 토양이 서로 적당하여 재배를 할 수 있는가를 알게 된다.

㉡ 번식 및 식재방법

㉢ 병충해 및 방제법

㉣ 이용 및 경제성

나) 지도순

단 계	연구과제	학습활동		지도상 유의점	시간배당 (분)
		교 사	학습자		
도입		· 출석점호 · 본시의 예고(단원 설명)			5
전개	특징 분포	· 전과류로 자웅동주 · 장타원형 잎에 거치가 있다. · 6월에 개화하여 1~3알의 종자 · 수평분포 · 수직분포 · 온도			35

단계	연구과제	학습활동		지도상 유의점	시간배당(분)
		교사	학습자		
전개	적지 품종 용도 조림법	· 강우량 · 토양조건 · 외국종 · 한국종 · 내충성 수입종 · 야생종 · 종자 · 목재 · 수지 · 밤종자의 성분표 · 번식법 · 식재시기 · 수형을 유인하는 법 · 시비방법 · 병충해 - 동고병 - 어스랭이 - 밤나무 흑벌 - 하늘소			35
정리 및 발전	경제성	· 관리비용 · 수익성 · 차시 예고			10
평가					

(9) 음악과 학습지도안[13)]

A. 교육과정의 개요

① 교과의 특성

가) 음악과 교육의 구조

음악 교육의 내용은 음 자체의 제반 구성요소(박자, 리듬, 가락, 화성, 빠르기, 음색 등) 및 그에 관련된 개념이나 일반화의 제 요소로 구성되는 바 그 요소들을 표로 하면 다음과 같다.

음악과 교육의 구조내용 요소표

내 용	기본 개념		고유 개념
	1차적 기본 개념	2차적 기본 개념	
표현	·리 듬 ·가 락 ·화 성	·빠르기 ·셈여림	·가창 능력 ·기악 능력 ·표현 능력 ※ 창조적 표현 → 표현 기능 개성적 표현 → 연주 기능 모방 즉흥 표현 → 기초 창작 기능
감상	·리 듬 ·가 락 ·화 성	·형 식 ·음 색 ·빠르기 ·셈여림	·청취력 ·판단력 ※ 감득력 감상곡 { 종류 / 연주 형태 / 악기 } 지식·이해

이와 같은 내용 조직에 의해 이루어지는 음악 학습은 다음 네 가지 측면으로 생각해 볼 수 있다.

㉠ 음악의 구성 요소(components of music as a discipline)에 대한 이해

㉡ 음악적 기능(musical skill)의 숙련

㉢ 태도, 가치, 행동을 기르는 음악의 내면화(humanizing music)

㉣ 음악적 사고(musical thinking)의 신장으로 이것은 음악 교육이 지향해야 할 목

표와 학습경험, 학습방법에 대해 시사받을 수 있다. 그러나 음악 그 자체가 지적인 경험은 물론 정의적 · 심미적 경험을 포함하고 있고 음악 활동이 기능의 일면을 지니고 있으므로 지적인 경험보다는 감각적이고 행동화된 학습으로 전개되어야 한다.

나) 음악과 교과구조의 기저(생략)

다) 음악교육 내용(생략)

B. 교육과정 개정의 기본 방향

① 기본방침

가) 현행 교육과정의 문제점을 보완하는 방향에서 부분 개정을 원칙으로 한다.

나) 광복 이후 현재까지의 음악과 교육과정의 기본적인 맥락을 유지하는 방향에서 개정한다. 이상의 기본 방침 및 문제점을 중심으로 교과 목표, 학년 내용 및 목표 평가상의 유의점에 대한 보완점 및 주요 개선방향은 다음과 같다.

② 교육과정의 보완점 및 주요 개선방향

구 분	보완점	주요 개선방향
교육목표	· 교과목표와 학년목표의 진술을 구체화 및 명료화시킨다.	· 내용 영역을 표현과 감상으로 구분 제시한다. · 현장감을 살려 내용 진술을 구체화한다.
학년목표		· 수준의 적성성 및 수준차를 고려하여 제시한다.
내용	· 기본 능력의 요소를 표현과 감상에 통합 조정, 편찬한다. · 음악성과 창조성이 계발될 수 있도록 용어 및 내용 진술을 정의적 내용으로 진술, 편찬한다.	· 통합적 학습이 가능하도록 내용을 조정, 제시한다. · 이론이나 기능 중심의 학습을 지양하고 정의적인 음악 학습을 위한 내용으로 진술한다.
내용	· 제시된 내용 요소들은 학년 수준에 맞도록 개선한다.	· 듣고 부르기 및 보고 부르기에 사용될 악곡을 위계성에 알맞게 조정, 선정한다. · 기악 표현 학습에서의 악기 선택 및 합주 시 악기의 배치 등에 대한 제한을 두지

구 분	보완점	주요 개선방향
		않는다. · 창작 학습의 단계별 모형을 제시하고 학습 요소를 선정, 제시한다. · 전통 음악의 요소는 구분하지 않고 전 영역에서 고루 학습할 수 있도록 제시한다. · 감상 악곡은 학년별 수준차를 고려하여 제시한다.
지도 및 평가상의 유의점	· 학년 수준에 알맞은 평가방법을 제시한다. · 통합적 학습방법의 조항을 삽입한다.	· 평가방법의 제시 · 통합적 방법을 강조한 내용 제시

③ **기본 방향**

흔히 사람들은 현대를 단절의 시대라고 하기도 하고, 기계화의 시대, 인간성 상실의 시대 또는 물질 만능의 시대 등 여러 가지 말로 표현하고 있다. 따라서 오늘날의 교육계는 물론 범사회적으로 인간성의 보전과 회복을 열망하기에 이르렀고 교육 현장은 개성적 · 주체적 · 창조적인 인격 형성을 그 최대의 목적으로 삼게 되었다.

이러한 목표에 접근하는 데 있어서 음악 교육은 가장 적절하고 유효한 역할을 대행할 수 있다. 그것은 음악과 교육이 인격 형성을 위한 의도적인 노력의 일환이며 감상적 · 지성적 · 주체적 · 개성적 · 창조적인 음악활동을 통하여 바람직한 인간으로서의 성장을 꾀하려는 노력이기 때문이다. 즉, 음악과 교육은 음악성과 창조성을 개발하는 데 그 본질적인 목표를 두고 있다. 모든 음악 활동은 음악성과 창조성을 바탕으로 이루어져야 하며, 음악성과 창조성은 교육에 의하여 개발될 수 있다. 인간적인 성장은 음악 예술의 목적인 동시에 교육의 목적이며, 이 두 가지의 기능의 합치되는 점에 음악과 교육의 본질이 자리잡고 있다.

음악성은 음에 의한 표현과 풍부한 체험을 통하여 수용되며, 음악을 파악 · 이해하고 또 그것의 아름다움에 동화되는 과정에서 자극되고 향상된다.

음악성은 선천적인 것도 아니고 유전적인 것도 아니다. 노력함으로써 획득한 음악의 제 능력과 음악적 제 능력의 가능성을 합친 것이 음악성이다. 그러므로 음악성을 개발하고자 하는 음악 교육은 음악의 기본능력, 즉 감수성으로서의 음악적 · 감각적 기반으로 제 능력을 균형 있게 발전시킴으로써 그 목적을 달성할 수 있는 것이다. 음악에 대한 기초적인 능력은 음악적인 감수성에 의하여 마련되며 음악적인 감수성은 음악적인 감각에 의해 마련된다.

음악적인 감각이란 악곡 구성의 제 요소에 대한 감지력과 실현력, 다시 말하면 각 요소의 역할과 이들의 상호작용을 체감함으로써 음악의 의미를 파악하는 기본 능력의 바탕을 이루는 힘이라고 할 수 있다. 음악적 감각의 확립과 함께 마련되는 감수성은 한 걸음 더 나아가서 창조적인 연주와 감상 및 스스로 창작할 수 있는 능력의 기반으로 작용한다.

음악 교육은 모든 음악 활동의 바탕이 되는 음악성을 개발시키는 일과 더불어 창조성을 개발하는 것을 목표로 한다. 음악 교육 활동은 어린이 스스로가 음악 활동의 주체가 되어 어린이 자신이 진심으로 느끼고, 즐기고, 표현하는 가운데 음악의 언어와 의미를 발견하고, 그 가치와 개념, 그리고 그 타당성을 감지하여 더 나아가서는 창조할 수 있는 능력을 길러 줌으로써 창조적인 인간으로 성장하는 것을 돕는 일이 되어야 한다. 음악교육은 음악성과 창조성의 개발이라는 본질적인 목표와 아울러 음악에 대한 심미성과 음악을 사랑하는 태도를 기르는 데 그 목표를 두고 있음은 물론이다.

음악의 체험을 통하여 음악적 음향과 그 아름다움에 눈뜨게 하고 음악적 사고를 통하여 음에 내재하는 정신적인 힘을 파악하게 하는 일 또는 음악에의 참여를 통하여 음악을 깊이 사랑하고 생활화하는 태도를 기르는 일 등이 음악과가 지향하는 목표인 것이다.

④ 음악과 학습 요소 및 학습내용 요소의 추출

음악과 전 학년 및 영역별 통합적 방법에서 다루어질 내용을 추출하여 교육과정의 구성의 근간으로 삼았다.

음악과 학습 요소 및 학습내용 요소 추출표

	영역	내 용	
기본능력	지식	○ 박자표(2/4 3/4 4/4 6/8) ○ 장음계와 단음계 다, 바, 사장조와 가단조 ○ 화음(Ⅰ, Ⅳ, Ⅴ, Ⅵ)	○ 못갖춘 마디 ○ 당김음 ○ 셋잇단 음표 ○ 숨표

	영역	내 용
		○ 연주표에 대한 이해 ○ 우리나라 음계 ○ 음표와 쉼표 ○ 보표 ○ 높은(낮은)음자리표 ○ 여러 가지 기호(나타냄) ·셈여림 ·스타카토 ·붙임줄 ·이음줄 ·늘임줄 ·마침표 ·도돌이표 ·rit ·< > ·빠르기말
	기능	○ 발성, 발음, 호흡 ○ 연주자세 ○ 신체 동작(표현) ○ 독보력, 음정감 ○ 악보 적기 ○ 리듬감, 박자감 ○ 박자젓기 ○ 리듬읽기(치기) ○ 박자치기 ○ 청음력 ○ 음의 어울림(화성, 화음) ○ 고저, 장단, 강약의 표현
표현	가창	○ 듣고 부르기 ○ 보고 부르기 ○ 가사의 뜻 살려 부르기 ○ 제창, 독창, 중창, 돌림노래, 합창 ○ 무리 없는 소리 ○ 여린 내기 ○ 우리나라의 민요 ○ 다른 나라의 민요
	기악	○ 리듬 악기의 주법 - 큰북, 작은북, 탬버린, 캐스터네츠, 심벌즈, 트라이앵글 ○ 가락 악기의 주법 - 건반(피아노, 오르간, 멜로디언), 리코더, 하모니카, 실로폰 ○ 우리나라의 전통 악기 주법 - 소고, 장구, 단소 ○ 연주 형태 - 독주, 중주, 합주(리듬-가락)
	창작	○ 소리 모방 ○ 개성에 의해 부르기 ○ 창조적인 표현 ○ 즉흥적인 가락지어 부르기 ○ 즉흥 표현 ○ 한(두) 도막 형식 ○ 계속되는 느낌 ○ 끝나는 느낌 ○ 마디, 동기, 작은악절, 큰악절 ○ 가락(리듬) 듣고 가리기 ○ 가락(리듬) 듣고 적기 ○ 외워 적기
감상	감상	○ 감상태도 ○ 음악을 애호하는 태도 ○ 리듬과 가락의 변화 감지 ○ 음악 감상 일기 쓰기 ○ 주된 가락(테마) ○ 악곡의 종류 ·오페라, 협주곡, 관현악 ·묘사 음악, 행진곡 ·춤곡 왈츠, 교향곡 ·폴로네이즈 ○ 여러 가지 악기(관, 현, 타, 건반) ○ 전통 악기(가야금, 거문고, 태평소, 장구, 북, 징, 꽹과리) ○ 음악가

⑤ 교과목표 및 내용의 목표체계

* 교과목표

바람직한 음악의 체험을 통하여 음악성을 계발하고, 풍부한 정서와 창조성을 길러

조화로운 인격을 형성하게 한다.

가) 악곡의 구성 요소에 대한 감각을 계발하며, 개성에 따라 창조적으로 표현할 수 있는 능력을 기른다.

나) 악곡과 연주의 특징을 이해하고 음악을 애호하며 즐기는 태도를 기른다.

다) 음악적 측면에서는 음악성을 계발하고, 인간적인 측면에서는 풍부한 정서와 창조성을 지니게 하여, 현대 사회가 기대하는 조화된 인격과 민족으로서의 올바른 가치관을 지니게 하는 것이 음악 교육의 궁극적인 목표이다.

⑥ 지도 및 평가상의 유의점

제 3차까지의 교육과정에는 '지도상의 유의점'만을 구체화하여 저술되었다.

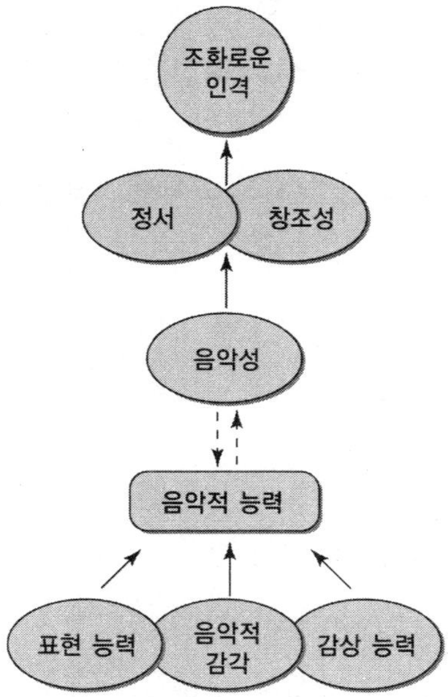

〈바람직한 음악의 체험〉

그러나 제4차 교육과정에서는 지도와 평가를 분리하였을 뿐 아니라 그 내용은 전 학년에 걸쳐 유의할 점만을 서술하였다.

지도의 내용은 기본 개념의 구조적 파악, 표현과 감상의 통합적 운영, 각 영역의 학습 활동에 전통 음악을 충분히 다루는 일, 창조적 표현, 활동의 전 학년과 전 영역의 활발한 전개 등을 내용으로 하고 있으며, 평가에서는 저학년의 경우 관찰법에 의한 청각적 체험의 결과와 전 학년의 경우 기초 기능의 발달 정도와 청자에 의한 성취도의 균형 있는 능력의 평가 등을 내용으로 하고 있다.

가) 지도 및 평가상의 유의점 구성원칙

㉠ 통합적 학습방법의 조항을 삽입한다.

㉡ 학년 수준에 알맞은 평가방법을 제시한다.

나) 지도상의 유의점

㉠ 통합 학습을 원칙으로 함을 강조

㉡ 음악의 본질에 입각된 음악 학습을 강조

㉢ 걸음의 표현을 통한 창의성 계발을 목적으로 하는 학습의 강조

㉣ 기악 학습에서의 악기의 다양화와 앙상블 음악의 강조

㉤ 여러 가지 표현 활동에서 창의적 표현 활동의 강조

㉥ 전통 음악의 내용을 전 영역의 학습에서 고루 학습되도록 지도함

다) 평가상의 유의점

㉠ 형성평가의 중요성 인식을 강조함

㉡ 종합적 능력의 평가를 원칙으로 강조함

㉢ 실음에 의한 평가를 강조함

C. 교과서 활용을 통한 수업의 실제

① 음악활동 영역에 대한 이론

음악과 교육의 내용을 크게 표현과 감상의 두 가지 영역으로 구분하였는데, 그 이론적 배경은 다음과 같다.

예술은 인간의 감정에서 노출되어 다시 동화시켜 아름다움을 주고 그것은 미에 대한 희열을 맛보는 것으로 교육에서는 이 시점에서 정조, 정서감, 조화로운 인격의 형성을 기대하는 것이다.

가) 음악 교육에서 표현의 의미

음악 교육에 있어서 표현에 대해 생각할 때의 기본적인 사항은 연주자의 감정에 따라 음악에 붙이는 것과 같이 여러 가지 표정을 다루는 것이 아니라는 것이다.

그리고 표현은 음악의 구조상 요구되는 것이며, 모든 뉘앙스는 음악구조상의 아름다움이나 의미를 풀어 주는 것을 노리고 있을 뿐이다. 즉, 음악이란 음표의 한 무리가 아니고, 의의 있는 요소 특히 프레이스적 음형에 의하여 이루어져 있다는 것을 이해할 수 있다면 표현의 논리를 이해할 수 있을 것이다. 또 거기에서 음악 교육에 있어서의 일반적 취급도 자연히 이해할 수 있는 것이다.

음악 교육에 있어서 표현은 음악 교육의 중핵적인 위치를 차지하고 있다. 즉, 음악 교육은 표현과 함께 시작하지 않으면 안 된다. 그것은 표현 취급이 극히 단순한 임창가 속에 이미 존재하고 있기 때문이다. 따라서 그것을 기점으로 하여 우리들은 표현적 요소의 보다 나은 파악으로 나아가야 할 것이다. 그렇게 함으로써 각종 음악을 보다 잘 파악할 수 있게 된다.

음악이 의미하는 것으로서 체득되었을 때에, 그것이 자연히 표현으로서 구현되어지는 것이다.

음악에 있어서의 표현은 지나치게 강조할 수 없는 동시에 또 무시할 수 없는 존재라는 것을 명확하게 파악해 둘 필요가 있을 것이다. 음악에서의 표현은 바꿔 말해서 표현을 위해 음악이 존재하며 다시 감상되므로 그 예술의 진가가 나타난다. 이렇듯 음악에서의 표현은 매우 중요하며, 이 표현의 방법을 학습하고 감각적인 면에서 체득되었을 때, 거기에 개성이 더하여져 창조적 표현이 가능해진다.

이때, 우리는 예술로서의 음악을 생각할 수 있으며, 이와 같은 능력을 갖도록 해 주는 일, 즉 교육으로서의 음악의 사명이 여기에 있는 것이다.

나) 감상의 의미

감상이란 어린이들에게 음악을 애호하는 심정을 환기시켜, 보다 깊이, 보다 현명하게 기르고자 하는 음악 교육의 목표이다.

레버즈는 음악성이란 '음악의 아름다움을 향수할 수 있는 능력'이라고 하는데, 이러한 의미에서 감상이란 음악성을 불러일으키는 것이라고 말해도 좋을 것이다. 즉, 감상

이야말로 음악 교육의 절대적 중핵이라고 할 수 있다.

음악에 대한 애호는 감상에 의하여 실제적 가치를 수반하는 극히 중요한 과정을 암시하고 있다. 즉 음악 감상이란 음악 학습활동의 한 영역이 아니고, 음악 교육의 모든 세부에 침윤해야 하는 것으로, 이 점에서는 분명히 단순한 청취 활동이 아니고, 훨씬 넓은 의미를 가지는 것이라고 말할 수 있다. 따라서, 음악교육은 첫째, 악곡의 독자적인 미를 전체적으로 감득하게 하고 둘째, 악곡 분석을 통하여 각 요소의 역할을 이해, 감지하게 하며 셋째, 제 요소들이 전체의 흐름 속에서 어떻게 결합되고 통일되어 그 사명을 다하고 있는지를 감득하는 등 개관, 분석, 통일의 과정을 통하여 악곡의 구조를 파악하게 하는 일이라 할 수 있다. 음악 교육은 음악의 형성에 대한 감득과 이해를 가능하게 하고 그것을 바탕으로 하여 음악의 추상적 · 구체적 지식과 자료를 수용할 수 있는 동시에 새로운 음악 현상을 받아들이고 표현할 수 있는 능력을 길러 창조성과 정서가 넘쳐 흐르는 인간을 육성하는 것이라고 볼 때, 음악과의 교육 내용에 포함하여야 할 또 다른 측면이 있음을 이해할 수 있다. 그것이 곧 표현과 감상이다.

표현과 감상은 음악적 기본 기능을 향상시켜서 음악의 본질에 접근시키고자 하는, 즉 수단 및 학습방법에 속하는 교육 내용이라 할 수 있다. 따라서 이 내용들은 각각 독자적인 요소를 지니고 있다. 예를 들면 발성, 발음 등은 가창이라는 특정한 상황에서만 학습해야 하는 고유의 학습 내용이며, 리코더의 주법은 기악 학습이라는 상황에서만 학습할 수 있는 내용인 것이다.

음악과의 이러한 특성에 비추어 그 고유한 개념들을 정리해 보면 다음과 같다.

•표현
- 가창 : 창조적 표현
  표현 기능
  악곡의 종류
- 기악 : 개성적 표현
  연주 기능
  악곡의 종류
- 창작 : 모방 및 즉흥적 표현 기능

•감상
- 감득력
- 감상곡의 종류
- 연주 형태 및 악기에 대한 이해

개성 및 창조적 표현 기능

기초 창작 기능

② **수업의 실시**

가) 음악학습에서의 내용요소

㉠ 음악적 감각

<table>
<tr><th>분 야</th><th>요 소</th><th>내 용</th></tr>
<tr><td rowspan="2">리듬</td><td>표 현</td><td>① ♩을 1박으로 하는 2, 4, 3박자
② 민음표와 점음표의 단순한 리듬</td></tr>
<tr><td>청 기</td><td>① 위의 리듬 듣고 가리기
② 2마디 정도의 단순한 리듬 듣고 적기</td></tr>
<tr><td rowspan="2">가락</td><td>표 현</td><td>① 글자 악보에 의한 계명창, 암창
② C의 단순한 가락 시합, 시주</td></tr>
<tr><td>청 기</td><td>① C의 단순 가락 듣고 가리기</td></tr>
<tr><td rowspan="2">화음</td><td>표 현</td><td>① I, IV, V(C)의 분산창</td></tr>
<tr><td>청 기</td><td>① I, IV, V(c) 듣고 가리기</td></tr>
<tr><td rowspan="2">형식</td><td>청각적 파악</td><td>① 가락의 반복, 대조
② 가락의 종지</td></tr>
<tr><td>악보에 의한 파악</td><td></td></tr>
<tr><td colspan="2">속 도</td><td>① 빠른 악곡과 느린 악곡 분별, 표현
② 일정한 빠르기로 표현</td></tr>
<tr><td colspan="2">강 도</td><td>① 셈여림의 분별 표현</td></tr>
<tr><td colspan="2">음 색</td><td>① 금관 악기의 음색 파악
② 현악기의 음색 파악</td></tr>
</table>

㉡ 표현

분 야	요 소	내 용
가창	발 성	① 바른 자세, 호흡, 발음 및 무리 없는 소리로 부르기
	학습능력	① 듣고 부르기, 보고 부르기 ② 가사의 뜻과 악곡의 특징을 살려 부르기 ③ 개성적으로 부르기
	교 재	① 제창, 독창, 돌림노래 ·부분 2부 합창
기악	주 법	① 리듬 악기, 가락 악기
	학습방법	① 흥미를 느끼며 재미있게 연주하기
	교 재	① 리듬 악기 중심의 단순한 기악 합주곡
창작	즉흥표현	① 자유롭게 리듬 및 가락 지어 표현
	작 곡	
	편 곡	① 리듬 합주의 기악 편성 생각하기

㉢ 감상

분 야	요 소	내 용
감상	감 지	① 리듬, 가락, 화성 등의 변화 및 악기의 음색에 흥미 느끼기
	이 해	① 악곡의 종류, 연주 형태 이해하기

나) 음악학습의 일반적 과정

㉠ 1차시

i) 음악미에 의한 자극

수준이 낮거나 높거나 또는 어떤 종류의 음악이든 음악을 듣고 그것에 자각을 받는 것으로부터 음악 학습은 출발하여야 한다. 즉, 범창이나 범주 및 레코드 감상 등을 통하여 제재곡이 지닌 음악의 전체적인 분위기를 감수하는 데서부터 음악 학습은 출발하는 것이다.

ii) 객관적 파악

첫 단계에서 일어난 학습 의욕을 바탕으로 하여 작품의 내용을 바르게 감득한다.

가창의 경우라면, 리듬창 · 계명창 · 가사창 등을 통하여 악곡의 분위기를 대체적으로 파악하게 한다.

학습 활동은 가창, 기악, 창작 등 여러 가지 분야의 표현 활동과 스스로 비판, 시정하는 활동 등을 유기적으로 관련지어 나가도록 한다.

ⓛ 2차시

초점화된 내용, 즉 학습 목표에 명시되어 있는 내용을 추구하는 학습 단계이다. 즉, 제재곡의 가락과 분위기를 대체적으로 파악한 전 단계의 학습에 의해서 한 걸음 더 나아가 부분적인 내용과 구성 요소 등을 파헤치는 학습, 다시 말하면 감각과 기능, 지적 이해와 학습태도 등을 한층 더 늘여 나가는 학습의 통합적인 단계라 할 수 있다. 가락의 진행과 악곡의 구성, 대조, 통일, 변화 등 요소적인 내용은 물론 표현 기능에 관한 사항과 지적 이해 등도 포함하여 음악의 아름다움을 느끼게 하고 부분적인 내용의 파악으로부터 전체적인 분위기를 감지, 실행하게 하는, 즉 보다 더 심화된 학습의 단계를 이루는 것이다.

이 단계는 음악 학습의 절정을 이루는 것이다.

ⓒ 3차시

종합적 파악에 의한 표현 및 감상과 향수의 단계라 할 수 있다. 전 단계에서는 작품의 부분적 역할 및 가치를 파헤치고 이들의 상호작용과 통일미를 감지 · 실행하는 데 역점을 두었지만, 이 단계에서는 한 걸음 더 나아가 미적 표현의 심화와 즐거운 마음으로 음악에 접하는 창조적 태도에 중점을 두어야 한다.

지금까지 학습한 감각적 내용과 기능 및 지식 등을 하나로 묶어서 음악력으로 총합하고, 이를 표현 또는 감상에 적용하고자 하는 것이 이 단계의 주요 골자라 할 수 있다. 예를 들면 마음으로부터 우러나오는 개성적 · 창조적인 노래와 연주 및 심취하여 음악을 듣는 활동 등을 통하여 더 높은 감동으로 이끌고, 음악미와 그 즐거움을 맛보는, 즉 음악 학습을 완성하는 단계라 할 수 있다.

다) 음악교과서의 활용방법

단원의 구성은 ① 제재곡명, ② 제재의 초점, ③ 악보(제창, 합창, 합주의 악보와 색깔로서 형식 및 화성의 비교), ④ **아름다운 표현**(목표 : 되도록 목표는 기본 능력, 표현 능력, 감상 능력을 고루 다루려 하였지만 그렇지 못한 경우도 있다) 다음으로 포괄적 학습을 지향할 수 있는 활동 내용과 학습의 성과를 정착시키기 위해 내면화 및 평가 제재로 구성되었다.

㉠ 제재 내용에 따른 지도방법

i) 제재의 초점

제재와 초점 내용이 곡명과 가사에서 오는 느낌을 집약적으로 서술하여, 아동으로 하여금 동기유발 내지 학습에 대한 내재적 동기를 갖게 한다는 뜻에서 삽입된 것이다.

지도 시에는 묵독 또는 교사가 읽어 줄 때는 관련 음악 또는 제재곡을 오르간이나 녹음된 자료를 들려 준다. 그리고 가사를 읽게 하여 정서감을 갖게 하고 악곡에 흥미를 갖게 한다.

이것은 내면화하는 재료로도 활용한다.

ii) 목표의 제시

본 제재를 통해 학습해야 할 내용과 이 제재를 통해 우리가 알아야 할 내용들을 토의하는 방법으로 서술한다.

음악이 음을 통한 감각의 개발이라는 입장에서 생각해야 한다. 즉, 본 제재에서 독창, 독주, 악곡의 강약과 빠르기를 어떻게 느껴, 어떻게 표현해 볼 것인가를 스스로 생각하고 결정짓게 하는 것이 중요하다. 즉, 기본 능력면의 어느 면을 익혀 무엇을 어떻게 창조적으로 표현할 것인가, 다른 학생이 부르고 연주하는 것을 어떻게 받아들여야 하는지까지 결정되어야 한다.

iii) 악곡 익히기

· 합창하기

· 합주하기

· 감상하기

iv) 표현활동

예로써 "다음의 가락을 무리없는 소리로 아름답게 2부 합창을 해 보자"라고 하고 악보를 4마디만 주었다. 이것은 이 제재에서 주어진 4마디만 합창하라는 것이 아니고

4마디만의 2부 합창 학습을 충분히 하였을 때, 자연히 다른 부분의 2부 합창도 잘 할 수 있는 전이가 강한 학습을 전개하자는 뜻이다.

지도 시에는 4마디를 오선 칠판에 적는다. 마침꼴에 의한 장 3도의 화음 연습과 장 6도, 완전 5도, 완전 4도의 화음 연습을 시킨다. 첫마디를 계이름 또는 허밍 등으로 합창을 시켜 본다. 전체 4마디를 합창한다. 높은 음의 음내기에 무리를 가하지 않는다. 2중창을 시켜 감상하게 하고 장 3도, 장 6도 등의 연습 때의 화음과 비교하면서 감상 평가 시 악곡을 빠르게, 느리게 불러 보게 하고 가장 알맞은 빠르기를 스스로 결정하여 부르게 한다. 이와 같은 학습은 악곡 전체를 갖고 하는 것보다는 시간, 어린이의 학습 수용력, 교사의 지도 등 모든 면에 시간적으로나 효능상에서도 좋은 학습이 될 수 있다.

v) 내면화, 정착화 평가

예로써 "제재곡의 끝 4마디의 리듬을 외워 적어라"라는 내용이 있다. 이것은 3/3차시 끝마무리 단계에서 지도한다. 리듬 외워 적기는 악곡을 완전히 조화하였다는 의미도 되며, 기보력 · 창작력에도 관계된다. 그리고 박자의 구성, 리듬 연주 기능 향상에도 좋다.

지도 시에는 노래의 끝마디를 외워 부르게 한다. 다음에는 외워 부를 때 박자를 치게 한다. 다음은 리듬을 치면서 외워 부르게 한다. 외워 부르면서 간단한 리듬표를 표시하면서 부르게 한다. 그리고 각자 노래를 부르면서 리듬을 외워 적게 한 뒤 각자 악보를 보면서 스스로 평가하게 한다.

vi) 창작음악과 학습지도안

제재	20. 가을(리듬 지어 적기)			차시	3/3
학습목표	주어진 말과 주어진 리듬에 이어서 리듬을 지어 적을 수 있다.				
학습단계	학습내용	교수-학습활동		시간	자료 및 유의점
		교사	아동		
감각적 감지	· 리듬감 체득하기	· 4/4박자의 기본 리듬과 변화된 리듬 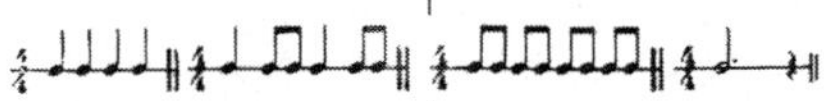	· 리듬을 치거나 신체 표현을 한다.	3'	· 리듬악기 * 자연스러운 분위기 속에서 표

		·기본 리듬과 변화된 리듬의 차이점을 이야기하도록 한다.	·기본 리듬을 여러 가지로 변화시킬 수 있으며 활발하고 재미있다.		현하게 한다.
기초 기능 파악	·제재곡 외어 부르기 ·리듬 모방 표현	·제재곡을 외워 부르도록 한다. ·쳐 주는 리듬을 듣고 모방 표현하도록 한다. 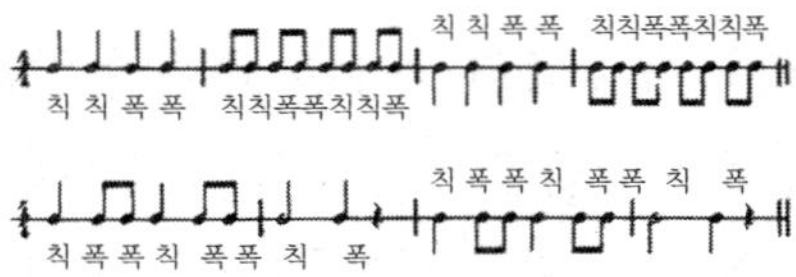 	·가볍게 리듬치며 가사로 외워 부른다. ·리듬을 모방하여 친다.	4'	·리듬악기
창조적 표현 활동	·리듬 듣고 가리기 ·리듬의 즉흥적 표현 ·짧은 말에 어울리는 리듬짓기	·리듬을 쳐 주고, 제시한 리듬 카드를 보며 번호를 표시하게 한다. ·'시계' 노래에서 시계 소리를 자유롭게 만들어 리듬을 치도록 한다. 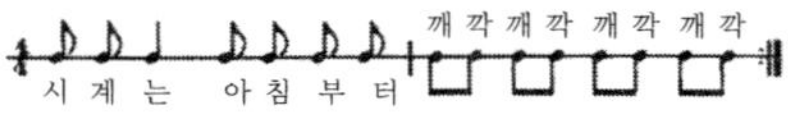 ·단풍 들어 아름다운 가을 풍경을 VTR로 보며 짧은 말을 생각하여 리듬을 짓도록 한다. 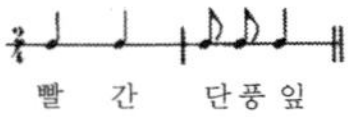 	·리듬을 듣고 그 리듬의 번호를 손가락으로 표시한다. ·선생님의 노래에 이어서 자유롭게 즉흥적 표현을 한다. ·VTR을 보며 짧은 말을 생각하고 그에 어울리는 리듬을 짓는다. 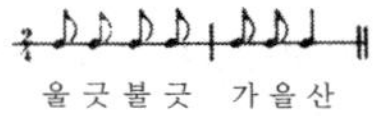 	5' 5' 10'	·리듬카드 ·리듬카드 * 여러 가지 시계소리를 리듬으로 표현한다. ·VTR자료 ·코팅학습자료 * 쓰고 지우며 항상 쓸 수 있도록 코팅을 한다.
내면화	·리듬지어 적기 ·지은 리듬 함께 읽고 이야기하기	·주어진 말과 주어진 리듬에 이어서 리듬을 지어 적도록 한다. 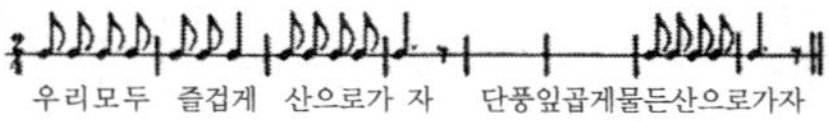 ·지은 리듬을 함께 읽고 치며 느낀 점을 이야기하도록 한다.	·주어진 말과 주어진 리듬에 이어서 자연스러운 리듬이 되도록 지어 적는다. ·지은 리듬을 읽고 치며 생각한 점을 이야기한다.	3' 10'	·개별학습지 ·리듬악기

D. 평가의 실제

① 평가의 기본 방향

가) 평가의 일반적 관점

음악과의 평가는 학습에 임하기 전 어린이들이 어느 정도의 선수학습 능력을 갖추고 있는지를 진단하여 보는 출발점 행동의 진단평가와 학습의 진행 중 어느 정도 학습이 되고 있는지를 순간순간 판단해 보는 형성평가, 그리고 일련의 모든 학습과정이 종결되었을 때 어린이들의 성취도를 최종적으로 알아보는 총합적 평가가 있다. 그러므로, 평가는 지도계획의 적절성과 교재와 지도법에 대한 적절성이 어린이들의 능력과 흥미, 욕구에 대한 합치점을 찾을 수 있는 것으로 학습지도의 과정과 결과에서 행해져야 한다.

나) 평가의 대상

음악은 음으로써 우리의 사상과 감정을 표현하는 시간적인 예술이라고 한다. 이와 같이, 시간적으로 흘러가는 음을 소재로 하고 있기 때문에 평가에도 어려움이 많다. 더욱이 창조성을 강조하고 있는 음악 교육의 입장에서 연주 능력을 측정할 때, 표준적인 리듬이나 음정의 표현은 고정되어 있지만, 악곡의 다각적인 해석으로 우수한 연주라는 것을 측정의 대상으로 삼는다는 것은 어렵기 때문에 음이라는 소재를 표현하려면 기능이 따라야 한다.

이 기능의 영역으로는

첫째, 학습된 악곡을 개정에 따라 창조적으로 표현할 수 있는 능력

둘째, 악곡의 특징에 알맞은 기악적 연주 능력

셋째, 자기의 느낌을 가락으로 표현할 수 있는 능력

넷째, 독보력과 청음력 및 기보의 능력

다섯째, 음악에 맞추어 신체적으로 표현할 수 있는 능력

이상이 음악과 교육의 중요한 목표인 동시에 평가의 대상이 될 수 있다.

이를 네 개의 항목으로 나누어 보면,

㉠ 기능적 표현 능력
㉡ 지적 이해
㉢ 감상적 파악
㉣ 태도와 습관

으로 나눌 수 있으며, 이들 네 개의 항목은 상호 유기적인 관계를 맺어 총괄적으로 행하여야 하고 절대로 단독적으로 행해져서는 그 기능을 달성할 수가 없게 된다. 그러나 교육 현장에서는 지적 이해에 치중된 평가를 하고 있기 때문에 음악 교육이 정상적으로 이루어지지 못하고 있다. 교사는 이 네 개의 항목을 총괄적으로 고찰하는 평가 태도를 가져야 한다.

다) 평가의 방법

기능적 표현 능력에 알맞은 측정의 도구는 관찰 측정과 지면 측정이 가능하고 지적 이해면의 측정 도구로서는 지면 측정이 알맞으며, 감성적 파악 및 태도와 습관을 측정하는 데는 관찰법을 활용하면서 계속적인 체크리스트 평정 척도표를 만들어 병용하여야 할 것이다. 특히 평가에서 유의할 점은 계속적인 평가, 진단적인 평가, 총합적인 평가, 객관적인 평가, 학습 향상을 위한 평가여야 함에 초점을 맞추어 바람직한 학습이 이루어지도록 하는 것이다.

② 평가의 실제

가) 실기평가의 관점

㉠ 가창 분야

평가관점	평가기준			비고
	가	나	다	
발성	○ 숨쉬기가 바르며 정확한 발음과 무리없는 소리로 부른다.	○ 세 가지의 요소 중 두 가지를 지켜 부른다.	○ 세 가지 요소 중 한 가지가 바르거나 모두 바르지 못하다.	
리듬	○ 리듬 표현이 90% 이상 바르다(이	○ 리듬 표현이 70% 이상 바르다(이	○ 바른 리듬이 70% 미만이다.	○ 점음표의 표현에 유의한다.

평가관점	평 가 기 준			비고
	가	나	다	
	노래의 90%는 14마디로 한다).	노래의 70%는 11마디로 한다).		
음정	○ 음정이 90% 이상 정확하다.	○ 음정이 70% 이상 정확하다.	○ 정확한 음정이 70% 미만이다.	○ 음정은 마디 단위로 본다. ○ 윗가락만을 평가 대상으로 한다.
악상	○ 악곡에 따른 빠르기로 부른다.	○ 느려지거나 빨라진다.	○ 빠르기를 전혀 지키지 못한다.	
음악적 표현	교사가 임의로 정하여 평가한다.			교사가 기술한다.

㉡ 기악 분야

평가관점	평가기준			비고
	가	나	다	
주법	○ 숨쉬기, 운지법, 텅킹을 바르게 지켜 연주한다.	○ 세 가지의 요소 중 두 가지는 지켜 연주한다.	○ 세 가지 요소 중 한 가지가 바르거나 모두 바르지 못하다.	○ 어린이 수준에 따라 ①, ②를 선택 평가한다.
리듬	○ 리듬 표현이 90% 이상 바르다(이 노래의 90%는 7마디로 한다).	○ 리듬 표현이 70% 이상 바르다(이 노래의 70%는 6마디로 한다).	○ 바른 리듬이 70% 미만이다.	
음정	○ 음정이 90% 이상 정확하다.	○ 음정이 70% 이상 정확하다.	○ 정확한 음정이 70% 미만이다.	○ 음정은 마디 단위로 보고 1마디 속에서 한 음 내지 그 이상이 틀려도 1마디로 본다.
악상	○ 악곡에 따른 빠르기를 지켜 연주한다.	○ 빨라지거나 느려진다.	○ 빠르기를 전혀 지키지 못한다.	
음악적 표현	교사가 임의로 정하여 평가한다.			교사가 기술한다.

나) 기타

㉠ 실음에 의한 평가

㉡ 지필에 의한 이론의 평가

㉢ 음악 감상의 평가 등 음악 원리에 입각한 평가가 있을 수 있다.

(10) 미술과 학습지도안[14)]

A. 교육과정의 개요

① 미술과 교육의 성격

미술 교과가 보통 교육의 교육과정으로 성립된 것은 19세기경이며, 유럽 각국에서 시작되었다.

미술과 교육의 성격은 정의적 측면의 인간성 육성과 창조적 표현능력 신장에 목표를 두고 있다. 그러나, 초등학교 미술과 교육은 전문적인 기능 교육이 아니라 보고, 느끼고, 생각하면서 그리거나 만들거나 꾸미는 등의 조형 활동을 통해서 아름다움을 느끼고, 아름다운 마음을 지니게 하며, 생활을 아름답게 영위할 수 있도록 하는 것이다.

미술 교육은 지식 교육도 기술 교육도 아니다. 아름다움을 느끼고 즐기는 교육으로서, 우리들의 마음을 풍요롭게 해 주는 교육으로서, 우리들의 생활을 아름답게 창조해 가는 교육인 것이다. 아름다움을 느끼면서 표현해 보는 고운 마음과 정서는 마음을 너그럽고 넉넉하게 해 주어 인정이 있는 사람으로 자라게 한다.

현대는 지적 가치와 정의적 가치 등으로 인간의 가치를 분화시켰고, 과학 기술 문명의 발전을 계기로 지적인 측면에 치중하게 되어 정의적인 면은 소외하기에 이르렀다. 뿐만 아니라 인간의 물질적 욕구를 충족시키기 위해서 경제 위주의 가치 지향으로 인간 존엄성의 가치를 상실하는 위기에 직면하게 되었다. 그러므로, 현대의 교육은 지 · 정 · 의가 조화를 이루는 전인적 교육이 중요하게 되었고, 과학 기술 시대에 발맞춰 인간성을 되찾을 수 있는 정의적 교육으로 인간성 상실의 위기를 극복하고자 하는 것이다.

이 정의적 교육은 조형 활동의 표현이나 감상의 계기를 통하여 아름다움을 느끼게 하는 미술 교육이 중요한 몫을 다하게 될 것이다.

② 교과의 특성

미술과는 많이 느끼게 하는 교과이다. 논리적 사고에 치우치지 말고 사물의 질을 다루는 '시각적 사고'에 관심을 기울여야 한다. 이것은 지성과 감성 사이의 거리를 좁혀 주게 되어 조화로운 인격을 형성하게 한다.

미술과의 특성은 두 가지 측면에서 찾아볼 수 있다.

전통적인 미술 교육목표적 측면에서 생각해 보면 다음 세 가지를 말하고 있다.

첫째, 정서교육 – 아름다운 대상과 접하는 경험을 많이 가지게 함으로써, 미적 감각을 길러 순화된 정서를 함양하도록 하는 일이다.

둘째, 창의성 발달 – 독특하고 다양한 창조적인 경험을 통해 창의적 사고를 많이 길러 주는 일이다. 미술 표현 및 감상을 즐기는 가운데 이루어지는 순수한 자기표현 및 심층 깊이 느껴지는 아이디어는 독창적인 창조를 이룩하게 된다.

셋째, 표현기능을 기름 – 재료와 도구의 특성을 탐구하여 표현하고자 하는 것을 유효 적절하게 활용할 수 있는 능력을 기르는 일이다. 여기에는 용구를 능숙하게 다루는 기능과 재료를 효과적으로 사용하는 능력이 포함된다. 또 생활 주변에 산재한 표현 가능한 재료를 조형 활동에 적절하게 활용할 수 있는 창의성이 포함된다.

미술 교육 방법적 측면에서 생각해 보면 다음 두 가지를 말하고 있다.

첫째, 인간학적 관점 – 어린이의 내면 세계가 자유롭게 표출되는 자기표현을 중시하는 일이다. 설정된 목표에 객관적 · 계량적으로 어린이를 접근시키는 것이 아니고, 어린이의 심층 깊이 잠재되어 있는 심상이 자연스럽게 표출되도록 이끌어 주는 미술 교육이 되어야 한다. 즉, 어린이들이 각자의 의사를 드러내어 전달하는 순수한 표현 활동이 되어야 한다. 이것은 유형·무형의 속박에서 벗어나고 부담없이 즐거운 표현활동이 될 때 이루어진다.

둘째, 인간 심리학적 관점 – 어린이의 발달 단계, 능력을 면밀하게 분석하고, 또 그 개성과 인식의 특성에 맞춰 발달 가능성을 최대한 증대시켜 주는 일이다.

어린이들이 각자의 수준과 생각으로 표현 및 감상에 도취되도록 뒷받침해 주는 일이 중요하다. 어린이들 각자의 능력에 알맞을 때 자신감을 갖게 되고, 흥미를 느낄 때 즐거움이 생기는 것이다. 또, 즐거움이 있을 때 만족스러운 표현을 하게 된다. 여기서, 순수한 자기발전이 이루어진다.

③ 미술과의 목표

> 조형 활동의 경험을 통하여 표현 및 감상 능력을 길러, 창조성을 계발하고 정서를 함양하게 한다.
> ① 자기의 느낌과 생각을 즐겁게 표현할 수 있는 능력을 기르게 한다.
> ② 우리 나라의 자연과 조형품의 아름다움을 즐기고 애호할 수 있는 능력과 태도를 기르게 한다.

교과 목표의 골격은 다음 그림과 같다고 할 수 있다.

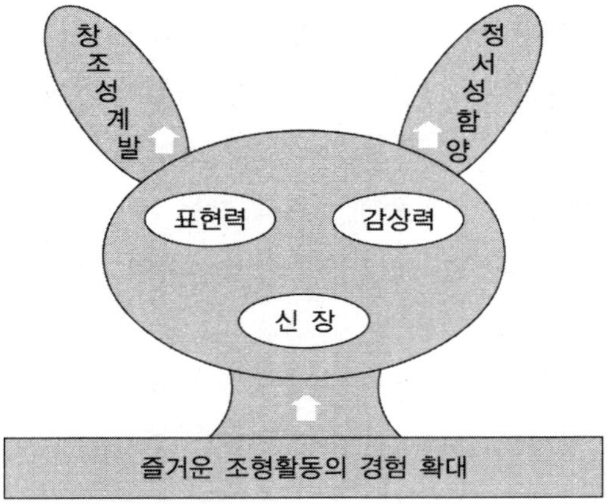

표현 및 감상 능력을 길러 창조성을 계발하고 정서를 함양하게 하는 것이 미술과 목표이다. 다만, 조형 활동의 경험에 의하여 이루어져야 한다.

미술과 교육과정에서 강조하고 있는 내용을 살펴보면 다음과 같다.

첫째, 조형활동의 경험을 통해서 이루어진다.

여기에서의 경험은 부담 없고 즐거운 표현 활동을 말한다. 어린이들이 각자의 능력에 따라 부담 없이 몰두하면서 신나는 미적 조형 활동 경험을 쌓아가야 한다. 교사가 어린이에게 주는 지식이 아니고 지나친 기능훈련도 아니며 꼭 이수해야만 하는 무거운 짐도 아닌 흥겹고 즐거운 순수한 표현 경험이 바탕이 되어 이루어져야 한다.

둘째, 표현능력과 감상능력의 신장에 힘쓴다. 많이 보고, 많이 느끼고, 많은 경험을 하면서 자연스럽게 표현능력과 감상능력을 기르도록 한다.

어린이들이 자신 있게 접근하여 파고 들고, 흥미롭고 자유로운 가운데 표현과 감상이 이루어지게 하면 저절로 표현력과 감상력이 길러진다.

④ **미술과의 내용체계**

가) 내용 선정

미술과 학습 지도의 내용으로 선정할 수 있는 소재는 매우 다양하고 폭 넓지만 미술과 교육목표를 가장 효율적으로 달성할 수 있는 내용을 선정하였다.

미술과 목표 달성은 선정된 내용과 지역사회의 환경에 따라 교사가 보충한 조형 활동 경험에 의하여 이루어지며, 미적 정서와 미적 창조성을 통하여 전인적 인격이 육성되므로 감각 · 감정 · 감동 · 지각적 사고를 포함한 감성적 조형 활동이 이루어져야 한다.

선정한 내용의 표현 및 감상 활동의 교육적 기능은,

첫째, 표현 활동은 자기표현, 자기실현의 과정이며, 자기발전과 자기 내실의 활동이다.

둘째, 감상 활동은 표현과 동일한 성격으로 역할을 한다. 감상을 일반적으로 작품을 매체로 한 작자와 감상자의 관계로만 파악하려고 해서는 안 되고, 감상 자체로 그치는 것이 아니고, 자기표현과 관련지으면서 자기발견, 자기개선의 역할이 되어야 한다.

즉, 표현과 감상의 상호작용에 의하여 자기형성을 기할 수 있으므로 표현과 감상의 영역으로 대별하여 내용을 선정하였다.

영 역		중영역	참고사항
표현	순수미술 (회화, 조소)	(1) 경험한 것 나타내기 (2) 상상하여 나타내기 (3) 보고 나타내기	· 회화와 조소는 순수 미술로서 한데 묶어 경험 표현, 상상 표현, 관찰 표현에서 그림이나 조소로 표현하도록 하였다. · 회화, 조소는 하위 개념으로 하여 소영역으로 설정했다. 즉, 미술과 목표 도달을 위한 수단적 개념으로 생각하였다. · 중영역에 의해 다양한 표현을 하게 함으로써 표현 방법의 폭을 광범하게 넓힐 수 있는 것이다. 그러므로 판화로 나타내기, 재미있는 방법으로 나타내기 등도 여기에 통합되었다.
	실용미술 (꾸미기· 만들기)	(4) 모양을 생각하여 꾸미기 (5) 환경꾸미기 (6) 쓸모를 생각하여 만들기	· 구 교육과정에서의 꾸미기와 만들기의 중영역을 분리하여 성격을 선명하게 3영역으로 제시했다. 따라서, 단순한 제작 활동이 아니고, 창조적 조형 표현의 성격을 부각시켰고 사실상 실용미술의 비중이 커진 것이다.
표현	서예표현	(7) 붓글씨로 나타내기	· 종전에는 '서예로 표현하기'였으나 '붓글씨로 나타내기'로 개정하였다. · 초등학교 어린이들은 서예란 용어를 단순히 글씨 쓰기로 인식해 왔으나, 현재 의도하는 바는 조형 활동의 일부라는 의식을 갖고, 경직된 관념적 인상에서 벗어나 친근감을 갖고 순수한 자기 표현을 하도록 이끌자는 의도를 갖고 있다. 그러므로, 실제 지도에서는 붓글씨 쓰기를 통하여 창조성, 정서성을 육성한다.
감상	감상활동	(1) 서로의 작품 감상 (2) 자연 및 조형품 감상	· 자연과 관련시켜 감성적 인간성을 함양시키는 감상 교육을 조형품 감상보다 중시하기를 기대하고 있다. · 현대인은 물질적인 조형품에, 또 인공적인 조형 환경에 관심이 큰 경향이 있으므로 상실되어 가는 인간성 회복을 위하여 자연과 관련된 감상 지도에 쓰고자 한다. 또, (1), (2)는 분리하지 않고 서로 관련시켜 지도하는 것이 좋다.

나) 학년별 내용 발전체계

영역	내 용	3학년	4학년	5학년	6학년
표현	(1) 경험한 것 나타내기	· 본 것, 느낀 것, 생각한 것들의 주제를 표현하기	· 주제를 표현하기	· 주제의 특성을 살려 표현하기	· 주제의 특성을 살려 효과가 나타나게 표현하기
	(2) 상상하여 나타내기	· 공상·희망 등의 주제를 표현하기	· 공상·희망 등의 주제를 표현하기	· 연상, 공상, 희망을 주제로 특성을 살려 표현하기	· 연상, 공상, 희망을 주제의 특성을 살려 효과적으로 표현하기
	(3) 보고 나타내기	· 대상을 관찰하여 그 특징이 나타나게 표현하기	· 관찰 대상의 특징이 나타나게 하기	· 관찰물의 여러 가지 특징이 나타나게 표현하기	· 관찰물의 특징을 살려 효과가 나타나게 표현하기
	(4) 모양을 생각하여 나타내기	· 형과 색의 변화를 생각하여 배색 배치하여 꾸미기	· 형과 색으로 배색 배치하여 꾸미기	· 형과 색의 성질을 생각하여 배색, 배치하여 꾸미기	· 형과 색의 성질을 생각하여 나타나게 표현하기
	(5) 환경꾸미기	· 간단한 장식품, 실내 환경 등을 목적을 생각하여 꾸미기	· 간단한 장식품, 실내 환경 꾸미기	· 장식품과 주변 환경을 특징이 나타나게 꾸미기	· 장식품, 주변 환경을 특징을 살려 효과가 나타나게 꾸미기
	(6) 쓸모를 생각하여 만들기	· 쓸모를 생각하여 간단한 모양의 물건 만들기	· 기능과 특징을 생각하여 간단한 물건 만들기	· 기능과 특징을 생각하여 간단한 물건 만들기	· 기능과 특징을 살려 물건을 효과가 나타나게 만들기
	(7) 붓글씨로 나타내기	· 붓의 성질을 알고 점과 선으로 표현하기	· 판본체, 궁체 정자로 쓰기	· 궁체 정자쓰기, 쉬운 문자 흘림쓰기	· 궁체, 정자 및 흘림쓰기
감상	(1) 서로의 작품 감상하기	· 서로의 작품을 보고 재미있는 점 찾아보기	· 재미있는 점, 좋은 점 찾아보기	· 창의적 특징 비교하기	· 창의적 특징 비교하기
	(2) 자연 및 조형품 감상하기	· 자연의 아름다움과 변화하는 모습 찾아보기	· 변화하는 모습 찾아보기 · 생활 주변의 조형품의 좋은 점 찾기	· 우리나라 조형품의 좋은 점 찾기 · 우리나라 자연환경과 조형의 관계 알기	· 우리나라와 다른 나라 조형품 비교하기 · 우리나라의 자연환경과 조경과의 관계 알기

⑤ 미술과 지도상의 유의점

첫째, 연간 지도 계획 및 매시간의 수업 지도 계획을 작성함에 있어서 동기 유발로 흥미를 고려하도록 한다. 물론 관심, 욕구 등도 포함될 수 있으나 아동들에게는 특히 흥미가 선행된다. 매시간의 수업에서 흥미를 느낄 수 있게 하되 연간 제재의 선정에 있어서도 이를 고려하여 계획을 수립하여 학생들이 흥미를 가지고 자율적으로 조형 활동에 참여하도록 한다.

흥미 유발은 단순히 흥미 중심 교육이 아니고 학습 활동의 내용을 통해서 기쁨과 즐거움을 경험하게 하여 교과 목표에 접근하게 하는 것이다. 또 흥미는 개인차에 따라 다르므로 획일적 동기유발이 되지 않도록 하고 흥미에 대한 개인차를 고려할 필요가 있다.

둘째, 표현 활동을 통해서 즐거움과 성취감을 경험하게 하여 조형활동에 자율적으로 참여하고 적극적으로 표현하려는 태도를 기르기 위한 것이다. 즐거움을 느끼게 하는 것은 첫 번째 성취감에 있어서는 학습할 과제를 쉬운 것으로 부과하여 누구나 쉽게 도전할 수 있도록 하고 쉬운 것을 성취함으로써 자신감을 가질 수 있고 다음 과제에 도전하고자 하는 의지가 발생하게 된다. 이때도 역시 개인차를 고려하여야 한다.

한편 표현 기능에 편중되어 지도하거나 평가하지 않도록 한다. 일반적으로 학급의 구성원 중에 상당수의 학생이 기능적 능력의 부족으로 표현 활동을 두려워하고 기피하려고 한다. 소수의 천부적인 자질을 가진 학생을 표준으로 지도되어서는 안 된다. 또 미술과 지도는 자유롭게 학습할 수 있도록 간섭을 하지 않는 것이 바람직하며, 교사는 개별적인 지도 조언자가 되어야 한다. 사실상 개별 지도란 어려운 일이다. 교사의 진정한 인간애와 투철한 봉사정신의 발현으로 가능할 수 있다. 미술시간이기 때문에 미술을 한다는 생각만으로는 인간성 육성은 기대하기 어렵다.

이상과 같은 것에 유의하면서 학습 과제는 쉬운 것으로부터 스스로 문제해결을 할 수 있도록 한다. 미술 활동을 스스로 발견하고 탐구하지 않고서는 이루어질 수 없는 학습이기 때문이다.

셋째, 표현 및 감상 활동은 학생의 주체적 경험이 중요시되어야 한다는 것을 강조하고 있다. 교사가 느꼈던 경험을 예시할 수는 있으나 이것을 일방적으로 따르도록 강요하거나 이것을 지식의 개념으로 전수하여서는 안된다. 학생의 감각, 감정, 갈등으로 체험하게 함으로써 아름다움의 창조성을 자각하도록 하는 것이 중요하다. 미술과 목표의 창조성과 정서성의 의의를 수시로 생각하면서 지도하도록 한다.

넷째, 표현과 감상 활동은 서로 분리되어 지도되는 것은 아니다. 오히려 서로 융합하여 지도하는 것이 바람직하다. 특히 감상시간으로 마련된 시간만으로는 감상을 충실히 할 수 없을 뿐 아니라 지적인 이론의 감상 지도를 주로 하게 된다. 표현활동 과정의 도입, 전개, 정리 등의 과정에서 타인의 작품, 참고 작품 등을 수시로 제시하여 문제를 제기하면서 감상 활동이 이루어지도록 하며, 이를 표현활동에 재투입할 수 있도록 한다.

다섯째, 감상 지도는 말로 하는 것이 아니고 눈으로 보고, 느끼고, 생각하는 감상이 되어야 한다. 따라서 교과서의 자료에만 의존하지 말고 실감 있게 느끼고 감동을 자아낼 수 있도록 효율적인 시각 자료 등을 별도로 준비하여 지도하는 것이 바람직하다.

여섯째, 표현 및 감상의 여러 가지 내용이 고루 지도되도록 한다. 예컨대, 여러 가지 재료에 의한 소묘, 회화, 조소, 디자인 표현 또는 정물, 풍경, 인물 등 각종 대상의 표현활동 및 각종 기법에 의한 다양한 학습 경험이 지도되도록 한다. 지도 내용의 영역을 고루 학습한다는 뜻이 아니다.

일곱째, 교육 과정의 내용에서는 재료 및 용구의 지도에 관해서는 언급하지 않고 있다. 재료나 용구는 조형 활동의 기본적 수단이 되는 것은 사실이나 자체가 교과의 목표는 아니기 때문이다. 그러나 조형 활동의 지도에서는 당연히 고려될 문제이다. 교과서에 제시된 재료나 용구에만 의존하지 말고 창의적으로 재료나 용구를 활용하도록 지도한다. 기존의 재료나 용구 또는 새로운 것에 착안하여 활동함으로써 새로운 창조의 효과를 기대할 수 있기 때문이다. 한편 판화 표현이나 조소 표현 활동의 경우 위험성에 대비하여 안전지도를 한다.

여덟째, 교과서에 예시되어 있는 재료나 용구를 무리하게 구하도록 학생에게 강요하지 말고 지역의 특성에 알맞은 재료나 용구를 고려하여 유사한 학습을 할 수 있도록 한다. 예컨대 나뭇조각 대신 석고나 찰흙을 사용하거나 여러 가지로 창의적인 재료를 선택한다.

아홉째, 각 내용의 지도에 있어서 예시나 감상의 자료로 우리나라 전통 미술의 내용(회화, 조소, 공예, 건축, 서예 등)을 활용함으로써 우리나라의 전통 미술을 이해할 수 있게 된다. 이때 무리하게 인용하지 말고 지도 내용의 의미와 부합되고 학습의 효율성을 높일 수 있도록 한다.

열째, 학교 행사(소풍, 견학, 운동회, 학예 발표회 등), 지역사회의 행사(기념일, 축제, 전람회 등) 및 국가나 지역사회가 기대하는 시책적인 장학 내용(국민 정신 교육, 경제 교육, 안전 교육 등)은 실생활과 관련시켜 학습의 제재를 재구성하여 역동적인 학습 활동이 되도록 한다. 즉, 행사와 관련된 포스터 그리기, 환경 꾸미기, 장식품 만들기, 표어 쓰기 등과 같은 내용을 시기에 맞추어 재구성하여 지도하도록 한다.

⑤ 미술과 평가상의 유의점

평가는 지도방법의 효율성을 높이는 역할을 한다. 한편 학생에게는 자신의 능력이나 태도 등의 학습 결과를 알고 이를 반영하여 학습방법을 개선 발전시킬 수 있는 계기가 된다. 요컨대 평가는 교수-학습의 중요한 요소가 된다. 마치 진단과 치료의 관계라고 할 수 있다. 그러므로 평가는 학생의 우열을 가리기 위한 목적이나 생활기록부에 기재하기 위한 자료 작성을 목적으로 이루어져서는 안 된다.

평가를 위한 평가가 아니라 학생을 효율적으로 지도하기 위한 교육적 자료로 활용되어야 한다. 그러기 위해서 조형활동의 평가는 계량적으로 평가되는 것보다 학생의 여러 가지 발달 내용을 다각적으로 분류하여 가치 평가를 하는 것이 바람직하다. 예컨대 학습한 내용이나 목표에 어느 정도 접근하였는지를 내용과 목표에 따라 평가 자료(그리기, 만들기 등에 의한 관찰력, 추상력, 표현 기능 또는 비례, 균형, 단순화, 강조 등에 관한 감각과 표현 능력 등)를 만들어 분석 검토할 수 있다.

분석 평가의 대상으로 미적인 측면의 감각 · 지각 · 사고 · 정서 · 창의성 등의 발달 내용이나 성실성 · 인내성 · 적극성 · 준비성 · 계획성 등 각종 태도의 행동 변화를 평가 대상으로 하여 평가 자료를 작성할 수 있다.

궁극적으로 미술과의 평가 대상은 학습의 최종 목표인 창조성 · 정서성의 발달 상황을 평가하는 것이며, 이는 학생 작품 또는 조형활동의 제 과정을 통해서 평가된다. 이와 같은 창조성 · 정서성의 평가는 사실상 막연하게 느껴지나 이를 학습의 구체적인 내용이나 그 목표에 따라 세부적인 평가 계획을 만들어 전술한 바와 같은 여러 가지 평가 자료에 의해 개별적으로 누가 기록을 하는 것이 바람직하다. 물론 쉬운 일은 아니나 이와 같은 다양한 평가를 의도함으로써 미술 교육이 개선 · 발전될 수 있다.

작품 평가의 경우 작품의 제작 기교에만 중점을 두지 말고 인성적인 발달 측면 등을 동시에 평가하도록 한다.

미술과의 평가는 타 교과와 비교하여 평가의 어려움이 많다. 주로 미적 감정 및 자기 표현의 내용에 대한 우열을 객관적 타당성에 의해 규정하기가 매우 어려울 뿐 아니라 교사의 주관적 견해에 따라서 평가 관점이 서로 달라질 수 있기 때문이다. 교과의 성격이 정서성과 같은 인간성 측면을 평가하는 것이기 때문에 이를 평가한다는 것은 매우 어려운 일이나 평가를 위한 평가, 즉 학생의 우열을 평가하려는 태도가 아니고 진실로 학생 개개인의 인성 발달을 도모하고자 하는 목적에서 지도하고자 한다면 반드시 시도되어야 할 과제라고 하겠다. 누구를 더 좋게 평가할 것인가, 어느 정도의 수준으로 평정할 것인가 하는 평가태도를 탈피할 필요가 있다.

한편 평가방법에 대한 여러 가지 이론을 참고하여 적절하게 활용되는 것은 바람직하나 문헌상의 이론이 교사의 진정한 의도와 반드시 일치되는 것은 아니다. 그러므로 이에 너무 구애되지 않도록 한다. 예컨대 어떤 평가이론에 이해력 · 표현력 · 감상력의 평가가 제시되었다고 해서 이것에만 구애되어서는 안 된다. 이와 같은 것은 학습 내용의 분석 평가로 중요한 것은 사실이나 이것만이 미술과 평가의 절대적 대상은 될 수 없기 때문이다. 또 연구기관 등에서 개발한 평가 기준의 예시 자료를 형식상으로만 적용하는 것도 적절한 평가라고 할 수 없다. 학교 또는 학급의 실태에 맞게 적절하게 적용하는 것이 바람직하다.

⑥ 평가의 실제

가) 평가의 교육적 의의

㉠ 어린이들에게 표현 및 감상 활동 방향을 제시해 준다.

㉡ 표현 의욕을 유발하고 학습 동기를 부여한다.

㉢ 표현 과정과 효과를 탐구하게 하여 표현 능력을 길러 준다.

㉣ 용구와 재료의 특성을 이해하고, 특성을 살린 표현 기법을 익힌다.

㉤ 각자 자기의 표현 과정과 결과를 반성하고, 끝까지 성실하게 표현하는 태도를 기른다.

㉥ 학습 과정 및 결과에 대하여 적절한 보상이 이루어져서 다음 학습을 활성화하게 한다.

㉦ 각자 자기의 표현 과정 및 결과에서 보완해야 할 것을 스스로 발견하여 작품의 뒷정리를 잘할 수 있는 능력이 길러진다.

㉧ 작품을 보고, 많이 느낄 수 있는 능력이 길러지며 심미적 태도와 미적 감각이 길러져서 정서성이 풍부한 인격을 기르게 된다.

나) 미술학습과정 평가 관점

㉠ 표현 제재와 목표를 알고, 열심히 표현하는가?

㉡ 표현 재료와 용구를 미리 갖추고 특성을 살려 표현하는가?

㉢ 표현에 대한 사전 탐구를 하고 표현하는가?

㉣ 표현 활동에 대한 흥미와 즐거움을 갖고 표현하는가?

㉤ 대상의 특성을 알고 실감 있게 표현하는가?

㉥ 조형적인 감각을 갖고 창의적으로 표현하는가?

㉦ 작품을 성실하게 완성하였으며 미흡한 사항은 보완하는가?

다) 작품 평가 관점

㉠ 주제를 부각하였는가?

㉡ 대상의 특징을 살려 아름답게 표현하였는가?

㉢ 재료와 용구의 특성을 살려 표현하였는가?

㉣ 변화감과 통일감이 조화를 이루어 전체적으로 잘 표현되었는가?

㉤ 순수한 자기 표현이며 독창성이 있었는가?

B. 미술과 학습지도안

일　　시 :　　년　월　일 교시
대　　상 :　　학교 제　학년　반
지도교사 :

① **단원명 :** 국화꽃(크레파스화)

② **단원 설정의 이유**

그림은 마음의 거울이다. 마음에 비추어진 상이 개개의 생각에 되씌여 화폭에 옮겨진 것이 그림이다. 미술은 이런 생각을 어떻게 옮겨 나타내는 것인가를 다루는 것이다. 본 단원의 설정은 표현지도를 위하여 가을을 느끼는 아동의 감정을 표현하는 데 있다고 보겠다. 흔히 볼 수 있는 우리 주위의 모든 사물에 대한 관찰과 그것을 느끼고 산다는 것은 어른이나 아이들도 다 같은 현상일 것이다. 가을이 가기 전에 이 아쉬운 맛, 국화꽃에서 좀더 가을을 맞아 고운 마음을 기르기에 도움이 될 것 같아 본 단원을 설정하였다.

③ **지도목표**

• 이해면

㉠ 국화꽃과 다른 꽃의 생김새의 차이를 안다.

㉡ 무슨 꽃이고 잎은 초록색인 것을 안다.

㉢ 연필로 데생을 완전히 한 뒤에 색칠하는 것을 안다.

• 기능면

㉠ 표현의 강약을 독자적인 방법으로 표현할 수 있는 능력을 기른다.

㉡ 꽃잎은 하나 하나 세밀히 관찰하여 시들은 것과 싱싱한 것의 차이점을 구분하여 칠한다.

㉢ 여러 가지 색을 칠하여 잘 어울리도록 꾸밀 줄 안다.

• 태도면

㉠ 크레파스를 칠하여 부분적으로 문지른다.

㉡ 빈 곳이 없이 완전히 칠한다.

㉢ 배경을 잘 조화시킨다.

㉣ 공간 처리가 헛되지 않도록 하고 주된 물체가 뚜렷한가 살핀다.

④ 지도계획

차시	학습문제	학습목표	학습내용	준비물 및 유의점
1/2 2/2	· 정물화의 의의 · 정물화의 데생 · 꽃과 잎 · 꽃의 채색 · 배경 처리	· 정물화에 대한 충분 · 국화꽃의 성징과 관찰 · 색에 대한 연구 · 중간색 내는 법 · 배경처리	· 꽃의 데생을 제일 먼저 준비한다. · 국화꽃의 색의 종류를 알아본다. · 완전한 데생인가 본다. · 큰 면부터 시작해서 작은 면으로 칠한다. · 엷은 색부터 칠한다.	교사-참고화 학생-도화연필 스케치북, 연필 교사-참고화 학생 - 스케치북, 크레파스

⑤ 지도의 실제(2/2차시)

단계	학습문제	학습활동	지도상의 유의점	시간(분)
도입	· 분위기 조성	· 자료 준비 완료 · 데생에 대한 설명 그림 준비	· 준비물이 완전한가 조사 후에 설명 시작	5
전개	· 배경 처리	· 데생 검사받은 후 채색 시작한다. · 원색을 제외한 색만으로 충당한다. · 남이 그린 것을 참고하되 모방하지 말도록 한다.	· 연필 데생이 완전할까? · 데생이 끝나면 채색 시작 · 원색 사용 감지 · 순회 지도 · 여러 아동의 작품 비교감상	25
정리	· 차시 예고	· 그림을 채점받고 자기 주위가 어지럽혀졌나 살핀다.	· 완성된 작품 수집 · 숙제를 제시	10

(11) 컴퓨터과 학습지도 및 지도안

① 컴퓨터 교육의 필요성

가) 컴퓨터란 무엇인가?

사회가 급변하고 과학기술이 급속도로 발전함에 따라 정보의 양도 갑자기 많아져 컴퓨터에 의한 정보처리가 날로 증가되고 있다.

원래 컴퓨터는 과학 기술 부문의 계산과 인간이 담당하기 어려운 복잡한 처리를 위해 발전된 것으로 사칙연산을 자동적으로 빠르게 처리하는 기계로 이해하는 경향이 있으나 이는 컴퓨터 능력의 일부분에 지나지 않는다.

넓은 의미로, 컴퓨터란 대량의 자료를 신속 정확하게 처리하기 위해 프로그램을 컴퓨터의 내부에 저장시켜 놓은 기계장치고, 입력되는 여러 가지 자료를 빠르게 기억하고 계산, 비교, 판단, 분류, 추출 등을 행한 후 그 결과를 출력시켜 주는 동작을 연속적이며 자동적으로 실행하는 조직 조직체로 구성된 전자 자료 처리 조직(Electronic Date Processing System: EDPS)을 말한다. 즉 전자공학 기술 발전으로 인해 신속 정확하게 모든 자료를 처리하여 유용하게 이용할 수 있는 정보를 만들어 내는 능력을 지닌 기계라고 이해해야 한다.

최초의 계산 도구로 사용하기 시작한 것은 고대 중국에서부터 사용하던 주판(Abacus)이다. 이어 계산에 필요한 도구를 좀 더 개량·발전해 가다가 인류가 만들어 낸 것이 전자계산기(컴퓨터: Computer)이다. 이 전자계산기는 계산의 도구로 시작해서 인간의 기억력을 확대해 나갔고 사고, 판단능력을 정확하게 신뢰성 있게 만들어 줄 뿐만 아니라 계산이 빠르고 기억 용량이 방대하여 정확한 계산을 하기 때문에 신뢰성이 매우 높다. 이러한 특징으로 전자계산기가 20세기에 등장하게 되었고 우리 생활에 없어서는 안 될 존재가 되었다. 초기의 전자계산기에서는 단순한 계산업무를 수행하였으나 날로 발전하여 비교, 판단 및 분류의 업무를 수행할 수 있는 자료 처리 조직(Data Processing System)을 사용하게 되었고 나아가서는 업무분석 추정, 예측과 같은 의사결정 지원 체제(Decision Support System)로 발전하였으며, 최근 경영 전반에 관한 경영 정보 조직(Management Information System)의 도구로 사용되고 있다.

나) 컴퓨터의 필요성

컴퓨터는 이제 특정한 사람만이 사용하는 기계가 아니며 퍼스널 컴퓨터의 등장으로 가정에까지 보급하게 되었다. 이러한 이유로는 여러 가지가 있으나 몇 가지로 구분하여 보면 다음과 같다.

첫째, 사회가 복잡해지고 분업화되면서 반복적인 일을 해야 하는 경우 컴퓨터가 대신해 줄 수 있으며, 지루함에서 생기는 오차를 줄여 주고 인간에게 시간을 절약해 주기 때문이다.

둘째, 기술의 발달과 더불어 정보량의 증가에 따라 이제는 그 정보를 처리하고 기억하기 위해서는 기계의 도움을 받지 않으면 안 되게 되었다. 인간은 기억을 하고 있던 사실도 시간이 지남에 따라 잊기 마련인데 컴퓨터는 이들을 기억하고 스스로 알아서 분류해 주며 사람이 원하는 대로 처리해 준다.

셋째, 프로그래밍이 어느 정도 익숙해지면 전에는 생각지도 못했던 일을 가능하게 해주며 일에 대한 자신감과 창의성이 생기기 때문이다.

넷째, 시대적 요청이다. 우리는 이미 컴퓨터 시대에 살고 있으며, 우리가 보고 있는 신문도 컴퓨터에 의하여 편집이 되고 있으며, 전화, TV 등도 컴퓨터를 이용하여 더 나은 서비스를 제공하고 있다. 어느 곳에서나 입 · 출금이 가능한 온라인 예금도 컴퓨터의 이용 없이는 불가능하며, 우리가 컴퓨터를 알고 있으므로 이 새로운 문명의 이기를 좀더 효율적으로 사용할 수 있을 것이다.

이상과 같은 이유로 컴퓨터는 빠르게 보급되고 있으며, 또한 우리가 컴퓨터를 알아야 하는 이유가 된다. 사회가 복잡해짐에 따라 정보의 증가에 따라 인간의 능력으로는 모든 경우를 다 취급하기는 불가능해졌으며, 기계가 대신할 것은 기계가 하고 나머지 시간을 창의적인 노력에 사용해야 할 것이다.

다) 컴퓨터 교육의 특성

컴퓨터 교육은 정보 산업이 지닌 성격 때문에 몇 가지 교육적인 특성을 갖고 있다.

첫째, 컴퓨터 교육은 많은 다른 학문 분야와 연관성을 갖고 있다는 점이다. 다시 말하면 정보공학, 정보과학은 금세기 후반에 들어와서 급속한 성장을 계속하고 있는 신

학문으로 여러 학문 분야와 깊은 연관성을 갖고 있어 총합 과학적(interdiseiplinay)인 성격을 띠고 있다.

컴퓨터의 원리는 수학 및 물리와 연관되고, 정보사회는 산업, 경제와 연관이 되며 컴퓨터 시스템 및 응용과 소프트웨어는 더욱 많은 학문과 밀접한 관련이 있다. 컴퓨터 시스템은 사회의 특정 분야의 문제를 해결하기 위하여 소프트웨어와 하드웨어를 독특한 방법으로 구성하여 이용자들이 사용하기 편리하도록 설계한 조직체로서 컴퓨터 응용 분야마다 특별히 설계된 시스템이 독자적으로 존재하게 된다. 이러한 이유로 시스템 및 응용은 응용 분야가 상업 분야, 인문 분야, 과학 분야에 따라 심한 차이를 갖게 되며, 정도의 차이는 있지만 소프트웨어도 그런 속성을 갖게 된다. 그러므로 관련 분야 학과목의 올바른 인식 및 이해 없이는 훌륭한 컴퓨터 교육은 달성할 수 없게 된다.

둘째, 컴퓨터 및 정보산업은 계속적으로 매우 빠른 속도로 기술 혁명이 진행되는 분야라는 점이다. 따라서 초 · 중등학교의 교과 내용도 이에 알맞게 계속적인 보완 노력이 뒤따라야 하고 교사들도 계속적으로 새로운 사실 및 기법에 관심을 기울여야 한다. 외국의 경우 교재의 많은 부분이 몇 년째 바뀌어지는 것은 이러한 이유 때문이다.

셋째, 컴퓨터 교육은 실습이 매우 중요하다. 따라서 실습 기회가 주어지지 않은 컴퓨터 교육은 도리어 컴퓨터에 대한 불안감을 증가시키는 역효과를 낳기 쉽다. 교육 효과는 학생들의 실습량에 비례한다 해도 과언이 아닐 것이다. 따라서 컴퓨터 교육을 효과적으로 수행하기 위해서는 많은 실습 기회가 주어지도록 여건을 조성해야 할 것이다. 그러면 이론과 실습을 어느 정도의 비율로 정하는 것이 좋겠는가 하는 문제인데, 이 문제에 대해서는 아직 확실한 정설은 없고 예산이 허락하는 한 최대의 설비를 갖추고 되도록 많은 실습 기회가 주어지도록 권장하는 정도이다. 이는 아직까지 컴퓨터는 고가이므로 어느 나라에서나 충분한 시설을 확보하지 못하고 있다는 것을 의미하기도 한다.

라) 컴퓨터 교육의 성격

컴퓨터는 크게 하드웨어(hardware)와 소프트웨어(software)로 구분된다. 하드웨어가 컴퓨터 자체의 발달을 위한 이론이나 기술적인 내용을 포함하는 반면, 소프트웨어는 컴퓨터를 이용하여 정보를 가공하고 전달하며 획득하는 수단으로서의 내용을 포함한다.

컴퓨터의 하드웨어와 소프트웨어 모두 다 많은 타 학문과 밀접한 관련을 맺을 수 있다. 즉 하드웨어는 과학, 기술, 수학 등과 같은 학문에 관련이 있으며, 소프트웨어는 경영을 비롯하여 일일이 열거할 수 없을 정도로 많은 타 학문 영역과 관련을 맺고 있다.

컴퓨터 교육의 이러한 성격은 바로 컴퓨터 교육을 실시하는 데 다양한 접근방식이 있음을 의미한다. 다시 말하면 컴퓨터 교육은 모든 과목에서 다루어질 수 있다는 뜻이다. 수학, 과학에서는 문제해결능력과 논리적인 사고력을 기르기 위하여 실험결과의 통계적 처리를 하는 데 컴퓨터의 이용방법을 가르칠 수 있으며, 국어, 사회와 같은 과목에서는 워드 프로세스(Word Processor)를 이용하는 방법을 그리고 과학이나 사회에서 모의실험(Simulation)을 하는 데에도 컴퓨터를 이용할 수 있다.

이 외에도 여러 과목에서 필요한 자료의 획득 수단으로서의 컴퓨터를 이용하는 방법을 교육시킬 수 있을 것이다. 컴퓨터 교육의 또 하나의 성격으로서 컴퓨터 교육은 실제적 조작 경험이 매우 중요하다는 점을 들 수 있다.

컴퓨터에 대한 호기심으로 충만해 있는 학생들에게 컴퓨터 교육을 실시하면서도 실제적 경험의 기회가 주어지지 않는다면 오히려 실망감을 안겨 줄 수도 있다. 또한 실제적 조작 경험의 습득 없이는 컴퓨터에 대한 두려움을 해소하고 나아가서 친근감을 기르기란 무망한 일이다. 다시 말해서 실제적 조작 경험의 기회가 주어지지 않으면서 컴퓨터 교육에서 기대하는 목표에 도달할 수 있기를 바란다는 것은 매우 어려운 일이다.

따라서 컴퓨터에 접하고 조작할 수 있는 실습의 기회가 되도록 많이 주어져야 하며, 이를 위해서는 단계적으로 컴퓨터 시설 확보에 대한 구체적인 계획을 수립하여야 할 것이다.

② 컴퓨터 교육의 목표와 방향

가) 컴퓨터 교육의 목표

현대사회를 일컬어 '정보화 사회'라고 한다.

정보의 개념은 일상의 단어에 대한 개념보다 훨씬 더 광범위한 사회생활 일체의 개념을 말하며, 정보화 사회란 컴퓨터를 통하여 정보를 분석하고 신속·정확하게 의사결정을 하며 좀 더 효율적으로 된 인간의 생활 구조를 말한다. 이러한 정보화 사회에 대처하기 위해 초 · 중 · 고등학교에서의 컴퓨터 교육의 일반목표는,

㉠ 컴퓨터에 관한 기본적인 지식을 알게 한다.
㉡ 컴퓨터의 기초적 이용법을 습득케 한다.
㉢ 컴퓨터 기술에 대한 관심과 흥미를 가지고 스스로 연구해 보려는 태도를 길러준다.

등을 들 수 있다. 좀 더 세분하여 단계별로 기술할 때 중학교 교육의 목표는,

㉠ 학습 보조를 위한 도구로써 컴퓨터를 활용할 수 있는 능력을 배양한다.
㉡ 순서도 작성 및 중급 베이직 프로그램을 작성하여 봄으로써 문제해결능력을 신장시킨다.
㉢ 컴퓨터의 구성과 원리 및 분류·발달 등을 앎으로써 컴퓨터에 대해 올바르게 이해한다.
㉣ 컴퓨터의 이용 분야 및 이용방법을 알고 컴퓨터와 관련되는 직업들을 안다.

등의 내용을 세워 교육하는 것이 바람직하다.

초등학교에서는 정보사회에 대한 교육이 주된 목적이 되고 이를 위한 예비지식으로 기본원리를 다루어야 하며, 중학교에서는 초등학교에서보다는 좀더 수준을 높여서 소프트웨어와 하드웨어를 교육시키는 것도 바람직하다. 또한 고등학교에서는 차차 전문성이 뚜렷해 가는 교육이 필요한 것이다.

나) 컴퓨터의 교육적 이용

교육공학적인 측면에서 컴퓨터는 TV나 슬라이드 등과 같은 교육매체와는 좀 다른 특성을 갖고 있다. 이것들은 사용자와 컴퓨터, 컴퓨터끼리 얼마든지 교호작용(interaction)이 가능하고, 프로그램의 작성에 따라 학생 개개인의 준비도와 학습속도 등을 감안한 개별화 수업이 컴퓨터를 통하여 가능하다는 점, 그리고 주 컴퓨터(Master Computer)에 부속 컴퓨터(Slave Computer) 여러 대를 연결하여 시스템을 형성할 때 교사

는 주 컴퓨터를 통하여 부속 컴퓨터를 사용하고 있는 학생들을 얼마든지 통제할 수 있다는 이점이 있다. 그러면서도 컴퓨터는 TV에서처럼 소리, 색채, 도표 등을 나타낼 수 있는 기능들을 갖고 있어시청각적 매체 역할을 다할 수 있다.

컴퓨터를 학교에서 활용하기 위해서는 컴퓨터가 갖추어야 할 몇 가지 요건이 있다. 다른 교육공학적 기재의 활용 시에도 마찬가지로 고려해야 할 문제들이지만 교육목적에의 적합성, 사용 용이성, 외형적 규모, 그리고 가격이 그것들이다(Klaassen & Solid,). 이들 요건들은 마이크로 컴퓨터의 출현과 더불어 어느 정도 갖췄다고 말할 수 있을 것이다.

그렇다면 이들 보급되고 있는 컴퓨터들을 교육적으로 어떻게 활용할 것인가? 이에 대해 Watts는 다음과 같이 12가지의 항목을 들고 있다.

㉠ 학교행정에의 활용 : 임차, 봉급 및 교원 기록, 출석, 학점 및 학생 기록, 시간표 작성 및 계획서 작성 등
㉡ 교육과정 계획에의 활용 : 자료 및 정보 과일 보관, 교수 자료의 제작 등
㉢ 전문적인 개발에의 활용 : 코스웨어, 훈련 프로그램 등
㉣ 도서업무에의 활용 : 도서 목록, 대출 기록 등
㉤ 각종 연구에의 활용
㉥ 생활지도와 다른 특수 봉사에의 활용 : 표준화 검사, 작업지도, 학습문제에의 진단 및 수정 등
㉦ 검사에의 활용 : 검사제작, 검사채점, 검사평가 및 분석
㉧ 교수 보조기구로의 활용 : 시청자적 기재 또는 실험기재의 일부로서 활용
㉨ 교수 경영에의 활용 : 학생들의 개별학습 현황 및 완전학습 도달 정도 기록 등
㉩ 컴퓨터 보조학습에의 활용 : 컴퓨터를 통한 교과지도 등
㉪ 컴퓨터 인식과 문맹 탈피에의 활용
㉫ 컴퓨터 과학 학습에의 활용

Watts의 컴퓨터의 교육적 활동에 대한 분류는 그 범위를 폭 넓게 자세히 나열했다는 점에서 꽤 의의가 있다.

컴퓨터의 교육적 활용에 대해서 좀 더 이해하기 쉽도록 제시한 예를 Taylor에게서 찾아볼 수 있다. 그는 그의 최근의 저서인 〈*The Computer in the School: Tutor, Tool, Tutee*〉에서 컴퓨터가 교육에서 어떻게 활용될 수 있는지에 대해 매우 도움이 될 만한 윤곽을 제시하고 있다.

Taylor에 의하면 그의 책명에서 볼 수 있는 바와 같이 컴퓨터는 학교에서 세 가지 기능, 즉 개인교사로서, 도구로서, 그리고 피교육자로서의 기능을 갖고 있다는 것이다.

개인교사로서 기능을 갖는다 함은 어떤 효과의 내용을 중심으로 프로그램을 짜서 컴퓨터에 내장시켜 두면 컴퓨터가 프로그램을 운행하게 되어 학생들이 컴퓨터를 통해 공부하게 될 때 결과적으로 학생들이 개인지도를 받는 셈이 된다는 뜻이다. 개인교사로서 컴퓨터 역할의 예를 들면, 컴퓨터가 어떤 교과의 학습 자료를 제시하면 학생들이 거기에 대해 반응하고 컴퓨터는 다시 그 반응을 평가하고, 평가의 결과에 따라 다음에 학습할 자료를 제시하는 과정 등이 그것이다.

도구로서 컴퓨터의 기능은 특별히 언급하지 않아도 이해할 수 있을 것이다. 교실 수업에서는 통계적 분석, 자료의 저장 또는 워드 프로세싱(word processing)과 같은 것들이 컴퓨터 내에 포함되어 있어야 유용하다고 할 수 있다. 학생들이 각 개인의 효과학습의 보조도구로서 컴퓨터를 사용하는 것 등이 도구로서 컴퓨터를 사용하는 예들이라 하겠다. 피교육자 혹은 학생으로서 컴퓨터의 기능은 사용자가 컴퓨터를 개별지도한다는 뜻이다. 컴퓨터를 개별지도한다는 말은 어감상으로 이상할지 모르지만 이 뜻은 학생이나 교사가 단순히 컴퓨터 프로그램의 지시에 따라 수동적으로 학습한다는 차원을 따라 능동적으로 컴퓨터를 사용자의 의사대로 부린다는 의미가 있다. 컴퓨터를 능동적으로 부리기 위해서는 컴퓨터가 알아들을 수 있는 언어로 명령을 내릴 수 있지 않으면 안 된다. 다른 말로 바꿔 말하면 프로그램 언어를 배워야만이 능동적으로 다룰 수 있다는 뜻이다.

Taylor는 컴퓨터의 기능적인 측면에서 교육적 활동을 분류해 놓는데 비해 Stevens(1981), Coburn(1982), Ragsdale(1982) 등은 사용자의 입장에서 컴퓨터의 교육적 활용을 분류하고 있다. 이들에 의하면 컴퓨터는 컴퓨터에 관한 교수(Teaching Through Computer) 그리고 수업경영 및 학교행정 업무에 쓰이고 있다고 말한다.

컴퓨터에 관한 교육은 흔히 컴퓨터 교육이라고 줄여서 지칭하는데, 초 · 중 · 고등학교 학생을 대상으로 한 일반교육으로서의 컴퓨터 교육을 컴퓨터 문맹탈피 교육(Computer Literacy Program)이라 할 수 있을 것이다. 컴퓨터를 통한 교육은 문자 그대로 컴퓨터를 통해 학습이 이뤄질 수 있는 모든 활용을 포함하며, 이는 주로 컴퓨터 보조교수(Computer Assisted Instruction: CAI)라고 불리기도 한다. 수업경영과 학교행정에서 활용은 이들 둘 중 어느 한 쪽의 개념으로 다른 한 쪽의 개념까지 포괄하여 지칭하는 방법도 있고 따로 따로 나누어 그 개념을 설명하는 방법도 있다.

수업경영에의 활용이란 컴퓨터를 통해 직접 학생들을 가르치지는 않지만 교수에 필요한 제반 정보들, 예를 들면 특정한 과제에 대한 학생 개개인의 완전학습 도달 정도의 기록시킨 보관, 학생 개별 교육계획의 작성 및 파악, 부모에 대한 학습 성취 보호 등의 업무를 컴퓨터를 통해 처리하는 것을 뜻한다. 이같은 활용은 흔히 컴퓨터 경영교수(ComputerManaged Instruction: CMI)라고 한다.

다) 컴퓨터 교육의 방향

컴퓨터에 관한 교육이라 하면 대학의 컴퓨터관련학과에서 가르치는 컴퓨터 과학의 모든 것을 포괄하는 개념으로 이해할 수도 있었다. 그러나 그 대상이 초등학교, 중학교, 일반고등학교 학생이라 할 때의 컴퓨터 교육은 그와는 달리 컴퓨터에 관한 일반적이고도 기본적인 지식, 태도, 기능 등을 길러 주는 데 목적이 있다. 따라서 이같은 목적의 교육을 흔히 컴퓨터 문맹탈피 교육이라고 지칭한다.

컴퓨터가 일반화된 사회에 있어서 컴퓨터를 다룰 수 있도록 한다는 것은 글을 읽고 쓴다는 것과 마찬가지로 중요하다는 생각에서 컴퓨터 교육이 출발되었다고 볼 수 있다.

컴퓨터 교육은 또한 컴퓨터 기능 인력의 확보, 컴퓨터 과학발전을 위한 소양인의 개발, 논리적이고도 조직적인 사력의 신장이란 측면 등에서도 강조되고 있다.

컴퓨터 교육에서 강조한 내용들을 요약해 보면 정도의 차이는 있겠지만 컴퓨터 문맹탈피 교육은 컴퓨터의 역사, 사회에 주는 영향, 관계 직종, 사용자로서의 윤리 등을 다룬 컴퓨터에 대한 지각(知覺)과 컴퓨터로 하여금 사용자가 원하는 바를 실행하게 하기 위해서 생각하는 것을 쓰고 이를 검토하고 다른 사람에게 쓴 것을 보여주고, 쓴 것들을 개선하는 등 컴퓨터 프로그래밍으로 되어 있음을 알 수 있다.

하지만 컴퓨터 프로그래밍을 가르쳐야 하느냐 마느냐 하는 점에 대해서는 확실한 판단을 내리지 못하고 있다.

프로그래밍을 컴퓨터 교육에서 제외해야 한다는 편에서는 TV에서와 마찬가지로 컴퓨터를 사용자 입장에서 짜여진 프로그램에 의해 이용할 수만 있으면 되는 것이지 굳이 프로그램을 짜는 능력까지야 필요없지 않느냐는 근거에서이다. 반대로 프로그래밍을 넣어야 한다는 쪽에서는 읽고 쓸 줄 알아야 글을 깨우쳤다고 할 수 있듯이 컴퓨터 프로그램도 읽고 쓸 줄 알아야 컴퓨터를 깨우쳤다고 말할 수 있다는 논리이다.

후자 쪽에서는 또한 컴퓨터는 TV나 영화와는 달리 상호작용이 가능하므로 이 특성을 살려 컴퓨터 프로그래밍을 배워야 컴퓨터를 능동적으로 활용할 수 있다는 주장이다. 외국의 컴퓨터 교육과정을 살펴볼 때 대체적으로 컴퓨터 프로그래밍을 가르치고 있는 것이 일반적 추세이다.

라) 지도상 유의점

컴퓨터 교육 지도 시 유의해야 할 점을 간단히 기술하면 다음과 같다.

㉠ 단편적인 지식 습득 위주의 교수법을 지양하고 컴퓨터에 대한 올바른 이해와 활용 능력, 문제해결능력 등을 가르치는 데 지도의 중점을 둔다.

㉡ 학급 단위 집단에 대한 획일적인 주입식 강의보다는 학생 스스로 컴퓨터를 사용해 보도록 함으로써 컴퓨터에 대한 두려움 또는 의혹을 없애고 친숙함과 흥미를 기르도록 지도한다.

㉢ 프로그램 작성은 문법 위주를 지양하고 순서의 논리성과 스스로 문제를 해결하는 능력을 기르는 데 중점을 두어 지도한다.

㉣ 컴퓨터의 사용 경험을 얻기 위하여 컴퓨터를 직접 다루어 볼 수 있는 기회를 되도록 많이 제공한다.

㉤ 학습목표 및 지도상의 유의점에 따라 단계별로 작성된 기본형, 보기, 예제 실습 문제를 시간별 영역에 적절히 분리하여 지도한다.

㉥ 예제, 실습 문제는 학생들의 능력에 맞게 개인차를 고려하여 교사 판단에 의한

개별지도를 한다.

ⓢ 지도서에 수록된 예제 및 실습 문제의 풀이과정을 완전히 숙지하고 학생들의 지도에 임한다.

지금까지 지도상의 유의점을 살펴보았으며, 지도과정 중 학생의 목표도달능력을 평가하고자 할 때는 지적 영역, 기능적 영역에서 평가한다. 특히 기능적 영역에 대해서는 실습과정의 학습활동을 계속적으로 관찰하여 숙련도, 사고력, 문제해결능력, 창의력 등을 평가하며, 실습결과의 기록 및 프로그램 자체의 간결성, 작성소요시간 등을 고려하여 종합적으로 평가하는 가장 핵심적인 평가 영역이 되어야 할 것이다.

마) 평가의 영역과 방법

① 평가의 영역

㉠ 지적 영역 : 컴퓨터의 구조와 원리 및 이용 분야, 사회에 미치는 영향, 직업의 세계 등에 대한 이해의 정도를 평가한다.

㉡ 기능적 영역 : 순서도 및 프로그램의 작성 능력 등을 중심으로 컴퓨터의 조작과 활용 능력을 평가한다.

㉢ 정의적 영역 : 컴퓨터의 조작, 관리의 태도 및 인류사회에 미치는 영향과 관련된 가치관, 태도, 동기 등을 평가한다.

② 평가방법

㉠ 지적 영역에 대한 평가

- 주관적 테스트 논문 형태의 평가 및 행동의 관찰 기록 등에 의하여 학습 내용의 이해도를 종합적으로 평가한다.
- 객관적 테스트 지식의 유무, 사고력, 판단력, 이해력 등을 객관성 있게 평가한다.

㉡ 기능 영역에 대한 평가

프로그래밍과 컴퓨터 조작 능력에 대한 평가는 단순한 방안일 뿐 평가방법으로서는 미흡하므로 연습 및 실습과정의 학습활동을 계속적으로 관찰하여 숙련도 · 사고력 · 문제해결능력 등을 평가하며, 실습 결과의 기록과 프로그램 자체의 간결성, 작성 소요시간 등을 고려하여 종합적으로 평가한다.

③ 정의적 영역에 대한 평가

학습 및 실습에 대한 열성, 책임감, 기계 기구의 취급태도, 계획성, 인류사회에 컴퓨터가 미치는 영향과 관련된 가치관, 태도, 동기 등의 관찰을 통하여 지속적으로 평가한다.

④ **컴퓨터 학습지도안**

<table>
<tr><th>주제</th><td>3. 컴퓨터의 개요</td><th>소주제</th><td>컴퓨터의 개념, 컴퓨터의 발달과정</td></tr>
<tr><th rowspan="2">학습
목표</th><td rowspan="2">컴퓨터의 개념을 알고 컴퓨터의 발달과정을 설명할 수 있다.</td><th>시간</th><td>1/60차시 : 50분</td></tr>
<tr><th>유의점</th><td>컴퓨터가 무엇인가 정확히 이해하도록 해야 한다.</td></tr>
<tr><th colspan="4">학습내용 및 활동</th></tr>
<tr><th>학습
전개</th><td colspan="3">1. 컴퓨터란?
컴퓨터란 대량의 자료를 신속 정확하게 처리하기 위해 프로그램을 컴퓨터의 내부에 저장시켜 놓은 기계장치로 입력되는 여러 가지 자료를 빠른 속도로 기억하고 계산, 비교, 판단, 분류, 추출 등을 행한 후 그 결과를 출력시켜 주는 동작을 연속적이며 자동적으로 실행하는 조직체로 구성된 전자 자료 처리 조직(Electronic Data Processing System: EDPS)을 말한다.

2. 컴퓨터의 발달과정
1) 기계식 전자계산기 시대(1550~1919)
① 네이퍼(J. Napier) : 수학자, 자연대수의 발명자로서 1617년 대수표를 이용한 승강기를 제작하였다.
② 파스칼(B. Pascal) : 철학자, 수학자로서 1642년 톱니바퀴를 이용하여 가감산이 가능한 계산기를 설계、제작하였다.
③ 라이프 니쯔(G. W. Leibniz) : 수학자로서 1671년 파스칼의 계산기를 개량하여 승산과 제산이 가능하도록 개발하였다.
④ 바베지(C. Babbage) : 케임브리지 대학의 수학교수로서 1820년에 함수표를 만드는 계산기(Difference Engine)를 고안하였으며, 이어 자동계산기(Analytical Engine)를 설계하여 오늘날 사용되는 컴퓨터 개발의 선구자적인 업적을 남겼다.
⑤ 홀로리드(H. Hollerith) : 미국의 통계학자이며 공학자로서 천공카드(Punch card)에 자료를 천공하여 이를 빠른 속도로 분류, 집계하는 분류기를 발명, 각 분야에서 데이타 처리에 이용하게 되어 EDPS가 발전하게 되었다.

2) 전기 기계식 계산기 시대(1920~1945)
미국 하버드대 학의 교수인 에이큰(H. H. Aiken)과 I.B.M사가 공동으로, 릴레이를 사용하는 자동계산기인 마크완(MARK-1)을 설계 · 제작하였다. 이것이 세</td></tr>
</table>

	계 최초의 자동계산기로서 종이 테이프에 의한 순서적 제어방식이었다. 3) 전자계산기 시대(1946~) ① 에니악(ENIAC) : 1946년 펜실베이니아 대학의 에게트(Eckert)와 머클리(Mauchly)가 개발한 최초의 전자계산기(외부 프로그램 방식 채택) ② 에드삭(EDSAC) : 1949년 영국의 케임브리지 대학에서 프로그램 내장 방식을 채용하여 만든 최초의 전자계산기이다. ③ 에드백(EDVAC) : 1952년 펜실베이니아 대학에서 프로그램 내장 방식의 계산기를 제작한 것으로 4,000개의 진공관 10,000개의 다이오드를 사용하였다. ④ 유니백완(UNIVAC-1) : 레밍톤란트 회사에서 프로그램 내장 방식을 채용하여 완성한 최초의 비즈니스용 컴퓨터이다.
요점	컴퓨터는 기계식 계산기시대, 전기 기계식 계산기시대, 전자계산기시대를 거쳐 발전하였으며, 최초의 자동 계산기는 마크-완(Mark-1)이며 최초석 전자계산기는 에니악(ENIAC)이다.

제6절 직업기능 지식지도[15)]

1) 직업기능 지식의 필요성

실기기능 학습에 있어서 학습자는 직업기능뿐 아니라 자기 직업에 관한 지식을 가지고 있어야 하며, 직무수행상 대치하게 될 모든 조건하에서 그들의 기능을 적절하게 적용할 수 있는 판단력을 가져야 한다. 그들이 작업의 기능적 방법만 알고 그렇게 해야 할 이유를 모른다면 기능공 또는 숙련공 이상의 직에 오를 수 없을 것이다.

유능한 직업인은 자기 직무분야에 있어서의 모든 일을 수행함에 있어 필요한 자재의 선정, 절차의 계획, 작업설계, 방법, 공구 및 장비의 선정을 할 수 있는 능력을 갖추어야 한다. 공구와 자재의 사용에 있어서 충분한 기능을 가져야 하며, 작업상의 어려운 문제를 인식하고 분석하여 원인을 구명하며 작업기법이나 절차상의 필요한 개선을 할 줄 알아야 한다.

이런 능력은 직업분야에 관한 지식의 완전 이해에 의해 개발된다. 그러한 지식에 대한 이해를 개발하는 단계로는 그 직업분야에 관계된 필수적인 제 사실이나 자료를 알아야 한다. 그러므로 교사가 무엇보다 먼저 알아야 할 일은 그런 필수적인 제 사실 및 자료를 직접적이며 질서 있게 알게 하여야 한다는 것이다. 숙련된 기능공이라 할지라도 새로운 작업이나 여건에 당면했을 때 그것을 해석할 수 없으면 그 기능은 그리 큰 가치가 있다고는 할 수 없다.

공장마다 반장이나 감독이 있어야 할 이유의 하나는 그들의 지식이 기능공보다 나은 지식을 가지고 있고, 새로운 작업이나 상태를 판단 처리할 능력이 있다고 생각되기 때문이다. 학교 교육의 공업교육이나 장기 직업훈련에 의하여 양성된 기능공이 공장에서 시행착오식으로 육성된 견습공 출신보다 우수한 이유가 여기에 있다.

2) 직업지도 시 실습장에서의 설명

실습장 내에서는 기능실습에 관련된 지식을 설명하여야 할 때가 많다. 그러나 이때의 해설은 방법에 따라 그 효과가 큰 차이가 있다. 미숙한 교사는 해설에서 자기 혼자의 말만 늘어놓고 있는 경우가 많다. 유능한 교사라면 불필요한 말로 시간을 채우지 않도록 사전에 충분한 계획을 하여 학습의 목적을 달성한다. 실습장 내의 설명은 기능학습 시에는 비효과적이다. 실습장에서의 설명은 어디까지나 짧고, 요점만을 제시하여야 한다.

효과적인 방법으로 설명하기 위하여 다음과 같은 요령이 필요하다.

① 관계 설명의 내용을 사전에 면밀하게 계획하고 한두 가지 이내의 내용을 다루어야 한다. 무계획적인 긴 설명은 지루함을 더할 때가 많다.

② 설명은 가능한 한 짧아야 하며 평균 15분 정도면 충분하고 20분 이상 걸리는 해설은 너무 길다.

③ 실습장의 설명은 장내가 넓고, 일반 교실과 같이 조화된 면적이 아니기 때문에 명확하고, 더 큰 음성으로 시행하여야 한다.

④ 설명 중에는 교육자료 및 시청각 교재를 적절히 사용하여야 한다. 시청각 교재는 학습효과를 높이는 데 기여한다.

⑤ 설명은 짧은 질의응답이 따로 뒤따른 후 끝맺어야 한다. 그 점은 학습자의 참여의식을 높일 뿐 아니라 잘못 이해했거나 애매한 점을 밝힐 수 있다.

3) 직업지도와 추수지도의 계획

(1) 직업지도의 계획

직업지도는 학생들의 직업에 관한 정보를 얻을 수 있게 도와주는 일이다. 그렇다면 직업지도 계획은 어떤 과정을 거쳐 수립되는가? 일반적인 직업지도 계획 방법을 제시하면 ㉠ 자신의 재능을 발견하라, ㉡ 자기가 가지고 있는 기술을 분류해 보라, ㉢ 장래의 목표를 설정하라, ㉣ 직업의 세계를 조사하여 자신의 흥미와 적성에 맞추어 보라,

ⓜ 집중해서 행동계획을 실천하라, ⓗ 수많은 경쟁자의 이력서를 물리칠 수 있는 개인의 창조적인 계획을 세워라 등을 제시할 수 있다. 위와 같은 직업설계를 실행에 옮기기 이전에 해야 할 일을 구체적으로 제시하면 다음과 같다.[16)]

① 진로의 발견은 어떻게?

진로 발견을 하려면 가장 환상적인 직업이 무엇인가를 찾아야 한다. 직업에 있어서 가장 좋은 실마리는 상상하고 있는 것과 같이 근사한 행복을 가져다 줄 수 있는 것이어야 한다. 자기가 원하는 바를 돈과는 관계없이 상상해 보도록 한다. 장차 무엇이 될 것인가? 나는 무엇인가? 나의 소질은 무엇인가를 확실하게 미리 발견하는 진로인식의 단계를 거쳐야 한다.

어떠한 문제이든지 과학적으로 해석하기 위해서는 ㉠ 사실의 관찰과 분석, ㉡ 문제의 정의 및 가능한 해결방안 모색, ㉢ 가능한 한 해결방안에 대한 실증적 자료의 확보, ㉣ 실증적 자료에 의한 합리적인 결론 도출이다.

② 학습자의 꿈을 실현하기 위하여 학습자는 무엇을 성취해야만 하는가?

이러한 질문에 대한 대답은 직업의 세계에 존재하는 기회에 알맞은 지식(외적 세계)과 영혼탐색(내적 세계)을 요구한다. 구체적 목적을 달성하기 위해서 학습자들은 가치관, 흥미, 욕망, 향성, 그리고 기술에 대하여 수집해 온 정보를 이용하도록 하여야 한다. 즉 교육정보나 직업에 대한 구체적 정보(해당 직업별 중요성, 직업적 일의 성격, 작업조건, 정신 및 육체적 조건, 취업자격, 승진기회, 급료, 특수직업의 장 · 단점), 개인적 · 사회적 정보에 익숙하여야 한다.

아울러 직업지도 정보는 다음과 같은 자료에서 찾을 수 있다. ㉠ 학생 자신 및 가정환경에 대한 이해 자료, ㉡ 변천하는 일의 세계에 대한 이해자료, ㉢ 상급직업 선택에 관한 자료, ㉣ 구체적인 직업을 준비하는 데 필요한 지식체계, ㉤ 장래의 자아실현에 필요한 사전지식 등이다.[17)]

③ 직업의 세계에서 나는 어떻게 환상기에 생각했던 직업과 현실과를 분별하여야 할 것인가?

직업지도는 사실상 유아기 때부터 필요하다. 이 점에 대하여 긴즈버그는 나름대로의 진로발달 이론을 제시하였다. 그는 초등학교 수준의 아동들은 환상적 단계라고 규정지었다. 이 수준에 있는 아동들은 현실여건, 자신의 능력과 가능성 등을 고려치 않고 독단적으로 어떤 특정한 직업을 택해서 자기가 원하는 것은 무엇이든지 다 할 수 있다고 믿었다.

그런데 이와 같은 환상(fantasy)은 연령이 증가함에 따라 시험적 단계로 옮아간다. 즉, 흥미단계(11~12세), 능력단계(13~14세), 가치단계(15~16세), 전환단계(17~18세)로 바뀌며 점차로 주관적인 요구에서 현실적이고 객관적인 요인에 관심을 돌려 구체화된다고 한다. 이렇게 볼 때, 이런 과정은 누구에게나 거치는 과정으로서 각급 학교의 단계별로 직업의 인식 · 탐색 · 준비의 과정을 거침으로써 자아인식이 분명해지고 능력을 파악하고 적절한 분야의 직업선택에 돌입할 수 있게 된다.

가능한 한 직업계획은 학습자의 가능성, 즉 능력과 적성에 알맞은 수준의 목표 설정이 바람직하고 성취가 쉬우며 쉽게 성공감을 맛보게 된다. 성공이란 반드시 권력의 획득이나 물질적 성취에만 있는 것이 아니라 자기 탐색 과정을 통하여 얻어진 객관적 토대 위에 자기결정이 이루어진 것이라 할 수 있다.

그러므로 누구나 자기가 선택한 분야에 직업을 얻게 되면 소기의 생계유지와 자기만족, 행복한 삶을 누리게 될 것이다. 이것이 바로 자기실현이요, 자아실현의 경지라고 단정지을 수 있으며, 합리적인 직업지도였다고 볼 수 있다. 생애와 인생설계 과정의 목표는 사회와 공생하는 관계를 발전시키고 사회가 요구하는 바를 자기가 즐길 수 있도록 연계성이 이루어지며 자기가 요구하는 바를 사회가 제공해 줄 수 있어야 한다.

이와 같은 역동적 관계가 순조로울 때 사회는 안정되고 개인은 선택한 직업에 만족해 하며 인력의 균형 배치가 이루어질 것이다. 이것은 국가의 인력소모를 방지하고 적재적소에 배치함으로써 국가 인력수급 정책에도 기여하게 된다. 결국 합리적인 계획하에 올바른 직업 선택이 이루어지게 지도함은 개개인을 행복과 만족의 과정으로 이끌게 하는 것이다.

그러므로 직업선택이 현명하게 이루어지도록 지도계획을 수립하여야 한다. 직업선택의 과정은 ㉠ 직업선택의 필요성 확인, ㉡ 관련정보의 수집과 이용, ㉢ 가능한 직업의 열거, ㉣ 각 직업에서의 성공 가능성 예측, ㉤ 직업에 대한 가치평가, ㉥ 직업의 선택, ㉦ 결정에 대한 추수지도 등의 과정을 거쳐 이루어져야 한다.[18)]

(2) 추수지도의 계획

효율적인 취업지도의 중요성이 직장생활에서 젊은이들의 좋은 출발을 돕는 데 있다면 직장의 지도를 받는 수개월 동안에 젊은이들이 직무에 응하도록 조정하는 데 도움을 주어야 하는 일이 계속 필요하다. 이와 같이 졸업이나 취업 후에도 계속 지도를 하는 것을 추수지도라 한다.

일반적으로 효과적인 추수지도를 위하여 사용하는 도구는 면접, 관찰, 질문지 검사, 편지, 전화 등이 사용된다. 아울러 추수지도는 젊은이들의 욕구를 확인하기 위하여 포괄적이나 진실한 협조가 되도록 조직적인 절차와 방법에 의하여 수행되어야 한다. 그러나 취업지도를 받은 학생 각자가 자기의 욕구를 가지고 자발적으로 학교 내의 취업지도를 청하여 올 것이란 보장은 있을 수 없다.

그러므로 취업 직후 취업지도 교사나 학교 책임자는 취업한 본인과 고용주로부터 그가 해야 할 업무와 보수에 대한 보고를 받도록 하고, 1개월 뒤에 다시 그가 하는 직무의 명세와 직무에 대한 보완수련의 필요성 유무, 동료와 상사와의 관계 및 장래의 일에 대한 만족의 여부 등에 대하여 본인의 보고를 받도록 하여야 한다. 같은 보고는 4개월 뒤 또는 1년 뒤에 2~ 3차 더 받도록 하는 것이 계속지도에 좋은 자료가 된다. 물론 고용주로부터는 직업 준비의 적부, 보완되어야 할 직능, 태도, 동료 관계 및 그의 장래성에 대한 의견 보고를 받을 수 있다면 더욱 완벽한 자료가 될 수 있다.

우리는 유명한 자동차 제조업체가 일정 기간 자기 판매품의 무료검사와 고장 진단 및 서비스를 함으로써 그 업체 제품의 신용도를 높이고 판매고를 높임을 알고 있다. 추수지도란 제조업의 애프터 서비스와 마찬가지로 취업자 본인은 물론 뒤따르는 취업에 지대한 영향을 준다는 점을 명심하여야 한다.

지금까지 설명한 추수지도 내용으로 보아 바쁜 일정을 가진 교육원들이나 카운슬

러에게는 무리가 갈 수 있을 정도의 일이고, 거기에 더하여 새로운 인원도 필요하고 돈도 드는 일이라는 것이 짐작될 것이다. 생활지도 및 학교교육 자체가 교육행정 책임자들과 지역사회의 이해와, 교육적 열의와, 적극적인 협조 없이는 성공을 기하기 힘든 일이다.

하지만 꾸준한 노력을 통하여 당해학교 학생들에 대한 추수지도가 일관성 있게 이루어지고 있다는 인식이 고용주들에게 알려진다면 학교에 대한 위상 제고 및 신규 취업이나 취업률 유지에 도움이 될 것이다.

주)

1) 千炳其, 教授-學習指導論, 서울 螢雪出版社, 1983, 275~276.
2) 咸宗圭 外, 學習指導, 現代教育叢書, 1961, 104.
3) 咸宗圭, 學習指導, 서울, 螢雪出版社, 1985, 104.
4) 咸宗圭, 上揭書, 108~110.
5) 姜鳳奎 外, 教育課程教育評價新講, 서울, 螢雪出版社, 1985, 64~65쪽.
6) 姜鳳守, 教育課程 , 서울, 學文社 1983, 178~181쪽.
7) 姜鳳奎 外, 前揭書, 58~66쪽.
8) 安商元, 教育史 및 教育哲學, 서울, 載東文化史, 1986, 11~12쪽.
9) 咸宗圭, 前揭書, 121~122쪽.
10) 咸宗圭, 上揭書, 123~124쪽.
11) 朴永培 外, 各科指導實習의 實際, 서울, 大恩出版社, 1986, 222~277쪽.
12) 金辰奎, 實技教育方法論, 서울, 載東文化史, 1987, 303~305쪽.
13) 大韓教育聯合會, 새 教育課程 새 教科書, 새교실, 1989, 2月號.
14) 上揭書
15) 鄭華永 外, 實技教育方法論, 서울, 螢雪出版社, 1985, 107~109쪽.
16) Louise Welsh Schrank, Life: *A Practical Guide to Successful Career Planning* (Skokie, Illi, VGM Career Horizens, 1982. p. 63.
17) 李정근, 進路指導와 進路相談, 서울, 中央適性研究所, 1978, 137~139쪽.
18) 황응연 외, 現代生活指導論, 서울, 教育出版社, 65~67쪽.

CHAPTER 04

실기지도 방법론

Methodology for Practical Education

제1절 실기지도의 기본구조

1) 개인학습

개인학습이란 용어와 비슷한 것이 개별학습이다. 여기서 개인학습이란 교사와 학생 간에 1 : 1의 관계에서 이루어지는 가장 원시적인 방법이다. 부모가 자녀를 가르치는 것이나 가정교사가 한 학생을 놓고 가르치는 형태이며, 일제학습이나 획일학습에 정반대되는 개념이라 할 수 있다.

개별학습은 1 : 1의 관계도 있고 1 : 다수 학생의 관계에서도 이루어질 수 있는 개인학습보다는 넓은 범위의 학습 체제를 말한다. 다만 학생이 각자 자기대로 공부해 가는 것이다. 같은 과정일 때가 일반적이겠으나 그 진보는 각자의 페이스대로 해가는 것이다. 또 이와 같은 개별 형태로서 집단 개별학습이라는 용어도 있다. 이것은 많은 학생이 한꺼번에 같이 공부하고 있으나 각자가 자기의 능력의 속도대로 학습해 가는 형태이다.

2) 일제학습

일제학습은 일요학교나 벨(Bell) · 란카스터(Lancaster)의 조교법에 역사적 근거를 두고 있다.

일제학습은 여러 가지 능력과 각양각색의 사고방식을 지닌 아동들이 통일된 목적을 가지고 학습하여 나가는 기초가 되는 학습형태이다.

그러나 일제학습의 학습효과를 높이기 위하여는 다음의 조건이 갖추어져 있어야 한다.

① 공통의 문제의식을 가져야 한다.
② 긴밀한 지도계획이 있어야 한다.

③ 공통의 지식, 자료를 제공하여야 한다.

이러한 일제학습의 장 · 단점을 들면 아래와 같다.

(1) 장점

① 각계 각층의 개성을 가진 능력이 다른 아동들이 모인 집단이기 때문에 다양한 생각들이 튀어나올 수 있고, 서로 의견을 통하여 연마할 수 있으며, 국민에게 공통의 학력을 부여할 수 있다.
② 통일된 목표를 가지고 일제학습을 할 수 있게 되었을 때 여러 아동의 여러 가지 경험에서 우러나온 여러 가지 생각이나 상상이 서로 충돌하고 융합되고 하는 과정에서 다르게 보이던 사실의 밑바닥에서 공통된 원칙이나 개념을 발견하거나 만들어 내게 된다.

(2) 단점

① 각 교과의 구조가 잘 이해되도록 지도계획이 서 있지 못하는 경우는 평면적인 지식의 나열이 되기 쉽다. 즉, 주입식 학습이 되기 쉽다.
② 아동들이 학습 집단으로 조직되어 있지 않은 경우에는 상호 반응하거나 교사에게 질문하거나 스스로의 생각을 말하거나 하는 일이 없기 때문에 교사가 세심한 주의를 기울이지 않는 한 교사의 계획대로 수업을 진행하기 때문에 뒤처지는 아동이 생기게 된다.
③ 말뿐인 수업이 될 위험성이 크다.
④ 판에 박힌 듯한 사고형식을 강요하기 쉽다.

제2절 실기지도 방법의 유형

1) 강의법

교사가 아동 학생에게 지식을 전달함에 있어서 가장 일반적으로 행해지는 전통적인 교육방법이 강의법이다. 이 교수법은 가장 오랜 역사를 가진 교수법인데 최초로 강의법에 대하여 과학적 분석을 시작한 사람은 헤르바르트였다. 예비, 제시, 비교, 연합, 일반화의 5단계 교수법은 바로 헤르바르트의 공헌이다.

강의법은 원래 교사의 말의 향연으로 이루어지는 활동이지만 오늘날 학교에서 순전히 말만으로 강의를 하는 경우는 드물며 많은 경우에 이 방법과 아울러 보조 수단이 쓰인다. 때문에 강의법은 교과서 이외의 보조수단으로 모형, 표본과 같은 교구가 사용된다면 강의법의 유효성은 더욱 발휘된다.

강의법의 장 · 단점을 제시하면 아래와 같이 설명될 수 있다.

(1) 장점

① 아동 학생이 학습하여야 할 교재에 관하여 충분한 예비적 지식을 갖추지 못했거나 그 교육내용에 대하여 활발한 토의를 할 수 없는 경우에 유효하다.

② 다루는 단원에 대하여 전체적인 개관을 주거나 문제의 배경을 설명할 경우 유효하다.

③ 그다지 중요하지 않은 문제에 사로잡혀서 중요한 문제를 다루지 못하게 될 우려가 있거나, 또 시간의 절약을 필요로 하는 경우에 유효하다.

④ 중요한 점을 강조하거나 이전 학습과의 관계를 명확히 하거나 학습전체를 정리하는 경우 등에 있어서 필요하며 유효하다.

(2) 단점

① 이 방법은 교사 한 사람의 활동이 지배적이고 아동 · 학생의 활동을 저해하기 쉽다.
② 이 방법은 아동을 수동적 위치에 놓이게 하기 때문에 발표력이 부족한 학습자가 되기 쉽다.

2) 문답법

문답법은 아동에게 문제를 주고 문답 형식에 의하여 아동 자신이 자발적으로 인식을 깊게 하도록 하는 교육방법이다. 이 방법은 주입식에 대립하는 것으로 그 특징은 아동측에서 말한다면 직접 경험에 의해서 스스로의 인식을 발전시키는 것이며 교사측에서 말한다면 아동들과의 사이에 구체적 사실, 판단, 숙고를 게재시킴으로써 아동 자신의 힘으로 결론에 도달할 수 있도록 교수를 전개하는 방식이다.

역사적으로 살펴보면 소크라테스 대화법이 기원이며 페스탈로찌에 의하여 강하게 주장되었다. 페스탈로찌는 이 교수법을 개발 교수법이라 하였는데, 독일, 영국, 미국에 20세기 초에 널리 보급된 방법이다.

문답법의 장 · 단점을 제시하면 다음과 같이 설명될 수 있다.

(1) 장점

① 학습자가 어느 정도 학습목표에 도달되었는가를 살필 수 있다.
② 학생들이 가지고 있는 경험을 학습지도에 결부시키고 학습지도에 대한 이해를 증진시킨다.
③ 질문에 의한 문제의 답이라든가, 해결을 탐구하려는 흥미를 강하게 자극한다.
④ 필요한 사항을 자주 자극해서 기억시키고 자기의 것을 만들도록 한다.
⑤ 학습지도의 중요한 요소적인 항목에 주의를 기울이게 한다.
⑥ 개인 또는 학급 전체의 주의를 끌도록 한다.
⑦ 재미있는 물음을 통하여 정서적인 태도를 양성하고, 그것이 관념이나 행동 반응의 조건이 되도록 유도함으로써 감상력을 기르도록 한다.

⑧ 교사와 학생간의 학습면이나 심리적인 면에 관한 좋은 물음을 통해서 학생들의 흥미를 발견하고 상호 친목관계를 유지한다.
⑨ 학습생활에 직접적인 동기 유발이 되도록 한다.[1]
⑩ 계획적인 숙련을 검토한다.[2]
⑪ 지식을 적용시킨다.[3]
⑫ 개인이나 학급집단의 지적인 배경이나 흥미, 성숙도를 알아낸다.[4]
⑬ 역동적인 수업으로 전환시킬 수 있다.

(2) 단점(유의점)

① 학습의 장면에서 그때그때 생각나는 대로 질문할 것이 아니라 한 가지 질문을 함에 있어서도 사전에 계획적으로 조직하여 사용하는 기술이 숙달되어야 한다.
② 질문을 하는 학생들의 의문점을 심리적으로 연구하여 그 특징을 살펴야 한다.
③ 교사 자신이 일반적인 교양이나 지적인 흥미를 널리 갖추고 있어야 한다.
④ 학습자의 약점을 자극하는 질문은 역효과를 유발할 수 있다.

교사의 질문이 빈약한 것은 교사가 가지고 있는 지식이나 사상이 빈곤한 것을 의미하는 것이다.

3) 토의법

토의법은 집단 성원 간의 지식 경험의 교환을 수단으로 하여 교육목적을 달성하고자 하는 학습지도법의 한 형태이다. 강의법이나 문답법 등을 중심으로 하는 수업에서 사회화된 수업의 필요성이 증가됨에 따라서 토의법의 가치가 인정받게 되었다. 토의법은 오늘날 학교 교육의 분야에서뿐만 아니라 성인교육이나 기타 분야에서도 널리 활용되고 있다. 이 토의법은 집단 지혜의 결정방식 또는 집단의사 결정의 민주적 방식으로 옛날부터 널리 행해 오는 방법이다. 보통 배심토의, 공개토의, 심포지엄, 세미나(seminar), 대화(dialogue) 등이 있다.

이들 내용을 간단히 정리하면 다음과 같다.

(1) 토의법의 종류

① 원탁식 토의(Round table discussion)

참가인원이 10명 내외로서 원탁에 자유롭게 둘러 앉아 토의하는 방식이다. 이때 사회자는 소집단이므로 토의에 참가하지 못하는 자가 없도록 유의하여 진행하여야 한다. 이 원탁식 토의는 대단위 집단의 토의는 불가능하므로 토의집단 구성에 교사의 역량이 많이 작용하는 토의 형식이라고 볼 수 있다. 아울러 이 토의법에서는 문제해결과정에서 지식을 얻는다는 것보다 사회적 태도나 객관적인 의견을 종합하는 데 중점을 두어야 할 것이다.

② 배심토의(Panel discussion)

토의에 참가해야 할 대상이 많을 때 이 방법을 택하는 경우가 많다. 토의에 직접 참가할 4~5명을 선정하여 배심원으로 하고 다른 사람들은 청중으로 참가한다. 이 토의의 진행은 토의되는 문제에 대해서 상반되는 견해를 대표하는 소수의 선정된 인원에 의해서 진행된다. 이때 사회자는 적당한 시간에 청중에 대해서 질문이나 발언의 기회를 주어 토의에 참가시키기도 한다. 토의에 직접 참가하는 배심원들은 전문적 지식을 가진 사람을 선정하는 것이 필요하며 전문적인 조사연구를 할 경우가 많다.

③ 공개토론(Forum discussion)

공개토론은 1~2명의 연설자가 주어진 시간 내에 공개 연설을 하고 그 내용을 중심으로 하여 연설한 사람과 청중 사이에 질의응답으로 토론을 전개하는 것이다. 이때 사회자는 연설자의 시간을 적절히 통제하며, 청중에게 질문을 유발시키고 동시에 발언을 적당히 조절해야 한다. 이 방법은 흔히 학급자치회나 전교 집회 등에 적용하는 방법이며 전문가가 참가하면 더욱 효과적이다.

④ 심포지엄(Symposium)

이 토의형식을 강단식 토의라고도 한다. 의제에 대해서 전문적 지식을 가지고 있는 각기 다른 의견을 가진 2~3명의 강연자가 발표한다. 이 의견을 중심으로 사회자의 운영에 따라 강연자와 청중 사이에 질의응답 또는 토론을 할 수도 있으며, 이 토의의 특징이라면 토의에 참가하는 강연자나 사회자 그리고 청중이 다 토의 의제에 대한 전문가들로 구성된다는 것이다.

⑤ 대화식 토의(Dialogue discussion)

어떤 문제에 대하여 그 방면의 권위자나 전문가를 학교나 학급에 초청하거나, 또는 현장에 가서 면접을 통하여 그 문제에 대한 의견이나 질의응답을 하는 형식이다.

(2) 토의학습 진행상의 유의점[5)]

① 토의의 주제가 집단 전원에게 의의 있는 문제이며, 또 사고방식이나 의견의 차이를 가져올 수 있는 문제인가를 엄밀히 검토해야 한다.

② 토의의 목적은 남을 설득시키는 데 있는 것이 아니고 건설적·협력적인 문제해결에 있음을 알리고 집단 전원에 대해서 자유롭고 우호적인 분위기를 조성해야 한다.

③ 토의의 과정에서 필요한 자료 또는 예상되는 장벽을 처리할 수 있도록 미리 준비한다.

④ 토의의 성과를 평가하는 기본적인 관점은 토의과정에서 표면적으로 활발하였느냐 하는 것이 아니고, 토의 자체가 문제해결을 위한 좋은 사고과정이 되었는가에 중점을 두어야 한다.

⑤ 집단 전원이 그 특성을 발휘하면서 토의에 참가할 수 있는 기회를 주도록 노력하여야 한다.

⑥ 토의에서 얻은 성과의 처리방법, 즉 토의학습에 이어서 계속될 수 있는 바람직한 지도방법을 미리 생각하고 학습 진행의 전체 속에서 토의가 차지하는 위치를 명확하게 해 두어야 한다.

이와 같은 견지에서 생각할 때 토의법의 교육적인 가치를 더 높이려면 교사는 강의법에서 보다 더 넓고 또 높은 지도역량이 필요하게 된다.

4) 문제해결 학습법

문제해결 학습법은 문제법이라고도 한다. 이것은 아동들에게 어떤 문제를 주고 그 해결 과정을 통하여 지적 · 태도적 · 기술적 학습을 시키는 방법을 말한다. 문제해결 학습법의 주안점은 문제해결 능력을 함양시키는 데 있다.

우리의 생활이란 어떤 의미에서 보면 문제 속에 둘러싸여 있어 항상 문제를 해결하는 연속적 과정에서 존재하는 것이라고 볼 수 있다. 이러한 문제들은 사회가 단순하고 변화가 적은 시기에 있어서는 성인들이 전달한 지식에 의하여 어느 정도 해결할 수 있었으나 항상 새로운 문제에 부딪혀야 하는 격심한 사회 변화가 이루어지는 오늘날의 사회에서는 각자가 자신에게 부딪힌 사태들을 가장 현명하게 해결할 수 있는 능력이 있어야 한다.

이와 같은 능력의 소유자는 보다 정확히 사회에 적응할 수 있게 된다. 이러한 능력을 배양시킬 수 있는 학습방법이 곧 문제해결 학습법이다. 그리고 이 방법에 의한 전개 과정은 대개 6단계에 의하여 이루어진다.

1단계 : 문제의 선정이다.

문제는 아동들에게 흥미가 있고 사회적으로 가치가 있는 것으로 선정하여야 한다.

2단계 : 문제의 한정이다.

이것은 일단 선정된 문제의 학습범위가 어디서 어디까지인지를 명백히 한정시켜 놓아야 한다. 만일 범위를 미리 한정시키지 않으면 문제해결 학습과정에서 혼란이 오고 그에 따라 귀착점을 찾지 못하게 된다.

3단계 : 문제해결방법의 수립이다.

즉, 문제해결에 필요한 분단의 구성, 학습내용의 분담, 시간계획, 자료소재의 확인, 결론의 형성 등에 관한 계획을 세워야 한다는 것이다.

4단계 : 자료수집 및 분석이다.

이것은 계획에 따라 자료를 수집하고 수집된 자료의 의미를 분석한다.

5단계 : 자료의 조직 및 종합이다.

여기서는 분석된 자료를 비교하고 상호관계를 살피면서 논리적으로 조직하고 종합한다.

6단계 : 자료로부터 결론을 형성하는 마지막 단계이다.

이상과 같은 6단계를 거쳐 문제해결 학습은 이루어지는 것이다.

그리고 문제해결 학습은 문제의 성질과 내용 또한 해결하고자 하는 학습자에 따라 귀납적 방법과 연역적 방법의 두 가지 방법 중에서 어느 한 방법을 사용케 된다.

귀납적 방법에 의한 문제해결 학습은 이미 이루어진 결론이나 어떤 내용의 원리를 특수한 사실에 적용하는 방법을 말한다. 환언하면 귀납법의 과정은 특수에서 일반으로, 제 사실에서 결론을, 관찰한 실제나 사실에서 원리를 이끌어 내는 방법이다. 따라서 이 방법은 다음과 같은 6단계를 거친다.

1단계 : 문제의 인식

2단계 : 문제의 사태 검토와 그 사태가 필요로 하는 문제에 관한 자료의 수집

3단계 : 정보의 수집과 조직

4단계 : 문제에 대한 가능한 해결 또는 가설의 설정

5단계 : 가장 가능한 해결을 발견할 때까지 명백한 결점을 갖는 가설의 제거

6단계 : 그 해결을 그 사태에 적용시키고 그 결과를 검증하는 과정을 거친다.

연역적 방법에 의한 문제해결 학습은 일반적 원리적인 것을 전제로 하고 이것을 특수한 사례에 적용하여 거기서 결론을 얻으려는 방법으로 이것은 다음의 5단계 과정을 거친다.

1단계 : 문제의 인식

2단계 : 그 문제나 사실에 적합한 자료 수집

3단계 : 사태에 적용하는 제 원리의 재검토

4단계 : 결론이나 추론을 이끌어 내고

5단계 : 원리를 그 사태 해결에 적용함으로써 그 추론을 실증한다.

이와 같은 문제해결 학습에서의 귀납법과 연역법을 비교하면 학습의 출발에서는

양자가 모두 어떠한 문제에서 시작하고 그 문제를 확실히 인식해야 한다는 점에서 같은 입장이 된다.

그러나 그 다음 단계부터는 활동의 형식은 같으나 활동의 관점이 다르다. 예를 들면 문제해결 학습을 위한 자료 수집에서 귀납법은 자료를 모아서 습득하고자 하는 지식의 원리나 사실을 모아 그 원리에 맞추려는 것이 된다. 그리고 개괄 단계에서 매 한 가지이다.

귀납적 입장에서는 가능한 한 해결의 가설 또는 합리적인 추측인데, 연역적인 개괄은 이미 알고 있는 기성 지식의 원리에서 선정된다.

이와 같이 두 방법에는 각각의 동등한 점과 차이점이 있으나 실제로 문제해결에서는 그 문제나 과제의 성질에 따라 두 방법을 적절히 활용하면 학습은 효과적으로 시행할 수 있다고 본다. 그리고 문제해결 학습을 통하여 실제로 아동들에게 문제발견의 능력을 위시하여 자료 수집 및 분석, 그리고 비판의 능력과 자료의 조합, 정확한 결론, 잘못된 결론의 교정, 결론의 응용 등 여러 가지 능력이 육성되는 것이다.

그러나 이 문제해결 학습의 실시에서 교사 자신이 유의해야 할 몇 가지가 있다.

첫째, 아동의 능력, 흥미, 경험 등을 고려하여 문제를 선택하여야 한다.

둘째, 문제는 학습의 일관된 목적으로서 명확히 파악되어야 한다.

셋째, 문제가 자주적으로 해결되기 위해서 자유로운 분위기를 갖도록 한다.

넷째, 아동 자신이 사고하는 시간과 기회를 풍부하게 갖도록 하여야 한다.

다섯째, 가능한 한 성질이 다른 문제를 풍부하게 취급하여야 한다.

여섯째, 아동들이 문제를 완전히 해결할 때까지 관철하고자 하는 습관을 육성시켜야 한다.

5) 구안학습법 (Project Method)

구안학습법의 'Project'란 '앞으로 던진다'는 뜻에서 '생각한다', '연구한다', '구상한다'의 의미로 쓰이며, 무엇인가 마음 속에 생각하고 있는 것을 구체적으로 실현하고 형상화하기 위하여 자기 스스로가 계획을 세워 수행하는 학습을 의미한다.

구안학습은 20세기 초에 미국에서 성행하였던 학습지도법의 한 형태로서 사람과 시대에 따라 강조점은 다르지만 다음과 같은 공통점을 지닌다.

첫째, 주입식 방법을 배격하고 아동의 자발적 · 능동적인 학습활동을 구한다.

둘째, 아동 자신으로 하여금 계획 · 구안하게 하고 문제해결의 실천을 거쳐서 지식과 경험을 종합적으로 획득하게 한다.

셋째, 실제적인 생산과 생활 활동을 자연환경 안에서 전개시킨다. 이 용어는 1900년경 콜럼비아대학 교육학부의 공작과 교수 Richards가 처음 사용하였다고 한다.

문제해결법과 혼동하는 경우가 있으나 다음과 같이 구분된다. 즉, 문제해결법은 이론적 · 사색적인 문제를 반성적인 사고활동으로 해결하여 가는 학습 형태인데 대하여 구안법(Project method)은 실제적인 문제를 구체적인 재료를 사용하여 실제적인 작업을 통하여 해결하여 가는 구성적 활동으로 생각되고 있다. 수업의 과정은 다음과 같다.

(1) 구안법의 학습단계

① 목적의 단계

학습할 문제를 선택하고 학습목적을 확인하는 학습의 기초적인 단계이다.

이 단계에서 유의할 점은

㉠ 학습자의 흥미를 환기시킨다.

㉡ 기존 지식이나 기능을 토대로 하는 것이어야 한다.

㉢ 시간의 낭비가 되지 않는 것이어야 한다.

㉣ 쉽게 재료를 얻을 수 있는 것이어야 한다.

㉤ 학교의 교육계획과 관련있는 것이어야 한다.

② 계획의 단계

아동 학생은 계획을 세우는 데 있어서 복잡한 것보다도 즉시 실천에 이행하려는 경향을 강하게 가졌으므로 극히 곤란한 단계이다. 이 학습활동이 잘 되느냐 않느냐 하는 것은 이 계획 단계에 있는 만큼 신중하게, 그리고 치밀하게 계획이 수립되도록 교사는 옆에서 유의하여 살펴주어야 한다. 학습자 자신이 반드시 실천 전에 그 계획을 비판하는 태도를 기르도록 해야 할 것이다.

③ 실천의 단계

이 단계가 가장 흥미롭고 활기 있는 단계이다. 가능한 한 많은 교재를 이용하고 최선의 활동과 노력을 경주하여 작업을 하게끔 할 것이며, 학습자의 작품이 혹은 활동이 나쁘더라도 대행해서는 안 되며 작업을 하는 과정 자체에 더 중점을 두도록 할 것이다.

④ 비판의 단계

완성된 작품이나 활동결과에 대해서 학습자 자신이 비판 평가하는 것을 원칙으로 할 것이며 거기에다 교사의 조언이 필요한 것이다. 그리고 전시, 보고의 형태로 학급 전체에 발표하여 학생 상호 간의 평가를 하고 또 그것을 통하여 자신의 평가도 하게 한다.

(2) 구안법의 장단점과 유의점

① 장점

㉠ 구안법은 학습자의 흥미에서 출발함으로써 학습활동에 대하여 확실한 동기를 가진다.

㉡ 자기가 계획하고 실천하는 것이므로 학습에 대한 주동성과 책임성을 훈련하는 데 유효하다.

㉢ 현실생활에 있어서의 실천적 문제해결의 기회를 주는 것이므로 학교생활과 실제생활을 연결시킨다.

㉣ 최후까지의 작업수행을 요구하는 것이므로 인내력을 양성할 수 있으며 또 완성 시의 환희를 갖게 된다.

㉤ 학습자의 창의적 연구를 중시하여 창조적 · 구성적 태도를 함양하는 데 적당하다.

㉥ 특히 Group 구안법은 협동작업에 있어서 자발적 협력, 관용, 희생의 정신을 기

르는 등 사회성을 함양한다.

② 단점

㉠ 학습자의 계획에 의하여 실천되는 것이므로 시간적, 물질적 낭비가 많아지기 쉽다.

㉡ 학습에 필요한 자료가 많이 들 때는 입수 곤란한 것이 있기 쉬우므로 완성하지 못하거나 충실히 하지 못하는 경우가 있다.

㉢ Class구안법에서는 학습활동이 일부 우수아에 독점되는 경우가 있다.

㉣ 학습자의 흥미의 과다나 활동이 많은 데서 감상적인 면이 등한시되는 경향이 있다.

③ 유의점

구안법에 있어서 장점과 단점을 요약해 보았으나 어느 방면에서나 그러하듯이 장점은 최대로 살리고 단점을 보완하도록 하면 보다 효과적인 학습이 되도록 할 수 있을 것이다.

그러한 점에서 구안법을 지도하는 데 유의할 점을 정리해 본다.

㉠ 문제는 모든 학생들이 좋아하는 것이어야 한다.

㉡ 계속되는 여러 문제가 단편적인 것이 아니고 연속적 과정으로 발전성을 띠고 있어야 한다.

㉢ 계획을 정밀하게 세우는 습관을 길러 학습의 효과를 도모해야 한다.

㉣ 학습자들의 흥미에 입각한 활동이므로 혼란스럽거나 무질서하게 되지 않도록 한다.

㉤ 사용하는 재료나 도구는 미리 준비가 잘 되어 있는지 확인해야 한다.

6) 집단학습 (Group learning)

집단학습이란 단순히 모두가 함께 집합하여 수업을 받는 것을 의미하는 것은 아니다. 공통의 목표를 가진 학습활동이며, 그 집단의 멤버로서의 역할을 담당하면서 학습

활동에 참가한다. 그러나 일반적으로 집단학습이라고 하면 소집단학습을 의미한다.

소집단학습은 학습활동이 학급 내의 소집단 단위로 행하여지는 경우를 말한다. 해방 후 새 교육에서 그룹학습이 성행하였으며 학급단위 내에서의 소집단 학습이 널리 보급되었다. 우리나라에서는 1950년대에 크게 성행한 교수 방법이다.

이러한 소집단 학습은 대개 다음과 같이 나눌 수 있다.[6]

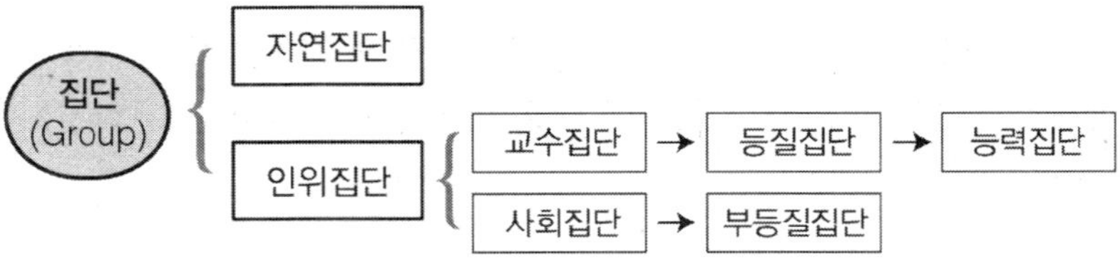

즉, 집단을 자연집단과 인위집단으로 나누며 전자는 학습자의 자유의사에 따라서 자연적으로 하는 것이 좋다. 후자는 교사의 의도에 따라서 인위적으로 편성하는 경우이다. 이렇게 Group으로 조직하는 것은 학습효과를 위해서 취해지는 하나의 교육적 기회이고, 교육적 의도 밑에서 편성된 Group은 의의가 있는 것이다. 그리고 그 Group은 학습의 목적 또는 목표에 따라서 성격이 수시로 변할 수 있다. 그렇기에 인위적 Group은 그 나름의 의의를 지니고 있다. 아울러 인위적 Group은 다시 교수집단(intructional group)과 사회집단(social group)으로 나뉘는데 전자는 등질집단, 후자는 비등질집단의 성격을 지니고 있다. 그리고 능력집단이라 할 때에는 등질집단의 성격에 가깝다. 따라서 등질집단의 학습은 학습자를 그 능력에 따라서 몇 개의 집단으로 나누고 일정한 기간에 전 교과를 동일 그룹에 학습시키는 것과, 교과마다 그룹의 구성을 달리하는 두 가지 방식이 있다.

이질집단 학습은 하나의 그룹 중 여러 가지 능력의 학습자가 모일 수 있도록 의식적으로 구성하여 협력적으로 학습시키고 협조정신과 개성의 발전을 도모하려는 것이다. 이 외에도 집단학습은 조사, 관찰, 견학 등의 학습을 필요로 할 때 조직되는 것이 일반적인 통례이다. 아울러 Group 학습의 인원을 6~8명으로 조직하는 것이 효과적임을 밝혀둔다.

Group 학습의 장 · 단점 및 유의점은 다음과 같다.

① 장점

㉠ 전체적인 학습보다 Group으로 나누어 학습하면 학습효과가 크다.

㉡ 개인차를 정확히 파악하여 학습할 수 있다.

㉢ 그룹학습은 공동학습이기에 지도력이나 협동성의 자질을 육성하는 데 유효하다.

㉣ 일반적으로 능력집단에 의한 학습은 학습자 개인의 지식이나 기능을 향상시키는 데 유효하다.

㉤ 학습자 전원이 학습문제해결에 공헌할 수 있는 기회가 제공된다.

② 단점

㉠ 집단학습의 운영기술이 부족하면 시간적 측면에서 비능률적이기 쉽다.

㉡ 능력별로 편성하는 경우 학습부진아 집단에는 열등의식을 주기 쉽고 우수아 집단에서는 우월감이 생길 위험성이 있다.

③ 유의점

㉠ 분단학습은 각자 맡은 일에 대하여는 충실하나 자기 분담이 아닌, 또는 자기 의견이 아닌 경우에 무관심하기 쉽다. 이 점에 대한 특별한 관심을 가져야 한다.

㉡ 분담한 일의 결과는 반드시 분단이나 학급 전체에 보고시키고 자유로이 질의 · 토의하는 기회를 주어 모든 학습자가 전체를 학습한 것과 같은 결과를 얻도록 유념해야 한다.

㉢ Group 학습 시 그룹의 지도자, 혹은 그룹원 중 몇몇 우수아가 독점하는 일이 없도록 사전에 지도해야 한다.

㉣ 각 분단 간에 경쟁의식이 일어나 서로 대항함으로써 오히려 사회성을 파괴하는 일이 일어나기 쉬우니 이 점에 특히 유의해서 사회성을 키우는 데 차질이 없도록 지도해야 한다.

㉲ 집단학습은 사회적 발달에 결함이 있는 아동을 발견하는 데 좋은 기회가 된다. 교사는 집단학습을 통해서 아무도 상대해 주지 않는 고립된 비사회적 아동이나, 동료의 학습을 방해하고 협력하려고 하지 않는 반사회적 아동을 발견하여 그 원인이 어디에 있는가를 올바르게 진단하여 지도하는 데 유의해야 한다.

7) 공동학습 (Cooperative Group patten of Teaching Method)[7)]

공동학습이란 공동의 목적을 설정하고 모든 성원이 각기 그 일을 분담하고 각자의 흥미와 특기와 능력에 알맞은 부분을 담당하여 일하면서 배우는 형태를 말한다. Dewey가 '교육은 사회적 과정'이라고 하였는데 학생집단 간에 상호 생활하는 가운데, 또는 공동의 목적을 향하여 일해 가는 가운데 여러 면에서 교육이 이루어져 간다는 것을 말하고 있다고 생각한다. 개인차에 적응한 개인학습이 교육에 있어서 사회성이 결여되기 쉬우므로 경쟁적인 입장에서의 일개인이 아니라, 사회의 성원의 일원으로서 협동적 상부상조의 뜻에서의 인간성을 기르는 데 있다고 하겠다. 우리나라와 같이 학급의 인원수가 많으면 몇 개의 분단으로 나누어 분단별로 공동학습을 하여, 또 각 분단이 전체의 한 부분을 수행하여 전체의 학습을 하는 데서 공동학습이 이루어지게 되는 것이다.

Hockett나 Jecobson은 공동학습의 필요조건을 다음과 같이 들고 있다.

① 뜻한 바 목적이 모든 성원에 의하여 공통적으로 의식되어 있어야 한다.
② 모든 성원이 그 목적에 대하여 책임을 분담하고 있어야 한다.
③ 모든 성원이 상호 존경하고 무제한 의존관계에 있어야 한다.
④ 타집단과 충분하고 자유로운 교섭이 있어야 한다.
⑤ 집단이 목적을 달성하는 데 있어서 모든 성원이 만족과 긍지를 가져야 한다.

이와 같이 공동학습은 한 집단이 공동 목적을 달성하는 데 모든 성원이 자각과 책임을 가지고 협력하면서 이루어 나가는 학습형태를 말한다.

8) Buzz 학습

소집단 토의법의 하나로 다수의 멤버가 참가하는 일제 토의에 있어서는 특정한 발언자의 토의가 되기 쉽다. 미시간 대학 Phillips가 연구한 방법으로서 이야기 나누기가 시작되면 마치 벌집을 쑤셔놓은 듯이 느껴지기 때문에 이와 같은 명칭이 생긴 것으로 원칙적으로 하나의 테마에 6명으로 구성된 소집단이 6분 간 토의하기 때문에 6 · 6토의라고도 불리운다.

일반적인 Buzz 그룹학습의 진행방법은 다음과 같다.

① 전체 사회자로부터 토의할 의제에 대한 설명을 듣는다.
② 그 자리에서 5~8명의 작은 그룹으로 나눈다.
③ 각 그룹에서 자기 소개를 한 후 사회자와 기록자를 정한다.
④ 주어진 의제에 대하여 일정한 시간에 토론한다.
⑤ 각 그룹의 사회자 또는 기록자로부터 각 그룹의 토론을 토의장에서 발표한다.
⑥ 전체 사회자는 그 발표를 순차적으로 정리하여 일반 토의 등에 관계시킨다.

Buzz학습의 테마는 모든 문제를 다룰 수 있지만 능력이나 지식에 그다지 구애되지 않고 누구나 의견을 낼 수 있는 생활적인 문제가 보다 이 학습의 효과를 높일 것으로 생각한다.

Buzz학습의 장 · 단점을 살펴보면 다음과 같다.

① 장점

㉠ 그룹의 인원수가 적기 때문에 심리적 긴장감이 적다.
㉡ 많은 사람의 발언을 기대할 수 있다.
㉢ 전 참가자의 문제를 이해하는 데 기여할 수 있다.

② 단점

㉠ 그룹 사이에 분열이 생기기 쉽다.

ⓛ 그룹 의견에 구속을 받고 전체 회의에서 개인의 올바른 의견이 나오기 어렵다.
ⓒ 각 그룹마다 고르게 적절한 지도를 하기 어렵다.
ⓔ 어느 정도 자주적으로 이야기 나누기를 진행시킬 수 있는 고학년의 경우가 아니면 도리어 혼란을 크게 가져올 우려가 있다.

9) Team Teaching (協同敎授)

능력차에 적응하는 수업형태 중의 하나로서 학교 전체를 몇 개의 팀으로 나누고 각 팀에는 한 사람의 팀 리더(team leader), 한 사람 또는 몇 사람의 시니어 티쳐(Senior teacher), 몇 사람의 일반교사에 의해서 지도되며 그 밑에 수십 명 내지 수백 명의 아동 학생이 소속하며, 필요에 의해서 여러 종류의 능력별 편성을 하여 교육 효과를 높히려는 방법이다.

1957년 미국 메사추세츠 주 렉싱들시의 프랑크린 학교에서 비로소 도입된 수업 형태이며, 처음 지도에 임한 사람들은 Anderson을 중심으로 하는 하버드 대학 교육대학원 교수들이다. 그 후 1959년 코네티컷트 주 노워크에서 이루어진 노워크 플랜도 이 유파에 속한다.

종래의 교육이 교사들에 의한 획일적인 교육이었다는 것에 대한 반성과 비판의 소산으로서 생겨난 것이며, 옛부터 있었던 학년에 구속받지 않는 사상, 즉 '무학년제 학교(Non graded school)' 또는 '무학급제 학교' 등을 더욱 발전시킨 형태라고 볼 수 있다.

팀 티칭에서 그 중심을 이루는 것은 팀에 대한 개념이다.

여기에서 말하는 팀은 몇 사람의 교사로 이루어진 교사의 구성체, 또는 교사의 조직을 뜻한다. 그러나 이 교사의 팀은 그들이 책임져야 할 일정한 학생의 집단도 의미한다. 따라서 Team이란 교사의 조직과 학생의 조직까지 포함하게 된다. 다만 양자를 모두 팀이라 하게 되면 복잡해지므로, 팀이라 부를 때는 교사의 조직을 뜻하며 학생의 조직은 Group이라고 표현하는 경우가 많다. 그러므로 팀에 대한 개념은 교사의 팀과 학생의 Group를 포함한 넓은 뜻으로 받아들이는 것이 팀 티칭을 이해함에 도움이 될 것이다.

예를 들면, 2~3인의 교사가 협동지도를 하였다고 하자. 이것은 관점에 따라서는 팀이 지도한 것이지만 팀 티칭이라는 견지에서 볼 때 조건이 갖추어졌다고는 할 수 없다. 그것은 교사측만 보았지 학생들의 Group 편성은 어떻게 된 것인지 알 수 없기 때문이다.

Anderson은 팀 티칭은 학교에서 교사의 특기를 이용하기 위하여 시작된 조직이며 수명(3~6 또는 7명)의 교사가 팀을 짜고 학생들의 대집단(일반적으로 25~30명에 교사의 수를 곱한 수)에 대하여 교육계획을 세워서 실행하고 평가하는 것이다. 팀의 조직은 각 교사에 해당되는 일이나 교수 과정에 있어서는 학습 효과를 높이기 위하여 Group을 교과, 분야, 영역에 따라 大·小로 조직할 수 있다.

Shaplin은 "팀 티칭은 교육에서 교사의 재조직에 의하여 수업을 개혁하려는 노력이다. 2인 또는 그보다 많은 교사가 모든 학생들에 대하여 학생들의 의미있는 부분에 대해서 협동적으로 가르치면서 책임을 갖는 것이다"라고 하였다.

결국 팀 티칭은 ① 우수 교사의 혜택을 많은 학생에게 제공하기 위해서, ② 우수 교사에게 적절한 근로조건을 마련해 주기 위해서, ③ 학생들의 개인차를 존중하고 학습 효과를 올리기 위해서 고안된 학습형태의 하나라고 볼 수 있다.

팀 티칭의 장·단점을 살펴보면 다음과 같다.

① 장점

㉠ 개인의 능력에 따른 교육이 실행되기 때문에 영재 교육에 적합하며 동시에 지진아에 대해서는 적절한 배려를 할 수 있다.

㉡ 초등학교 교사 수준에서도 교사의 연구심을 고취하여 전문성을 기대하게 되며 교사 부담이 줄고 교육재정의 절감을 기대할 수 있다.

② 단점

㉠ 생활지도에서 허점이 생기기 쉬우며 능력차에 따르는 우월감 및 열등감을 조장하기 쉽다.

㉡ 학교 시설, 보조교재 및 기재 기구의 개발정비는 현 단계에서 어려운 문제점

이 있다.

㉢ 팀을 이끌어가는 고도의 전문적인 능력을 갖춘 주임교사(Team leader)를 구하는 일이 어렵다.

㉣ 팀에 합류하지 못한 교사는 상대적 박탈감을 가질 수 있다.

10) 발견학습

과학의 결과를 그대로 가르치려고 하지 않고 결과에 이르는 과정을 중시하면서 많든 적든 재발견, 재생성, 재구성의 인식 과정을 아동들에게 적극적 활동으로 밟아가게 하는 학습방식을 발견학습이라고 한다. 따라서 발견학습을 하는 아동은 스스로 연구자이며, 발견자이다.

1950년대 후반기 이래 발견학습 문제는 수학교육에서 UICS(University of Illinois Curriculum Study)를 선두로 PSSC(Physical Science Study Committe) 물리, Bruner의 발견행동(1961) 등에서 강조되었다. 러시아에서의 교수학 서적에 나타나고 있는 탐구학습이라고 생각하는 것은 대체로 발견학습과 유사한 것이다.

발견학습의 특징을 살펴보면 다음과 같다.

① 교재의 기본구조에 대한 철저한 학습을 강조한다.
② 학습효과의 전이를 중요시한다.
③ 발견학습은 학습의 결과보다 방법을 중시한다.
④ 발견학습은 학습자의 주체적인 학습을 강조한다.

발견학습은 일반적으로 4단계의 과정을 거친다.

제 1단계 : 구체적 사실의 조사(감성적 인지)
제 2단계 : 가설 수립(직관적 사고)
제 3단계 : 이론 형성(논리적 사고)
제 4단계 : 현실에 적용(현실 파악)

이상과 같은 발견적인 Course를 취하게 함으로써 아동들은 자기 스스로를 생각하여 발견한(문제해결) 결과(지식)를 습득하는 것뿐만 아니라 동시에 탐구방법 발견의 방법도 습득할 수 있다.

발견학습의 장 · 단점을 살펴보면 다음과 같이 요약될 수 있다.

① 장점

㉠ 아동들의 사고력을 신장시키고 생활 속에서 실제로 작용할 수 있는 힘을 몸에 붙이게 한다.

㉡ 자발적인 흥미를 자극하면서 학습을 계속하게 된다.

㉢ 학습의 결과에 대한 기쁨을 맛보게 된다.

② 단점

㉠ 한정된 수업시간에 있어서의 지도이기 때문에 발견학습에서 다루게 될 내용을 설정하지 않으면 시간 내에 충분한 효과적인 지도를 할 수 없게 되고 도중에서 끝마칠 우려가 있다.

㉡ 능력차에 대한 배려 없이는 특정의 아동 학생들만의 발견학습이 되기 쉽다.

11) Program 학습

아동이 지니는 개인차 · 능력차에 대응하여 목표에 이르는 과정을 어느 아동이나 통과할 수 있도록 작은 단계로 구성하고 그 위를 아동들이 각자의 페이스로 학습을 진행하고 아동 스스로가 그 결과를 즉석에서 판정할 수 있는 수업의 형태를 프로그램 학습이라고 한다.

이것은 학습이란 자기 스스로 행함으로써 성립된다는 기본 원리에 입각해서 학습자가 주어진 교재와 직접 대결하여 자기활동을 통해서 학습을 진행시키는 것이며(자기활동의 원리), 교재는 학생들의 능력에 기초를 두는 동시에 학습의 진행을 계속적으로 조절하여(자기속도의원리, small step의 원리), 자기반응의 정오를 즉시 확인할 수 있도록 하는 것이다(자기검증의 원리).

프로그램 학습은 다음의 세 가지 과정을 거친다.

① 제시과정 : 자극이 되는 문제를 학습자에게 제시한다.

② 반응과정 : 학습자가 문제를 읽고 생각하여 해답을 외적인 형식으로 한다. 이때 문제가 요구하는 형식에 따라서 답을 기입하는 직선형 방식과 다지선택 방식이 있다.

③ 강화과정 : 반응의 正誤를 학습자에게 알려온다.

(1) 프로그램의 종류

① 직선형 프로그램

직선형 프로그램 학습은 학습노선이 출발점에서 도착점을 향하여 소단계를 이루는 직선로이다. 어린이들은 능력의 차에 따라 속도의 차이는 있으나, 누구나 이 직선로를 따라 학습하도록 고안된 것이다. 이 형은 Skinner가 주창한 프로그램이다.

실례를 들면 다음과 같다.[8)]

(직선형 프로그램의 예)

	1. 우선 프로그램의 도입부와 지시사항을 읽는다. 이 활동을 하지 않았을 경우에는 지시문을 읽은 후에 프레임 2로 진행한다.
구획과 구역	2. 초기에 미국의 토지는 불규칙한 형태로 개인에게 분배되었으며, 구획과 구역으로서 토지 간의 경계를 표시하였다. 불규칙한 형태의 소지는 ( )과 ( )으로 표시되었다.
기준점	3. 구획과 구역으로 토지의 경계를 표시하려면 말뚝, 울타리, 나무, 바위, 교차로 및 기타 자연적 특성 등으로 기준점을 설정한다. 소유지를 법적으로 표시하기 위해서는 구획과 구역의 ( )을 설정해야 한다.
표식	4. 말뚝이나 나무, 바위 등의 기준점 대신에 인공적으로 표식을 설치하게 되었다. 표식은 금속 파이프나 철제 및 콘크리트 기중으로 만들어졌다. 말뚝이나 나무, 교차로 대신에 ( )을 기준점으로 사용하게 되었다.
방위각	5. 소유지의 경계선을 표시하려면 기준점에서 방위각을 재야 한다. 소유지를 표시하기 위하여 나침반으로 ( )을 잰다.

진북	6. 방위각을 진북, 자북으로 읽음으로써 표시한다. 흔히 사용되는 방위각이다. 방위는 흔히 ( )으로 표시된다.
피트와 데시멀	7. 처음에는 사실이나 기둥 등을 사용하여 기준점으로부터 거리를 재었다. 그러나 이런 방법이 점점 개선되어 측량기사가 줄자를 사용하여 피트와 데시밀 단위로 거리를 측정하게 되었다. 오늘날에는 측량기사가 ( )와 ( )단위를 사용하여 거리를 잰다.
줄자	8. 기준점으로부터 피트와 데시멀 단위로 거리를 측정할 때 ( )를 사용한다.

※ 해답난이 문항보다 한 문항 밑에 제시된 경우도 있다.

② 분지형 프로그램

Nornan A. Crowder에 의하여 주창된 것으로서 분지형은 오답을 배척하지 않고 그것을 교정하여 Feed Back을 마련함으로써 각각의 오답을 이용하는 것이다.

방식은 처음에는 다시 선택의 해답이 준비되어 있어서 학습자가 반응한 답에 대해서 몇 페이지를 보라고 제시하게 되어 있다. 만일 그가 고른 답이 오답이라면 그가 가도록 지시된 페이지에는 왜 그가 오답을 하게 되었는가를 이해시키는 해설이 되어 있다. 그것을 이해하면 원래의 페이지로 되돌아가서 또 한 번 해답을 생각하도록 한다.

여기서 정답을 골랐다면 그때 지시되는 다음으로 가야 될 페이지의 내용으로 구성되어 있고, 재차 다지 선택법에 의한 해답과 그것에 대응하는 페이지가 지시되어 있다.

(2) Program 학습의 장 · 단점

① 장점

㉠ 아동 학생 한 사람 한 사람의 개인차 · 능력차에 맞는 지도를 할 수 있다.

㉡ 착실하게 단계를 밟아서 나갈 수 있기 때문에 학력의 공백을 없앨 수 있다.

㉢ 단순한 지식과 기계적 기술에는 큰 효과를 올릴 수 있다.

㉣ 교사는 일상적인 훈련식 교사에서 벗어나 창조적인 활동 및 학생과의 상호작용에 보다 많은 시간을 투입할 수 있다.

㉤ 프로그램 학습은 오답률이 낮으므로 효과적인 동기 유발을 할 수 있다.

② 단점

㉠ 프로그램의 작성에 매우 많은 노력이 요구된다.

㉡ 아동의 작업 및 답 맞추기가 개인적인 사고에 머물고 집단의 장에서 훈련되는 사회적 사고를 포함하지 못한다.

㉢ 스몰 스텝의 계열이 대부분 단순요소에서 복잡요소에로의 직선 통로이기 때문에 아동의 유연한 사고경로를 밟지 못한다.

12) 역할활동 (Role playing)

(1) 역할활동의 활용

역할활동은 학생들의 흥미를 자극하고 다른 학습활동에 더욱 열중하도록 고무시킬 수 있는 방법으로서 다른 교육방법보다 매우 효과가 있다. 역할활동은 졸업 후에 선택할 직업에서 부딪히게 될 여러 가지 문제점을 사전에 해결해 봄으로써 실제 현장에서 효과적으로 처리할 수 있도록 하기 위한 것이다.

역할활동의 장점으로는 다음의 열 가지를 들 수 있다.

① 강의나 토론에서 결핍되기 쉬운 현실성을 느낄 수 있다.

② 학생들에게 실제의 현장과 거의 같은 조건하에서 실패에 대한 두려움을 최소한으로 줄이고 가장 편안한 상태에서 주어진 역할을 수행하도록 할 수 있다.

③ 학생들의 마음이 부담 없는 상태에서 자신의 수행을 피드백할 수 있도록 한다.

④ 실제 현장에서 수행하는 것보다는 싼 비용으로 사실적인 경험을 할 수 있다.

⑤ 실제로 장시간이 요구되는 과정을 단기간에 경험하고 피드백할 수 있게 해 준다.

⑥ 다른 교육적 방법보다 학생들이 더욱 적극적으로 참여하도록 유도시킬 수 있다.

⑦ 일정한 상황하에서 발생하는 사건들을 학생들이 직접 통제, 관리해 볼 수 있게 한다.

⑧ 협동학습과 학생 상호 간의 협력을 중시한다.

⑨ 인지적 · 정의적 · 운동심리적 모든 영역에 적용이 가능하다.

⑩ 학생들에게 즉각적인 피드백을 제공한다.

역할활동법을 활용하여 수업을 전개하면 학생들은 자신이 배우고자 하는 필요사항을 단순히 자료를 읽거나 설명만을 듣는 대신에 실제적으로 경험해 봄으로써 학습할 수 있다. 뿐만 아니라, 취업 후 현장에서 부딪칠 것이 기대되는 여러 다양한 과제나 문제를 사전에 연습해 봄으로써 이를 대비할 수 있다.

의사결정은 특히 역할활동을 통해서 고무될 수 있으며 비판적인 사고방식, 태도, 그리고 어떤 사실에 대한 정확한 판단 등으로 향상될 수 있다. 효과적인 역할활동의 적용은 다음의 사항을 전개로 한다.

첫째, 역할활동이 시작되기 전에 학생들에게 성취목표를 명확히 해야 한다.

둘째, 학생들에게 그 경험을 소개해 주어야 한다.

셋째, 주요 개념을 강조하고 그 목표가 성취되었는가를 평가하기 위하여 역할활동이 끝난 뒤에는 토론을 해야 한다.

(2) 역할활동의 형태

① 모의장치 실습

이 형태의 역할활동은 산업현장에서 장비를 가지고 일하게 될 직업학생을 교육할 때 유용하다. 장소, 비용이나 위험성 때문에 실습장에 실제적인 장비를 설치하는 것이 불가능할 때가 많다. 그러나 학생은 모의장치를 통해 최선의 간접경험을 얻을 수 있다. 예를 들어 모의 운전장치는 설제로 운전할 때 당면할 여러 문제에 대비하여 실습해 볼 수 있도록 되어야 한다. 피드백은 반드시 제공되어야 하는데, 그래야만 학생은 자신의 실수를 교정받을 수 있다.

② 사례연구

사례연구는 사실적으로 묘사된 문제상황을 제시해 주고 학생들이 그 문제에 직접 관련된 입장에서 그 문제를 해결하도록 꾸미는 것이다. 교사는 학급 전체나 개개인에게 사례가 내포된 문제상황을 제시할 수도 있고, 이의 해결을 유도할 수 있다.

학습경험에 흥미와 깊이를 더하는 한 가지 방법은 몇 명의 학생들을 사례연구에 참여시키는 일이다. 교사는 사례연구 활동 후 학생들이 각자의 해결책을 가지고 토의하게 할 수도 있다.

학생들은 개인적으로도 이 사례에 대해 생각한 후 해결 방안을 토의할 것이다. 이것은 흥미있는 좋은 토의의 기초가 될 뿐만 아니라 그들에게 또 다른 관점을 보게 하고 그들 자신의 해결 방법과 다른 방법을 비교평가할 것이다.

(역할활동 평가표)

작성법 : 교사의 성취도를 그 달성 정도에 따라 성취수준의 적당한 난에 'v'표 하라. 특수상황으로 인하여 적용되지 않는 사항이나 실시 불가능한 사항은 '해당없음' 난에 'v'표 하라.

교　사: ______________

날　짜: ______________

자원인사: ______________

교사는 역할활동을 지도하는 데 있어서	성취수준			
	완전 수행	일부 수행	미수행	해당 없음
1. 역할활동을 통하여 성취되어야 할 학생 성취목표를 설명했다.	□	□	□	□
2. 역할활동 상황을 사실적으로 구성했다.	□	□	□	□
3. 역할활동에 참여한 동료 교사에게 역할활동에 대해 미리 설명했다.	□	□	□	□
4. 역할활동에서 동료 교사가 해 줄 역할을 명확히 했다.	□	□	□	□
5. 동료 교사의 요구, 흥미, 능력에 맞는 역할활동 경험을 제공했다.	□	□	□	□
6. 역할활동의 처음부터 끝까지 자원인사로 참여했다.	□	□	□	□
7. 목표달성을 돕기 위하여, 역할활동을 위한 자료를 준비했다.	□	□	□	□
8. 동료 교사를 역할활동의 끝부분에 결과 검토를 위한 평가과정에 참여시켰다.	□	□	□	□
9. 결과 검토과정에서 역할활동을 통해 가르치려는 주요 개념들을 다시 한 번 강조했다.	□	□	□	□

성취수준 : 교사는 모든 항목이 '완전수행'이나 또는 '해당 없음' 난에 'v'표가 되어 있는지 확인한다. '미수행'이나 '일부수행' 난에 'v'표된 항목이 있으면 어떤 추가 학습활동을 하여 보완할 것인가를 반드시 자원 인사와 상의하여 결정한다.

13) 브레인스토밍 (Brainstorming)

브레인스토밍은 학습상황에서 학생의 창조력을 촉진시키고 학습참여도를 높여 주는 교수법으로 사전에 어떤 것을 계획하고자 할 때 활용된다.

교사는 수업을 어떻게 진행할 것인가 하는 계획을 수립하기 전에 학생들에게 브레인스토밍을 실시하여 학생들의 의견 및 제안을 들어 볼 수 있다.

브레인스토밍을 하는 짧은 시간(예를 들어 10~15분) 동안 집단의 모든 인원이 충분히 반응하고 참여할 수 있으므로 브레인스토밍의 참여인원은 대개 12~15명 정도가 적당하다. 브레인스토밍 과정에는 진행자가 있어야 하며 진행자는 교사 자신 또는 학생들이나 교사가 선정한 학생이 될 수 있다. 또한 학생들이 제안한 의견을 기록할 사람도 선정한다. 브레인스토밍을 할 주제나 문제점은 구체적인 것으로 선정하도록 한다.

학생들에게 광범위한 주제에 대해서 의견 제시를 요구하는 것은 바람직하지 못하다. 또한 주제는 학생들이 이해하기 쉽고 흥미를 가질 수 있는 수준으로 선정한다. 브레인스토밍을 시작하기 전에 교사는 학생들에게 선정된 주제에 대하여 자세하게 설명해 주어야 한다.

교사는 브레인스토밍 진행 도중에 학생의 의견을 평가하거나 비판하지 말고 모든 의견이 다 발표된 후에 평가하도록 한다. 여러 가지 다양한 제안들은 효과적인 학습활동의 계획수립에 도움을 주므로 주제와 관련된 의견은 모두 받아들이는 것이 좋다. 따라서 학생들은 자기가 생각한 제안이나 의견을 거리낌 없이 생각나는 대로 발표하도록 한다. 브레인스토밍은 할당된 시간 내에 학생들이 차례로 의견을 발표하게 되므로 팝콘회의라고도 한다.

브레인스토밍을 효과적으로 실시하려면 학생들에게 브레인스토밍에 관한 사전 교육을 실시해야 한다. 교사는 학생들에게 브레인스토밍의 목적과 실시 절차에 관한 설명을 하고 학생들과 예행연습을 하여 브레인스토밍이 실시되는 방식을 실제로 느끼게 하는 것도 좋다.

예행연습은 학생들의 주의력을 높이고 오류에 빠지는 것을 막을 수 있다. 예를 들면 다른 학생의 제안에 오류가 있다든가 또는 제안한 의견이 아주 뛰어나든가 등을 이해하는 데 도움이 된다. 토론의 리더는 실제 학습 상황에서 브레인스토밍을 모니터할 수 있는 능력이 있어야 하며 가능한 한 교실의 뒤편에 있도록 한다.

그러나 브레인스토밍 중간중간에 자기의 견해를 제의하여 가능한 한 바람직한 의견이 많이 나올 수 있도록 유도하며 부정적인 태도를 보인다거나 평가하는 식의 의견은 발표하지 않도록 유도한다. 브레인스토밍에 관한 사전 교육에서 교사는 학생들에게 브레인스토밍의 주제에서 벗어난 의견을 제출하여 주제가 딴 방향으로 논의되지 않도록 해야 한다는 점을 알려 주어야 한다.

또한 ① 진지한 태도를 가질 것, ② 생각나는 대로 의견을 제시하는 것과 모순된 의견을 제시하는 것은 다르다는 것, ③ 소수의 학생들만이 의견을 발표해서는 안 된다는 것 등을 학생들에게 알려 준다. 실제로 브레인스토밍을 실시할 때 소수의 학생들만이 의견을 발표할 경우에 교사는 나머지 학생들이 의견을 발표할 수 있는 기회를 마련해 주어야 한다.

교사나 학생들이 선정한 시기는 브레인스토밍 중에서 제안된 의견을 기록하는 중요한 역할을 담당한다. 기록은 모든 학생들이 볼 수 있고 나중에 있을 평가 과정에서도 볼 수 있도록 칠판에 적는 것이 좋다. 교사는 브레인스토밍을 예정시간 내에 끝낸 후에 서기에게 제안된 의견을 보고하도록 한다. 보고는 브레인스토밍이 끝날 무렵 구두로 하거나 후에 기록해 두어도 되며 두 가지 방법 모두 사용해도 좋다.

브레인스토밍 방법에서는 세밀한 사전 계획이 필요하다. 학생들이 브레인스토밍에 적극적으로 참여하고 다양한 의견을 제안하도록 하기 위해서는 사전 교육이 잘 되어 있어야 하며 토의 주제에 관해 잘 알고 있어야 한다.

브레인스토밍의 목표가 학생들로부터 다양한 의견을 끌어내는 것이지만, 그보다 더 중요한 것은 적극적인 수업태도를 갖게 하는 것이다. 브레인스토밍은 다음과 같이 어떤 직업교육 훈련과정에서도 사용될 수 있다.

① 상업 및 사무교육 교사는 모의 사무실 상황을 조성해 놓고 사무실의 소음 문제에 대해 브레인스토밍을 실시할 수 있다.

② 무역 및 산업교육 교사는 작업현장에서의 작업성과를 유지하는 문제에 대하여 학생들의 의견을 얻기 위해 브레인스토밍을 실시할 수 있다.

③ 목공기술교육 교사는 목공업에서 쓰이는 장비와 재료가 전기공이나 연관공이 쓰는 장비와 공통점이 있다는 점을 주제로 하여 학생들에게 브레인스토밍을 실시한다.

④ 가정경제 및 유아교육 교사는 우천 시에도 가능한 어린 아이의 놀이에 대하여 학생들에게 브레인스토밍을 실시해 본다.

제3절 실험 · 실습지도

1) 실험 · 실습지도의 의의

전통적인 교수법에서 진보적인 교육체제로의 변화는 자연과학이나 실업교육에 있어서 실험 · 실습교육을 강화시키는 역할을 하게 하였다. 따라서 실험과 실습을 어떻게 하면 효율적으로 지도할 수 있느냐 하는 것에 대해서 자연과학이나 실업교육을 담당하는 교사라면 누구나 필연적으로 잘 알고 실천할 수 있는 능력은 있어야만 한다. 그리고 실습은 예체능 분야의 경우도 마찬가지로 대단히 중요하다고 할 수 있다. 그러면 실험 · 실습의 의의를 구분하여 보자.

실험(experiment)이란, 관찰하려는 일정한 사상(事象)을 계획적으로 꾸며서 그 사상을 규정하는 조건을 여러 가지로 바꾸어 보고 거기에 나타나는 조건과 결과와의 상관관계를 파악하려는 것이다. 교수 양식으로서의 실험은 ① 학습자의 직관에 호소하는 소위 실물교수의 한 가지 수단으로 이용되는 것, ② 문제해결이라는 탐구적 활동의 일부로 사용되는 것이 있다. ① 의 경우, 실험은 주입식 교수의 한 수단이라고도 볼 수 있으며, 교재의 직접적인 설명이나 이해를 위해서 교수에서 사용된다.

교수상의 실험이 물론 연구자의 그것과는 다르겠지만 단순한 지식의 수용이 아니고 학습자 스스로가 문제를 발견하고 해결하는 데서 학습이 성립된다고 생각할 때에는 그의 실험이 가치있는 것으로 생각된다.

실습(practice)이란 학교 교육에서 각종 기술을 습득하기 위해 직접경험을 얻는 방법이다. 이 방법에는 크게 나누어, ① 성인이 실제생활에서 전개하고 있는 기술의 기본적인 것을 학교 내에서 다시 해 보는 학교실습과, ② 실제생활의 기술장면 속에 학생을 보내는 교외실습이 있다.

학교는 청소년의 기초적인 도야를 위해 조직적인 교육을 행하는 장소이며, 실생활에서 분리되어 조직되고 있다. 그러므로 학교 속에서 하는 학교실습은 실생활에서 전개되고 있는 기술의 모델이긴 하지만 사회적 산업기술, 생활기술 그 자체는 아니며, 단지 그 기초를 이루고 있는 기술이다. 그러므로 학교실습에서는 현대사회의 산업기술, 생활기술의 개선 향상에 도움이 되는 것으로 선택해서 시켜야 하며, 실습을 지도할 때는 현장에 전개되고 있는 작업방식을 끌어오더라도 이것을 교육적으로 재조직하여야 한다. 예컨대 산업기술의 실습을 한다면 그 작업 공정은 생산 현물의 공정과 기본적으로는 같으면서 학습목표에 적응해서 단순화시켜야 한다.

교외실습은 학교실습보다 더욱 교육적 의의가 있다. 기술은 사회적 존재이기 때문에 기술의 학습은 사회 경제적인 노동조직 속에서 교육적 의도하에 행해진다면 더욱 효과를 나타낼 수 있다.

교외실습은 현장실습과 유사하므로 장을 달리하여 현장실습란에서 구체적으로 설명하기로 하겠다.

2) 실습장 운영관리

(1) 실습장 운영관리의 필요성

값비싼 시설과 기계 기구를 갖추고 있는 실습장을 잘 관리 · 운영하여 실습을 통한 소기의 목표를 달성하도록 하는 것은 대단히 중요한 일이다. 실습장의 운영관리에 있어서 중요한 사항은

① 실습장 환경의 조성
② 공구와 자재의 관리
③ 장비의 유지
④ 학생조직 및 지도
⑤ 실습장 활용 시간계획 등인데

이들 사항도 상호 간 관련성이 있으며 교사가 책임져야 할 임무이다. 아울러 실습장을 잘 관리 운영해야 하는 필요성을 제시하면 다음과 같다.

① 공구와 장비가 잘 정돈되어 있고 소음이 적으며 잘 조직되어 있는 실습실은 교사가 학생들을 잘 가르칠 수 있는 여건을 만들어 준다.
② 잘 정리 · 정돈된 실습실은 학생들의 학습의욕을 고취시킨다.
③ 잘 조직되어 운영 유지되는 실습장은 학생들이 안전하게 일할 수 있도록 하여준다.
④ 각종 시설과 장비를 잘 관리하는 것은 사용 연한을 연장하는 것이며 이는 곧 경영의 투자부담을 덜어 준다.
⑤ 잘 갖추어지고 잘 관리 유지되면서 운영되는 실습장은 그 자체가 학생들이 좋은 작업 실습과 태도 그리고 작업 절차와 방법을 배우는 곳이 된다.
⑥ 좋은 실습장은 학생들이 기능을 배우고 싶어하는 동기를 유발시켜 학생들을 그 프로그램에 참여하도록 유인하는 방안이 된다.

(2) 실습장 환경의 조정

실습교사의 일반 관리에 관한 임무 중의 하나는 실습장 환경의 조정이며, 실습장 환경의 조정이란 난방, 환기, 조명 그리고 소음의 조절을 말한다. 이와 같은 것이 적절하지 않으면 학생들은 신체적인 불편을 겪게 되고 배움에 지장을 초래할 수도 있다. 따라서 위와 같은 실습장의 환경 조정에 관하여 교사는 항상 유념하고 있어야 한다.

(3) 공구와 자재의 관리

실습장 내에 있는 공구들은 학생들이 언제나 사용할 수 있도록 준비되어 있어야 한다. 그런데 이와 같이 공구를 관리 유지하는 것은 쉬운 일이 아니며 고도의 조직 체제가 요구된다. 그래서 경우에 따라서는 이와 같은 일이 다른 사람에게 위임되어 이루어질 수도 있으나, 최종적인 책임은 역시 교사가 져야 한다. 실습을 필요로 하는 교육 프로그램의 성과는 효과적인 공구 관리 체제에 많은 영향을 받는다.

왜냐하면 학생들이 사용하는 필수 공구들이 분실되었거나 완전한 상태가 아니면 학생들은 작업을 할 수 없고 배울 수도 없기 때문이다. 그래서 공구 관리 계획을 수립할 때에는 다음과 같은 몇 가지 원리를 적용하는 것이 바람직하다.

① 그 분야의 실습에 필요한 모든 공구와 기구를 쉽게 사용할 수 있도록 하여야 한다. 그러나 값비싼 정밀 공구는 교사가 직접 관리하면서 필요할 때만 사용할 수 있게 한다.
② 자주 사용하는 공구는 학생들이 작업하는 장소에 가까이 위치하여 있어야 한다.
③ 공구는 학생들이 쉽게, 그리고 정확하게 찾아 쓸 수 있도록 한다.
④ 크기 등이 다른 일련의 공구 세트는 쉽게 확인하여 찾아 쓸 수 있도록 순서대로 배열되어 있어야 한다.
⑤ 공구는 실습 시작 전과 실습이 끝난 후에 교사가 눈으로 쉽게, 빠르게 그 수량과 상태를 파악할 수 있도록 조직되어 있어야 한다.
⑥ 모든 공구는 보기 좋게, 그리고 쓰기 좋게 깨끗이 보존되어 있어야 한다.
⑦ 공구는 고장나거나 파손되어 못 쓰게 되지 않도록 보관하여야 한다.
⑧ 잃어버렸거나 파손된 공구는 즉시 보충해야 한다.

공구실 운영 방안에는 여러 가지 방법이 있는데, 다음과 같은 몇 가지 방법을 절충하여 보면 효과적이다.

① 공구 보관실은 각 실습장 내에 배치한다. 안전한 방법이나 시간 낭비의 단점도 있다.

② 중앙 집중적 공구실을 설치한다. 방사형 실습실을 가지고 있을 때 유리하다.

③ 실습장 내에 개방식 공구 판넬을 만들어 학생들이 자유롭게 접근할 수 있도록 한다.

④ 학생들이 개인 소유의 공구를 직접 갖추고 사용하도록 한다.

⑤ 일정기간 동안 기본 공구를 학생들에게 지급한다.

(4) 장비의 유지 및 보수

학생들이 실습을 통하여 기능을 배우려면 실습장의 공구와 장비가 좋은 상태로 유지되어야 한다. 공구와 장비의 유지 및 보수 상태가 불량하면 학생들이 실습하기에도 어려울 뿐만 아니라, 공구와 장비의 관리 및 사용에 대한 긍정적인 태도도 갖지 못하게 되고 안전사고의 위험도 높아진다.

공구와 장비의 유지는 교사 자신이 해야 할 것도 있으며, 교사가 다른 사람들과 협력해서 해야 할 것도 있고, 또 큰 보수작업과 같이 전문수리기술자에 의하여서만 될 수 있는 것도 있다. 이러한 유지 보수 작업은 그때 그때에 미봉책으로 해나갈 수도 있겠으나 전체적인 절차를 계획을 세워 체계적으로 실시하는 방법에 의하면 시간과 노력을 절약하면서 보수를 훨씬 더 잘 할 수 있다. 즉, 자주 그리고 정기적으로 장비에 대한 점검을 실시하여 그 결함이나 고장을 발견하는 즉시 수리하도록 해야 한다.

이러한 장비 검사를 위하여 교사가 전문성을 살리면 얼마나 자주 어느 부분에 대하여 얼마나 자세하게 검사를 해야 하는지에 대한 자료를 쉽게 작성할 수 있다. 또 한 가지 장비 유지 보수에서 중요한 것은 고장예방을 위한 규칙적인 급유, 청소, 조정 및 부품교체 등이다. 대부분의 기계제조회사는 그들이 생산하는 장비의 유지, 보수 및 운전에 대한 지침서를 함께 만들어 보낸다.

장비를 잘 유지 · 보수하려면 이를 위한 계획이 필요한데, 그 계획 수립의 첫 단계는 정기적인 보수 · 유지를 필요로 하는 장비의 모든 목록을 작성하는 일이다. 그 다음에는 이들 장비 부족에 들어 있는 모든 장비에 대하여 요구되어지는 보수의 내용과 보수에 소요되는 기간 등을 기록하는 일이다. 각 실습장 별로 장비 유지 보수 핸드북을 만들어 보관하여 각 장비의 유지 보수 부분, 유지 보수의 주기, 수리된 부분, 수리한 시기, 수리 담당자 등에 관하여 기록을 하여 놓으면 크게 도움이 된다. 또한 학교 당국에서는 시설과 장비의 유지 보수를 위한 예산을 책정 확보하여야 한다.

(5) 실험 · 실습 운영에 있어서 학생의 참여와 조직

학생들을 실험 · 실습실 운영에 참가시켜야 한다. 이렇게 함으로써 앞으로 가질 분야에서의 책임을 배우게 되고 교사의 짐을 덜어 줄 수 있다. 학생들이 실험 · 실습실 운영에 참가할 수 있는 방법으로, 수업이 끝날 무렵에 실험 · 실습실을 정리하는 것과 실험 · 실습실의 매일 매일의 운영에 참가하는 두 가지 방법이 있다. 학생들을 실험 · 실습실의 정리 활동에 참여시키는 것을 계획하고 실행하는 몇 가지 지침은 다음과 같다.

① 바람직한 실험 · 실습실 환경을 유지하는 데 필요로 하는 정리와 유지 활동을 추출하고 일상적으로 정리를 해야 하고 검사해야 하는 장소, 장비, 재료를 선정한다.

② 선정된 정리를 전문기술자가 혹은 학생들이 담당할 것인지를 관련인사와 상의하여 결정한다.

③ 실험 · 실습수업, 학급의 학생수, 시간의 가능성 등을 고려하여 학생들이 정리에 책임을 담당하도록 한다.

④ 학생들에게 그들이 실험 · 실습실 정리에의 참여가 도움이 되며, 그 분배가 공평하게 이루어졌는가를 인식시킨다.

⑤ 실제로 학생들이 정리 작업을 하고 교사는 각 학생이 맡은 것을 점검한다.

⑥ 정리와 운영에 학생이 참가하는 것도 학습의 연장이므로, 교사는 그것을 평가하여 성적에 반영하여야 한다.

그 밖에 학생들이 실험 · 실습실의 운영에 참가할 수 있는 방법의 예로서는 실험 · 실습 재료의 보관 분배, 안전의 점검, 도구의 보관, 보조 자료의 보관, 실험 · 실습 기록 등이 있다.

(6) 실습장 활용계획

실습장은 장소의 제한, 기계 기구의 제한, 시간의 제한 및 학생 개인의 능력차의 문제 등을 최대한으로 극복하여 활용하도록 계획되어야 한다.

이를 위하여는 작업 순환제와 작업 장소 순환제를 적용하여 실습을 진행하고 개인별 실습진도표(individual progress chart)를 활용하는 것이 바람직하다.

3) 실험 · 실습지도의 방법

(1) 실험 · 실습 안내

어느 교과를 막론하고 그 과목의 첫 시간에 해당 교과에 대한 오리엔테이션 내용과 오리엔테이션을 하는 과정에서의 교사와 학생들과의 첫 대면에서 이루어진 수업의 형태가 한 학기 동안 그 학급의 분위기를 결정하기도 하기 때문에 교사의 첫 인상은 학생들에게 대단히 중요하다고 할 수 있다.

실험 · 실습에 있어서도 일반 교과학습의 경우와 마찬가지로 첫 시간의 실험 · 실습에 대한 오리엔테이션은 대단히 중요한 것이라고 할 수 있다. 그러면 실험 · 실습을 위해 첫 시간에 오리엔테이션을 하려고 할 경우 어떠한 것들이 포함되어야만 하는가에 대하여 중요한 몇 가지를 제시하면 다음과 같다.

① 실험 · 실습 시간에 맞춰 학생들보다 좀 일찍 도착하여 학생들을 기다리면서 학생들을 임시로나마 정렬시키고 학생들이 모두 출석하였는지 확인한다.
② 교사는 자신을 소개하고 계속 학생들이 주의를 집중시키도록 한다.
③ 실험 · 실습의 개요를 설명하고 이 실험 · 실습이 교과와 관련된 사항, 실험 · 실습을 어떻게 진행할 것인가에 대해 실습조 편성을 위시해서 실습 진행에 관하여 구체적으로 설명하고, 실험 · 실습에 필요한 학습자료 등을 설명한다.
④ 실험 · 실습실에서의 안전수칙, 학생들의 활동 허용 범위, 라커(locker)와 보관시설 등에 관해 설명한다.
⑤ 실험 · 실습실을 둘러보면서 학생들에게 위치, 장비, 도구, 재료 등에 관하여 간단

히 설명한다.

⑥ 실험 · 실습 계획 전반에 관한 질의 토의를 한다.

(2) 각종 지시서의 개발

① 지시서의 뜻과 이점

실습을 개별화시키는 하나의 효과적인 방법을 학생이 사용할 수 있도록 지시서를 작성하는 일이다. 지시서는 컴퓨터로 쳐서 인쇄되거나, 복사된 모든 종류의 교육적 보조 자료를 의미한다. 지시서는 한 장이거나 여러 장일 수도 있으며, 교사가 준비할 수도 있고 학교에서 공급할 수도 있고 출판사나 산업체로부터 구입할 수도 있다.

지시서(피아노 진도표 등)는 일반적으로 문장화된 지시 사항에 시각적인 자료를 추가하여 만드는 것이 일반적이다. 수업을 전개하는 과정에서 학습 지도안이 교사의 활동을 방향지어 주듯이 지시서는 학생들이 실험 · 실습을 할 때의 학습활동의 방향과 내용을 제시해 준다.

작업지시서를 작성 활용함으로써 얻을 수 있는 이점은 다음과 같다.

㉠ 지시서를 적절하게 사용하면 학생에게 직업교육 훈련, 기능이나 기술의 숙달 훈련, 또는 실습 기간 동안에 효과적인 학습경험을 제공할 수 있다. 학생이 몇 가지 작업을 하느냐, 어느 수준의 능력 범위에서 작업을 하느냐 하는 상황에서 지시서를 잘 준비하면 교사는 학생의 이러한 다양성을 통제해 나갈 수 있게 된다. 따라서 교사는 학생을 가르치는 데 있어 개별지도라는 가장 중요한 기능을 수행할 수 있게 된다.

㉡ 지시서는 재설명하거나 지시의 반복을 줄여 시간을 절약할 수 있다. 지시서를 사용함으로써 학습과정에서 새로운 진행과정에 대한 지시, 기술, 새롭고 적절한 자료가 쉽게 구체화될 수도 있다.

㉢ 지시서는 필요할 때 참조할 수 있는 확실하고 명료한 지시사항이 있으므로 학생들이 터무니없는 실수를 하지 않도록 해 주며, 학생 자신에게 가장 알맞은 속도로 진행할 수 있도록 해 준다.

그러나 지시서는 단점도 있는데, 오용과 남용의 위험성도 있다. 또한 지시서는 실습실에서 자발적인 학습에 대한 필요성을 배제할 수 없다. 같은 자료가 몇 번이고, 또는 해마다 되풀이하여 쓰여서는 안 되며, 그런 자료는 그 효용성이 감소된다. 그리고 기술된 지시가 너무 상세하면 학생의 독창적이고 자발적인 문제해결의 기회가 없어진다. 그렇다고 해서 지시서가 교사의 지시나 시범을 대신하거나, 학생 간의 개인적인 접촉의 기회를 갖지 못하게 하는 것은 아니다.

② 지시서의 종류

실습목적과 특징, 실습실에서의 효용 등에 따라 지시서는 몇 가지 유형이 있다.

㉠ 작업지시서 : 이 지시서는 안전한 하나의 작업을 해 나가는 데 필요한 지시와 설명이 포함되도록 구안되었다.

㉡ 요소 작업지시서 : 이 지시서는 단일한 기본 동작이나 과정을 지도하는 데 사용된다. 요소 작업지시서에 대한 지시는 실행상에 나타나는 어떤 일이나 문제점에 적용될 수 있다.

㉢ 참고 자료지 : 이 참고 자료지는 다른 출처로부터 쉽게 얻을 수 없는 자료를 학생들에게 마련해 준다. 이것은 새로운 기술과 스타일, 직업정보 자료 또는 부여된 업무를 수행하기 위하여 필요한 전문적인 자료에 관한 정보가 포함되어 있다.

이 외에도 직업교육 훈련교사가 활용할 수 있는 과제지시서, 실험지시서, 작업계획지시서 등이 있다. 어떤 종류의 지시서이든지 모든 지시서는 신중히 생각하고 준비를 하여 작성하여야 한다. 빈약하게 구안되었거나, 겉치레만 된 학습자료는 없는 것만 못하며, 학생에게 잘못된 지식을 가르치는 것을 방지하고, 실습실에서의 혼동을 막기 위하여 모든 시설, 자료, 그리고 명세 사항이 정확한지를 철저히 검토해 보아야 한다. 지시서를 작성할 때 유의할 점을 들어보면 다음과 같다.

㉠ 지시서는 직설적이고, 대상 학생들이 쉽게 이해할 수 있는 어휘를 사용하여야 한다. 새로운 용어는 정의를 해 주고 자주 쓰이지 않거나 애매한 단어나 문장은 가급적 피한다.

ⓛ 학생이 필요한 내용을 쉽게 찾을 수 있도록 모든 지시서는 단순한 체제이어야 한다. 제목이나 목적, 삽화, 교재는 쉽게 읽을 수 있고, 눈에 잘 띌 수 있도록 표에 명시되어야 한다.

ⓒ 표제나 소제목, 또는 강조하고 싶은 내용은 쉽게 판별할 수 있도록 밑에 줄을 친다.

ⓔ 혼동을 피하기 위해 용어는 일관성 있게 사용한다.

ⓜ 이해를 명확히 하기 위하여 문장에다 스케치나 삽화 또는 도표를 첨가한다.

ⓑ 특별지시는 가급적 간단 명료하게 한다.

ⓢ 되도록 한 장의 종이에 지시서를 압축한다. 그리고 내용이 한 장의 어느 부분에 몰리지 않게 한다.

ⓞ 여러 가지 항목, 요점, 문장은 숫자나 문자, 공간, 점으로 분류한다.

ⓙ 관련이 있는 학습자료만을 포함시킨다. 아무리 훌륭하게 보이더라도 무관하고 불필요한 자료는 지시서 내에 삽입하지 않는다.

③ 지시서의 활용

이런 지시서는 직업교육 훈련 실습에서 다음과 같은 방법으로 지시를 개별화하는 데에 유용하게 쓰여질 수 있다. 즉, 학급단위로 하여, 수업을 처음 행할 경우 대집단의 수업시간에는 전 학급 학생에게 시범이나 설명을 한 후 학습자료를 제시하고, 학생 각자에게 실제 작업을 배당하며 각 개인에게 작업 지시서를 나누어 준다. 그 후 작업표에 관하여 토의할 시간을 주고, 그 다음에 필요에 따라 요소 작업지시서, 과제지시서, 참고자료지 등을 나누어 준다.

비록 작업지시서에 의해 개별학습이 이루어진다고 하더라도 교사는 학생들이 개별지도와 필요에 따라서는 가끔 학급 학생 전체에게 시범, 사례설명, 실험 등을 해 줄 수 있어야 한다.

(3) 실험 · 학습지도

실험 · 학습지도는 학생이 실험이나 관찰을 통하여 지식을 이해하고 실험기술을 체득하도록 하는 방법이다.

실험에는 연구자가 미지의 원리나 법칙을 탐구하기 위해 실시하는 연구적 실험과 학생이 이미 분명히 알고 있는 원리나 법칙을 확인하기 위한 학습적 실험이 있다. 관찰에는 자연에 나타나는 사상을 목적에 두고 관찰하는 실험적 관찰이 있는데 협의의 의미에서 관찰이라 하면 일반적으로 전자를 뜻한다.

실험 · 학습지도는 학생들이 직접적인 경험을 통하여 학습하기 때문에 원리 원칙이나 기술의 과학적 근거를 잘 이해할 수 있고 실험기술을 체득하고 문제를 실험적 방법에 의하여 해결하려고 하는 태도를 기를 수 있다. 그런데 실험 · 학습지도에는 시설 · 실험기구의 확보와 관리, 이에 따른 비용, 교사의 실험 준비 및 지도에 따르는 과중한 시간적 부담이 문제시된다.

실험법에 의해 학습지도를 할 경우 특히 관찰을 하게 하는 경우에는 사전에 관찰하는 목적, 장소, 시간, 방법을 잘 이해시켜야 한다. 또 자연적 관찰에서는 같은 事象을 반복해서 관찰할 수 없기 때문에 인과관계를 명확히 하기 위해서는 경우에 따라 실험이 필요하다. 이 경우에는 실험의 조건을 잘 선정하여 어떠한 조건이 어떠한 변화를 일으키는가를 분명하게 지도하고, 관찰이나 실험의 결과를 정리할 수 있도록 지도하여야 한다.

실험 · 학습지도과정을 좀 더 구체적으로 구분 설명하면 다음과 같다.

① 문제 접근 과정

어떤 학습에 의문이나 문제를 의식하는 단계로서 교사로서의 활동은 문제에 대한 의문이나 호기심을 갖게 하고 충분한 자료를 제공한다. 이에 따라 학생들은 문제를 찾아보고 자기들의 경험이나 생각을 되살려 봄으로써 문제에 접근하게 된다.

② 계획 준비 과정

의문이나 문제해결을 위한 계획과 준비를 위한 단계로서 교사는 학생 스스로가 계획을 세우도록 유도하며, 탐구 의욕을 고취시키기 위한 계획적인 발문을 하며 토의를 통하여 계획을 확실히 하도록 조금씩 암시를 준다. 학생들은 어떤 결과가 나올까를 미리 생각해 보고 문제를 풀 수 있는 방법을 생각해 본다.

③ 실행 행동 과정

제시된 문제를 해결하기 위한 적극적인 정보 수집 단계로서, 교사의 활동은 학생들의 활동을 통제하지 않고 개별 접촉을 통하여 탐구의욕을 북돋아 주도록 한다. 학생들의 활동으로는 궁금한 점을 생각하며 계획대로 해 보고 발견된 사실을 자세히 정리한다.

④ 결과 해석 과정

활동결과를 문제해결과 직결시켜 확인하는 단계로서 교사의 역할은 결론을 주도하지 말며 객관적인 자료에 의한 확인을 강조해야 한다. 또한 학생들의 활동으로는 실험 관찰한 내용을 종합해서 자기 생각을 확인하고, 다른 사람의 의견과 비교해 보며 다시 확인한다.

⑤ 적용 발전 과정

형성된 개념을 활동 정착하는 단계로 교사는 의욕적인 탐구가 되도록 새로운 의문을 추구하고, 계속적인 개별 탐구의 기회를 제공해 준다. 학생들의 활동으로는 더 알아보고 싶은 점을 생각하게 한다.

(4) 실습을 통한 기능 학습지도

기능 학습지도는 다른 학습내용 지도보다 어렵고 복잡하다. 왜냐하면 기능학습은 어떤 다른 행동보다 심신의 유기적이고 긴밀한 유대가 요청되므로, 학습자의 심신 발달의 정도를 잘 알고 있어야 하며, 또 지식 학습이 학습 지도에서 수동적인 경우가 많지만 기능학습에서는 학습자의 능동적 활동을 많이 요구하므로, 학습자들에게 강한 학습 동기유발이 요청된다. 또 행동 목표의 분류에 있어서 지적 · 정의적 영역은 행동 특성이 어느 정도 체계적으로 분류되어 있지만, 기능을 포함한 심리운동 기능영역도 행동의 분류체계가 정립되어 있지 못하기 때문에 이를 지도하는 데도 어려운 점이 있다.

마지막으로 어려운 점을 한 가지 더 지적한다면 지적 학습활동에 비해 기능학습 활동은 많은 시설과 기구 및 재료를 필요로 하고 실제적인 경험을 요구하기 때문에 이에 충족되는 학습지도를 하기가 어려운 점이다.

이렇게 학습지도가 어려운 기능을 지도하기 위해서는 다음과 같은 기능 학습의 원리를 작용함이 효과적이다.

첫째, 학습자 능력에 맞도록 기능을 분석한다.

둘째, 올바른 시범을 보여주어야 한다.

셋째, 학습자의 첫 반응을 이끌어 주어야 한다. 학습자에게 학습한 기능에 대한 일반적인 정보를 제공하고, 부분적인 기능을 전체 기능과 관련시켜 주는 것은 기능 학습에 도움을 준다.

넷째, 적당한 연습을 시켜야 한다. 연습방법과 연습기간 등을 학습자의 능력에 맞도록 조절하여야 한다.

다섯째, 결과에 대한 지도로 부적합한 반응을 교정시켜야 한다. 결과에 대한 지식, 즉 피드백은 기능학습에 가장 큰 효과를 미치는 요인이 된다. 학습자는 결과에 대한 지식 없이 기능을 향상시킬 수 없으므로 가능한 한 빨리 결과에 대한 지식을 제시해 주는 것이 좋다.

여섯째, 학습자 스스로 평가를 하도록 도와주어야 한다. 학습자는 교사의 도움이 많을수록 이에 비례하여 높은 성취를 보이는 것만은 아니다. 기능은 학습자 스스로 성취해야 되는 것이므로 학습자 스스로 자기의 결과를 평가하여 교정해 나갈 수 있어야 한다. 스스로 평가하고 교정하는 일을 반복하게 되면 차후에는 창조적인 기능인이 될 수 있다.

위와 같은 원리에 의하여 기능학습으로 전개하는 수업모형을 간단히 소개하면 〈그림 4-1〉과 같이 4단계로 정립할 수 있다.

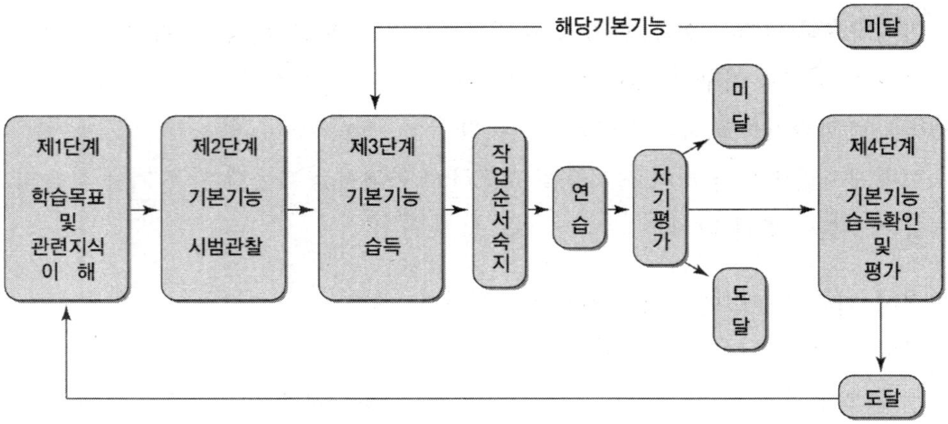

〈그림 4-1〉 기능학습으로 전개하는 수업모형

(5) 실험 · 실습 정리

한 학기 또는 한 교과의 실험 · 실습을 마치면서 최종 정리를 하는 것은 두 가지 의미에서 대단히 중요하다.

첫째, 한 학기 동안 사용했던 각종 도구와 장비 등을 수리 · 정리하고 실험 · 실습을 재정비할 수 있는 기회가 된다.

둘째, 모든 실험 · 실습실의 기자재를 원위치에 정리 · 정돈함으로써 신학기 수업에 임할 때 수업 준비를 하는 데 시간을 절약할 수 있기 때문이다.

위와 같은 중요성 때문에 그 학기의 마지막 주는 일반적으로 다음과 같은 실험 · 실습실의 최종 정리를 위해서 시간을 활용할 수 있도록 계획하는 것이 바람직하다.

① 실험 · 실습실 재고 목록 작성
② 다음 학기 실험 · 실습에 필요한 각종 청구서의 제출
③ 관리하여야 할 기계 목록 준비
④ 관리하여야 할 전기 스위치와 전등의 목록 준비
⑤ 소공구의 완전 보관
⑥ 기계 표면에 기름치기

⑦ 소공구에 기름치기
⑧ 수업자료의 보관
⑨ 창문 점검 및 유리와 차양의 상태기록 보고
⑩ 방학 중 사용할 장비 및 도구에 관한 별도 보관
⑪ 가죽벨트를 느슨하게 조정
⑫ 사용 중인 페인트 관리 및 브러시를 깨끗하게 씻어 보관
⑬ 각종 통을 갈아둠
⑭ 학교 당국에 제출하여야 할 보고서 작성
⑮ 실습실 기록장의 정리 및 보관
⑯ 학생들의 작업대 정리
⑰ 작업대와 기계의 필요한 부분에 칠하기
⑱ 공구실의 정리정돈
⑲ 실험 · 실습실 내의 각종 창고 정리
⑳ 필요없는 실험 · 실습재료 및 폐기물 처리
⑳ 실험 · 실습실의 각종 전원장치의 단전 등이다.

제4절 연중 학급업무의 지도

학교는 교육목적을 달성하기 위한 의도적인 조직체이다. 그러므로 각급 학교는 당해 교육기관이 주체가 되어 교육법이 정하는 교육목적, 현실적인 국가 사회의 당면과제, 미래사회의 요구 등을 종합적으로 검토하여 학교의 교육목표를 설정하고 또 그 목표를 달성할 수 있도록 노력해야 한다.

그러한 목표를 달성하기 위한 학교체제 내의 하위조직 집단으로서 학급집단을 들 수 있는데, 이 학급집단은 현실적인 학생집단이며 학생들의 학습활동 및 생활지도에

있어서 중요한 위치를 차지하고 있다. 이는 학급집단의 경영체제가 학교경영이나 국가 사회의 이상 실현에 관계됨을 의미한다.

따라서 한 학급의 관리 및 원만한 학급운영을 위해서는 조직적이고 체계적인 지도 계획을 수립하여야 하며, 학생집단과 교사집단 간에 상호 유기적 경영전략을 구체적으로 구비하여야 한다.

학급업무를 지도하는 데 있어서 주도적 역할을 맡고 있는 사람은 담임교사이다. 담임교사는 학급 내의 개개의 학생들에 대한 개성, 능력, 적성, 진로 등을 분석하고 학급 학생들에 대한 지도과제를 설정하고 또한 구체적인 지도를 행하여야 한다.

그러나 담임교사의 지도가 비민주적인 독단이나 편견 등으로 지도되어서는 그 효과를 지속시킬 수 없으며 오히려 학급을 이끌어 나가는 데 역작용이 일어날 가능성이 높다. 때문에 담임교사는 학생을 스스로가 학급의 한 구성원으로서 능동적으로 학습 사회에 참여할 수 있도록 안내자의 위치에서 실질적인 학급운영에 대한 업무들을 제시하여 주어야 한다.

구체적으로 제시되는 연중 학급업무를 월별로 살펴보면 다음과 같다. 학급업무는 상황에 따라 변경될 수 있다.

1) 3월의 행사 및 역사

1일 : 3 · 1절(1919)
3일 : 납세자의 날(1967)
5일 : 입학식, 가정의례 준칙 선포일(1969)
10일 : 도산 안창호 선생 기일(1938)
15일 : 3 · 15 학생 의거 기념일(1960)
23일 : 세계 기상의 날
24일 : 결핵예방의 날

* 셋째주 수요일: 상공의 날

(이 달의 학급 중요 업무)

1. 일과표 작성
2. 진도표 작성
3. 학생 명부 작성
4. 교실 환경 정비
5. 학급 경영록 작성
6. 학급회 조직 및 간부 선출
7. 교과 및 생활 지도 계획
8. 가정환경 조사
9. 특별 활동 조직 및 클럽 활동 업무 지도
10. 기초 학력 진단

2) 4월의 행사 및 역사

5일 : 식목일, 청명

6일 : 한 · 미 수호 통상 조약 조인(1882), 한식
88올림픽 마스코트 이름을 호돌이로 결정(1984)

7일 : 세계 보건의 날(1947), 신문의 날(1957)

9일 : 상해 임시 정부 수립(1929)

19일 : 4 · 19 혁명기념일(1960)

20일 : 장애인의 날

21일 : 과학의 날(1968)

22일 : 정보통신의 날(1956), 자전거의 날, 새마을의 날

25일 : 법의 날

28일 : 충무공 이순신 탄신일(1545)

29일 : 윤봉길 의사 의거(1932)

* 첫째주 금요일: 향토예비군의 날

(이 달의 학급 중요 업무)

1. 신체 검사
2. 학급 담당 화단 및 교재원 정비
3. 교실 환경 정비 심사
4. 중간고사
5. 소 풍

3) 5월의 행사 및 역사

1일 : 근로자의 날

5일 : 어린이 날(1946), 어린이 헌장 선포(1957)

8일 : 어버이 날, 세계 적십자의 날

11일 : 입양아의 날

15일 : 스승의 날, 가정의 날

18일 : 5 · 18 민주화운동 기념일

19일 : 발명의 날

20일 : 세계인의 날

21일 : 부부의 날

31일 : 바다의 날

* 셋째주 월요일: 성년의 날
* 석가 탄신

(이달의 학급 중요 업무)

1. 어버이에게 편지 쓰기
2. 은사에게 편지 쓰기
3. 청소년의 달 행사

4) 6월의 행사 및 역사

1일 : 의병의 날

5일 : 환경의 날

6일 : 현충일(1956)

9일 : 임오군란(1882, 고종 19년), 구강 위생 주간(9~15)

10일 : 6 · 10 민주항쟁기념일

14일 : 우리나라 유네스코 가입(1950)

18일 : 연안안전의 날, 건설의 날

21일 : 국제 올림픽에 한국 가입(1947)

25일 : 6 · 25 전쟁일(1950)

* 단오 : 씨름의 날

5) 7월의 행사 및 역사

1일 : 사회적 기업일

2일 : 협동조합의 날

4일 : 7 · 4 공동 성명(1972)

7일 : 경부 고속 도로 개통(1970)

11일 : 인구의 날

13일 : 정보보호의 날

17일 : 제헌절(1948)

27일 : 유엔군 참전의 날(1953)

(이 달의 학급 중요 업무)

1. 여름 방학 계획
2. 교과 및 행동 발달 상황 종합 평가
3. 특별 활동 상황 종합 평가
4. 통지표 작성
5. 비상 소집망 조직
6. 종업식
7. 학급 비품 관리

6) 8월의 행사 및 역사

8일 : 손기정 베를린마라톤 제패기념일(1936)
14일 : 국기 사용 개시의 날(1882)
15일 : 광복절(1945)

(이 달의 학급 중요 업무)

1. 개학
2. 과제물 처리
3. 학급 사안 및 학생 사고 처리
4. 통신표 회수
5. 교실 환경 정비

※ 이 달의 생활 지도 주안점

1. 규칙적인 생활을 하고 충분한 휴식과 건강 증진을 위해 힘쓰자.
2. 사고 없는 휴가 생활이 되도록 힘쓰자(수상 안전, 교통 안전, 일사병, 등반 안전, 전염병 예방, 간염 예방, 유괴, 가출 등 사고의 미연 방지에 최선을 다하자).

3. 청소년 야영 활동을 통하여 심신수련, 정서 순화, 극기심

7) 9월의 행사 및 역사

1일 : 통계의 날, 제2차 세계대전 발발(1939)
4일 : 태권도의 날
6일 : 여군 창설 기념일(1950)
7일 : 사회복지의 날
10일 : 자살예방의 날, 해양경찰의 날
15일 : 유엔군 인천 상륙(1950)
18일 : 철도의 날
21일 : 치매극복의 날
22일 : 민방위 창설일
27일 : 세계관광의 날
* 추석

(이 달의 학급 중요 업무)

1. 운동회 및 학예 발표회 준비
2. 2학기 학급 임원 개선
3. 학급 일지 관리
4. 출석부 관리
5. 과제물 처리
6. 환경 정비 심사
7. 학급 문고를 이용한 독서 지도

8) 10월의 행사 및 역사

1일 : 국군의 날(1956), 한 · 미 방위 조약 체결(1953)

2일 : 노인의 날
3일 : 개천절
8일 : 재향군인의 날
9일 : 한글날(1927)
10일 : 임산부의 날
14일 : 표준의 날
15일 : 문화의 날, 체육의 날
21일 : 경찰의 날(1945)
22일 : 청산리 대첩(1920)
24일 : 국제연합일(1945)
25일 : 저축의 날
28일 : 교정의 날
29일 : 지방자치의 날

* 저축의 날 : 10월 넷째주 화요일

9) 11월의 행사 및 역사

1일 : 눈의 날
3일 : 학생독립운동 기념일(1929, 1984년 부활)
9일 : 소방의 날
11일 : 농업인의 날, 보행자의 날
17일 : 순국선열의 날
19일 : 아동학대 예방의 날, 이충무공 전사(1598)
23일 : 신의주 학생 반공 의거(1945), 노다이 사건(1940)
27일 : 카이로 선언(1943)
30일 : 수출의 날

* 육림의 날

(이 달의 학급 중요 업무)

1. 월동 준비
2. 학업 부진아 지도
3. 각종 적품 전시회
4. 입시 지도
5. 담당 학습원 손질

10) 12월의 행사 및 역사

3일 : 소비자의 날

5일 : 무역의 날, 자원봉사자의 날

10일 : 세계 인권 선언일, 제 1회 노벨상 수상식 거행(1901)

25일 : 성탄절

27일 : 원자력의 날

(이 달의 학급 중요 임무)

1. 겨울 방학 계획
2. 이웃 돕기 계획
3. 위문 행사 계획
4. 제장부 정리
5. 비품 정리 · 보관

11) 1월의 행사 및 역사

1일 : 신정, 태극기를 국기로 정함(1883), 서기 연호 전용(1962부터), 미국 노예제도 폐지(1863)

2일 : 소련 세계 최초로 태양계에 인공위성 발사(1959)

4일 : 1.4 후퇴(1951)

21일 : 원자력원 발족(1959), 무장 공비 서울에 침입(1968)

28일 : 보이 스카우트 창설일(1922)

30일 : 유네스코 한국 위원회 발족(1954)

(이 달의 학급 중요 업무)

1. 새해 계획 세우기
2. 새해 인사 및 편지 쓰기
3. 일기 및 독후감 쓰기

12) 2월의 행사 및 역사

1일 : 우리나라에서 처음으로 종두법 실시

15일 : 동학혁명 발생(1894)

* 설날
* 졸업식
* 종업식

(이 달의 학급 중요 업무)

1. 개학
2. 겨울 방학 중 과제물 처리(전시회 등)
3. 학년말 고사 실시
4. 졸업식
5. 졸업식 전후 특별 교외 지도

주)

1) 山田秀峰, 學習指導法, 岩埼書店, 1954, 156~157쪽.
2) Barton. W.H: *The Guidance of Activities*, Applenton Century, Co. 1994. pp. 363~364.
3) 上揭書, 363~364쪽.
4) 上揭書, 363~364쪽.
5) 咸宗奎, 學習指導, 서울, 螢雪出版社, 1985, 165~166쪽.
6) 朴商浩, 學習指導法, 學文社, 1978, 124쪽.
7) 千炳其, 現代敎授-學習指導論, 서울, 螢雪出版社, 1983, 144~145쪽.
8) 鄭華永 外, 實技敎育方法論, 서울, 螢雪出版社, 1985, 240쪽.

CHAPTER 05

실기지도의 교수매체

Methodology for Practical Education

제1절 교수매체의 의의

교사가 교수하기 위하여 사용하는 일체의 자료를 교수매체라고 한다. 바꾸어 말하면 교사와 학생 간의 통신이 원활하게 이루어질 수 있도록 도와주는 것이 교수매체라고 할 수 있다. 학생에게 시각 · 청각 등의 인간의 감각기관을 자극하여 전달내용이 가장 명확하게 전달되도록 도와주는 것이다.

교수매체란 단적으로 말해서 수업활동에 동원되는 모든 기기와 자료를 의미한다. 이를테면 교재, 교구, 교육기재, 교육매체 등으로 불리는 모든 것을 총칭하는 것이다. 교육의 목적을 효율적으로 달성하기 위하여 활용되는 모든 수단과 방법을 포괄하는 것이다. 교사가 학생들의 학습현장에서 활용할 수 있는 가능한 모든 종류의 자료를 말한다. 만약 수업매체가 없다고 가정할 때 어떤 문제가 야기될까, 그것은 두말할 것도 없이 교사와 학생 간의 통로가 형성되지 못한다. 교사-학생 간의 일대일의 관계 형성은 이루어지지 않을 것이며 수업 전개와 학습활동의 아무런 가치도 부여할 수 없을 뿐만 아니라 학습의 효과도 물론 기대할 수 없다.[1)]

따라서 교수매체가 교육적 효과를 높이기 위해서는 우선 학습자 수준에 적절한 교수매체의 제작이 뒤따라야 한다. 학습자 수준에 비하여 난이도가 높은 교수매체는 이해하기 힘든 점도 있지만 특히 흥미를 잃을 수가 있으며 난이도가 낮은 교수매체는 호기심을 자극하기 어렵고 수업의 긴장도를 떨어뜨린다.

또한 교수매체는 수업중에 적절히 활용할 수 있도록 기능별, 분야별, 수업진행 순서별 등으로 유목화시키고 코드를 부여하여 일목요연하게 자료실에 정리해야 한다. 아울러 교수매체 반출입 대장을 만들어 체계적으로 관리해야 하며 망실된 경우에는 수시로 점검하고 보완하여 다음 수업활동에 지장이 없도록 한다.

이와 같이 교수매체가 수업활동에 있어서 수업의 질이나 수업의 흥미와 관련된 중요한 기기와 자료라고 생각한다면 교우자는 항상 보다 효율성 높은 교수매체가 어떠한 것인지를 수업활동과 관련지어 활용하도록 하고 또 필요하다면 제작할 필요도 있다.

제2절 교수매체의 종류

1) 실물

학습현장을 사회의 현장에 진출시켜 사회의 문제를 이끌어 들여 현장학습을 방불케 하는 유익한 요소를 가진 교재를 자원으로 하여 유효적절하게 활용할 수 있는 것이 실물이다.

피교육자로 하여금 여행이나 견학으로 실생활에 기여할 수 있는 교육을 체득하게 하여 학습효과를 향상시킬 수 있다고는 하나 거리와 시간적인 소비, 경제적인 부담 등으로 불가능한 점이 적지 않다. 그러한 어려운 상황에서 실물을 가지고 직관교육을 실시한다고 하면 그 이상의 효과는 없을 것이다.

이러한 실물 학습의 장 · 단점을 살펴보면 다음과 같다.

① 장점

㉠ 시각의 대상이 되는 사물을 자연의 상태로서 관찰한다.

㉡ 구체적 · 직접적 · 입체적인 관찰을 한다.

㉢ 형태 · 색채 · 냄새 · 음색 · 맛 · 단단한 정도 등을 직접 조사할 수 있다.

㉣ 자연물에 의한 산 교재를 주어 실생활과 결부시켜 준다.

㉤ 시간적 여유를 가지고 충분한 관찰과 실험 · 실습이 가능하다.

㉥ 교과의 학습상황을 종합적으로 체험할 수 있어 실사회 생활에 기여할 수 있다.

㉦ 영화나 환등과 같이 특별한 교구나 시설이 필요 없으며 가식이 없고 실지 학습에 있어서 다른 시청각 교재가 이 실물을 따를 수 없는 효과를 가지고 있다.

② 단점

㉠ 시기적인 자유가 없다.

ⓛ 실물의 크기에 한정이 있다.

2) 모형

실물이나 표본이나 현장학습에 가장 적당한 학습 자료란 것은 누구나 다 사용할 수 있으나 우주 전체나 지구의 형태와 같이 거대한 실물이나 기관차나 자동차 같은 것이나 미생물의 상태, 원자 등의 형태는 실물로서 등장시킨다 해도 관찰이 용이하지 않아 모형이 필요하다. 복잡한 것을 단순화하고 중요한 부분만을 노출시킴에 따라 피교육자에게 원리 원칙을 빨리 납득시키도록 함에 목적이 있다. 모형에는 다음과 같은 종류가 있다.

(1) 모형의 종류

① 축소시킨 모형 : 우주 전체나 도시모형 · 건물모형 · 교통 Panorama 등에 많이 사용된다.

② 단순화된 모형 : 피교육자에게 실물이나 현장이 지나치게 복잡성을 띠고 있을 때는 그 구조를 인식하기 곤란한 물체를 단순화하여 복잡한 부분의 일부를 노출시켜 제작한 모형으로서 시계의 톱니바퀴나 진자 등을 만들어 보여줄 수 있다.

③ 단면모형 : 증기기관의 단면은 실물로서는 내부의 동작상태를 관람시킬 수 없으나 단면모형으로써 원리를 설명할 수 있다.

④ 실물대의 모형 : 실물 표본을 얻지 못하여 고고학의 유물이나 모조품을 만들어 보여주기 위한 모형을 말한다.

⑤ 확대모형 : 미생물이나 원자의 모형들을 확대하여 제시한 경우의 모형이다.

(2) 모형에 의한 교육적 효과

① 직접 경험에의 안내는 현장 학습에서 얻은 발전소를 상상하면서 발전소의 모형을 관찰하여 확실한 이해를 시킬 수 있다.

② 서적이나 설화에서 얻은 간접적인 경험을 모형에 의하여 입체화해서 현실적인

이해를 시키며 재현물로써 등장시킨다.

③ 효과적인 모형은 분해 또는 조립도 가능하여 시각적이고 입체적인 학습자료이다.

3) 표본

표본도 실물의 일종이다.

그러나 생명체에 있어서는 생명이 없는 것이 표본이고, 자연적인 위치에 있지 않는 것이 표본이다. 또한 광석이나 제조공정을 알려 주기 위한 표본공장에서의 거리에 차이가 있으며 동적인 요소가 결여된 점, 장기간의 보관 등으로 표본이 퇴색하여 색체가 부적당한 점 등이 차이가 있다.

표본은 피교육자의 학습의욕을 고취시키고 시각을 통한 빠르고 바른 이해를 시키기 위한 것이다. 표본은 실물이나 그 일부를 형상대로 등장시키는 것으로서 현실대로 등장시킬 수 없을 때 사용하는 것이다.

또한 현실 자체로서는 관찰하는 데 시간의 소비가 과다한 것이거나 원상태로는 내부의 상태를 관찰할 수 없는 것 등을 관찰할 때 필요한 것이다.

그러나 이와 같은 것을 사용함에 있어서는 표본만으로는 완전한 관찰이 불가능할 것이다. 따라서 현장과의 관련이나 영화 · 사진 · 회화 등의 활용으로서 불완전한 점을 메워 줄 수 있다.

표본의 종류로는 광물표본, 식물표본, 동물표본 등이 있다.

4) 그림과 사진

아름다운 꽃이 피는 과정이나 매미가 허물을 벗는 모습을 어린이들에게 이해시키려면 오랫동안 시간을 두고 관찰을 해야 한다. 그러나 순서 있게 수집된 일련의 그림이나 사진은 바로 그 자리에서 모두 이해할 수 있게 만든다. 그림은 이용만 잘하면 만인에 공통되는 통보매체가 되기 때문에 학교에서는 개인이나 분단학습에서 유용하게 활용할 수 있으며 실물 환등기에 넣을 경우는 전체 학습에도 활용할 수 있다.

그림과 사진의 특성을 살펴보면 다음과 같다.[2)]

① 어떤 事象의 일부분 또는 한 단면을 고정된 형으로 재현한 정화(靜畵)이다.
② 현실 그 자체가 아니라 사상에 의하여 현실을 표현한 것이다.
③ 어떤 현실을 효과적으로 압축하고 간결한 모양으로 바꾸어 표현한 것이다.
④ 실물 환등기에 의하여 많은 사람이 동시에 볼 수 있고, 개인적인 연구에도 이용할 수 있다.
⑤ 가지고 다니기 쉽고 필요할 때는 어디서나 간단히 사용할 수 있으며 또 다루기 쉽다.
⑥ 반복해서 여러 번 쓸 수 있으며, 정리, 분류, 보관하기가 쉽다.

이상에서처럼 시청각 교재 중에서 가장 구하기 쉽고, 값싼 교재 중의 하나인 이 사진과 그림은 평상시에 많이 수집하여, 이용과 보존에 편리하도록 스크랩북 등을 만들어 분류, 정리해 두어야 학습할 때 간편하게 쓸 수 있을 것이다.

아울러 Dale이 주장하는 그림이나 사진을 선정하는 기준을 살펴보면 다음과 같다.[3)]

① 학습지도의 목적을 달성하는 데 도움이 되는가?
② 일반적으로 보아 정당한 인상을 주는가?
③ 기술적 · 예술적인 관점에서 우수한 그림인가?
④ 상상력을 자극할 수 있는가?
⑤ 아동의 지식을 증대하는가?
⑥ 실물의 상대적인 크기를 바르게 전하고 있는가?
⑦ 필요할 정도로 상세한 사항을 갖추었는가?
⑧ 주제는 명료하게 표현되어 있는가?
⑨ 흥미를 유발할 것인가?
⑩ 학습자의 수준에 맞는가?

5) 칠판

칠판은 여러 가지 시각적 자료를 간단하게 제시해 주는 매체로서 가장 근본적이고 친근한 교구이며, 어느 학교에서나 학습지도상 으뜸가는 전용물이 되고 있다.

(1) 칠판의 사용방법[4)]

칠판을 효과적으로 활용하기 위해서는 몇 가지 중요한 기법에 대한 지식과 기술이 요구된다.

첫째, 칠판은 청결하게 유지하고 정리해 둔다.

지우개, 칠판, 분필 등을 규칙적으로 놓고 정기적으로 청소한다. 그리고 관계없는 내용은 모두 지우고 며칠 동안 계속해서 제시하여야 할 사항은 칠판에 써 놓지 않도록 한다. 칠판을 깨끗하게 함으로써 수업이 산만해지는 것을 막을 수 있다.

둘째, 색상 조절의 효과를 높이도록 색분필을 사용한다.

칠판의 색깔에 따라서 사용하는 분필의 색상도 달라진다. 그러나 한 가지 색만을 사용하는 것보다 중요한 것은 다른 색으로 표기하는 등 색상의 변화를 주는 것은 수업의 효과를 배가시킬 수 있다. 아울러 색분필을 사용하기 전에는 햇빛이나 전등의 빛을 피해서 사용해야 한다는 것을 명심해야 한다.

셋째, 글씨와 그림은 가급적 모두가 알아볼 수 있는 적당한 크기로 쓴다.

모든 기호는 전체 학생들이 쉽게 볼 수 있도록 커야 한다. 눈의 긴장감을 줄이고 학생들의 주의력을 유지하기 위하여 이러한 사항은 특별히 중요하다.

글자는 대개 3.5~7.5cm 정도가 좋으며 또박 또박 써야 한다. 그러나 강의할 내용이 많아 판서가 너무 오래 걸릴 때는 인쇄물을 이용하는 것이 바람직하다.

넷째, 판서한 내용을 설명할 때는 학생들을 응시한다.

많은 교사들이 칠판에 판서를 하는 동안 학생들에게 신경을 쓰지 않는다. 그러한 교사는 종종 학생들에게 돌아서서 주의를 집중시켜야 한다. 아울러 판서한 내용을 설명할 때는 칠판을 향하지 않고 학생들을 응시하며, 집중시키는 것이 효과가 높은 것은 자명한 이치이다.

다섯째, 학생들의 시야를 가리지 않도록 유념해야 한다.

칠판 앞에 서 있거나 다른 방법으로 시야를 가리는 일이 없도록 한다.

가능한 한 한 쪽에서 서서 설명하고 특별한 주의를 요하는 부분에서는 지휘봉을 사용하는 것이 편리하다.

여섯째, 자료를 효과적으로 배열하기 위하여 미리 계획을 세운다.

교사는 사전에 치밀한 계획을 수립하여 둠으로써 필요없는 판서나 설명을 피할 수 있고 강의의 내용이 충실해질 수 있다.

일곱째, 긴 문장이나 복잡한 그림은 사전에 만들어 둔다.

시간을 절약하고 학생들의 주의가 산만해지는 것을 막기 위해서 교사는 칠판 위에 정밀도나 복잡한 그림은 미리 준비해 놓는 것이 좋다. 복잡한 그림을 이용하여 강의할 필요가 있을 때 수업 전에 그림의 중요한 부분이나 세부사항은 그려놓고, 그림을 완성하면서 설명을 곁들이는 방법은 매우 효과적이다.

(2) 칠판의 장 · 단점

① 장점

- 거의 모든 교실에서 쉽게 이용할 수 있다.
- 다른 교구에 비해 쉽게 사용할 수 있다.
- 학생과 교사에 의해 광범위하게 사용될 수 있다.
- 설치비가 저렴하고 분필만이 소비품목이기 때문에 경제적이다.
- 중요한 요점을 강의하고 요약하는 데 적당하다.

② 단점

- 많은 양의 자료를 취급할 수 없다.
- 세부적이고 복잡한 그림은 그리기가 어렵고, 그리는 데 많은 시간이 소비된다.
- 영구적인 기록이 필요한 상황에는 부적당하며 학생들이 스스로 메모를 하지 않으면 똑같은 내용을 전달할 수 없다.
- 분필가루가 건강을 해친다.

(3) 칠판의 종류

칠판의 종류는 용도와 크기, 위치에 따라서 다음과 같이 구분된다.

① 고정칠판 : 대형으로서 정면, 배면, 측면 등에 배치되어 있음
② 이동칠판 : 소형 칠판
③ 회전칠판 : 양면 칠판
④ 승강식 칠판 : 이중 칠판
⑤ 오선칠판 : 악보를 적기 위한 칠판
⑥ 그래프 칠판
⑦ 지도철판 : 가장 많이 쓰이는 지도를 윤곽만 그려 놓은 칠판
⑧ 게시용 칠판
⑨ 자석칠판 : 판면이 철판으로 되어 있다.
⑩ 화이트보드 : 매직이나 유성펜을 사용하는 칠판이다. 간단한 설명을 하거나 주의사항 등을 전달할 때 많이 사용한다.

(4) 칠판의 특별한 활용

일반적인 칠판 이용법 이외의 칠판 활용법을 알아두는 것이 매우 필요하다. 학생들 앞에서 복잡한 그림을 그리는 절차를 보여주어야 할 필요가 있을 때 교사는 칠판에 자신이 볼 수 있도록 연필로 미리 표시를 해 두는 것이 좋다. 그리고 강의 도중에 연필선을 따라 그림을 완성하면 훨씬 정확하고 시간을 절약할 수 있다. 실물 환등기를 활용하여 교재나 다른 참고문헌으로부터 영상을 옮겨 놓을 수도 있는데, 실물 환등기를 가까이 혹은 멀리 움직여서 원하는 대로 이용할 수 있다.

논리적인 연속성을 갖고 한 번에 일련의 절차나 순서를 밝히는 데 적당한 방법으로 커튼 기법을 이용한다. 미리 준비한 내용을 수업이 시작되기 전까지 커튼으로 가려둔다.

한 항목씩 수업이 진행됨에 따라 토의가 진행될 수 있도록 커튼을 움직이면서 수업을 진행하는 것은 학생들의 주의를 집중시킬 수 있어 좋다.

6) 게시판[5)]

학교 내외에 게시하는 게시물은 시각을 통한 효과적인 교육방법의 하나로서 학교 내의 게시판이나 벽면 또는 기타 공간을 이용하여 환경을 미화하고 어린이들의 학습 활동을 촉진하며 생활태도를 바르게 하는 데 그 뜻이 깊다. 그러므로 시각적인 통신수단으로서 그 자료는 읽기 위한 것이기보다는 보기 위한 자료로서 학습자로 하여금 자연적으로 시선과 흥미를 이끌게 고안되어야 한다. 아울러 게시판이 학생들의 정서함양에도 일익을 담당하고 있는 점을 감안하여 형식적이 아닌 내실 있는 게시판 꾸미기에 노력을 기울여야 한다.

(1) 게시 교육의 가치

① 게시하는 내용에 따라서

- 뉴스를 전하거나 생활지도상 요점을 알리며,
- 학습결과를 발표하여 노력의 성과와 능력을 확인시키고 학습의욕을 촉구하며, 상호 이해로써 경험을 나누게 하고 아동들의 참여로 협동심과 창의력이 길러진다.

② 게시하는 방법에 따라서

정서적 · 심미적 감흥을 일으키고 예술적인 창의력을 기르게 된다. 이와 같이 학교 또는 학급 분위기를 생동하게 이끌며 아름답게 정돈된 학교의 환경을 이룩할 수 있다.

(2) 게시판 활용 및 제작요령

① 현재 학습 중인 특정 과목에 관한 연구 보고를 한다

문장은 되도록 짧게 하고, 내용은 간결하고 정확하게 한다.

② 아동의 사고와 연구심플 북돋아 주는 재료를 제공한다

- 현재 진행 중인 학습과 관련시키고,
- 많은 학생이 관심을 가질 수 있게 한다.

③ 학습재료의 수집 및 수집재료의 조직과 평가할 수 있는 기회를 제공한다

- 한 가지에 집중한다.
- 일정한 기간만 제시한다.

④ 질문 또는 문제를 제기한다

- 되도록 적은 요소를 통합한다.
- 학습자의 생활에 절실히 필요한 내용을 선택한다.

⑤ 협동학습에 참여할 수 있는 기회를 제공한다

- 자발적인 학습의욕을 돋군다.
- 협동작업을 하게 한다.

⑥ 학급의 중요 특정사항을 게시한다

- 학교와 지역사회의 움직임의 특징과,
- 보도 중심의 시사문제를 게시하고,
- 어린이 작품 연구물 보고서 등을 게시한다.

(3) 게시판 제작의 내용

① 흥미를 일으키는 내용

- 개인 소식, 음악회, 운동회, 영화회
- 새로운 학습 제목에 대한 소개

② 교과목을 발전시키는 내용

- 학생들에게 자극을 주어 학습의욕을 돋움

③ 보도 역할을 하는 내용

- 뉴스나 연구 결과보고 등을 게시한다.

④ 태도를 변화시키는 내용

- 예의에 대한 만화
- 안전 포스터
- 보건에 대한 팸플릿, 포스터

⑤ 교실 환경을 위한 내용

- 학생 스스로가 개인 또는 공동으로 계획 제작하는 가운데 기본적인 기술이 습득되며 상상력 · 창의력이 발휘될 수 있는 자극을 준다.

(4) 게시판의 제작과정

① 주제의 선택 : 매혹적이고 흥미를 끌 수 있는 주제로 선정한다.
② 자료수집 : 주제에 따른 각종 자료를 수집한다.
③ 설명문 작성 : 간단하고 좋은 문장으로 작성한다.
④ 배치설계 : 시간적인 배치와 배색을 한다.
⑤ 글씨쓰기 : 간결하고 단정하며 아름답게 쓰고 중요한 글씨는 크게, 중요하지 않는 글씨는 작게 한다.
⑥ 평가 : 기술적으로 적절한 배치인가? 글씨인가? 내용인가?

(5) 게시판 제작의 배치요령

① 흥미 있는 공간 분할을 한다. 가로 세로의 공간을 빗겨 위로 흥미 있게 분할한다.
② 균형이 잡히게 배치한다.
③ 간소하고 아름답게 정서적으로 배치한다.

(6) 게시판 제작의 구성요건

① 조화 : 내용이나 배열은 잘 어울리는지, 글자와 배색 등 전체적인 통일이 잘 어울리는지를 본다.
② 균형 : 내용 배열이나 배색 등의 양면 균형이 잘 잡혀서 불안감이 없어야 한다.
③ 대조 : 게시 내용의 부분부분이 확실히 보일 수 있도록 명암이나 크기, 색채, 또는 형태가 상호관계에 의하여 특성이 잘 나타나게 한다.
④ 율동 : 형체나 선의 적당한 움직임이 있도록 변화를 준다.
⑤ 강조 : 특히 중요한 부분을 강조하여 단조로움을 깨뜨리고 강한 인상을 준다.

(7) 게시판의 글씨

글씨는 사상이나 감정을 전달하는 매개체로서 게시물에 있어서는 게시의 의미를 보다 유효적절하게 나타내어야 하므로 일반적인 글씨보다 더욱 더 적극적으로 표현되어야 한다.

① 글씨의 모양

- 정자로 바르게 쓴다.
- 그리는 글씨는 너무 지나친 모양 바꿈을 하지 않아야 한다.
- 컴퓨터를 이용한 글씨는 학습환경이나 대상 학생들의 수준을 고려하여 적절한 글자체를 활용하여야 한다.

② 글씨의 크기

- 강조할 부분의 글씨는 크게
- 잘 보일 만큼 큰 글자로 써야 하지만 너무 크지 않게 써야 한다.

③ 글씨의 색

어두운 색의 글씨는 밝은 배경에, 밝은 색의 글씨는 어두운 배경에

(8) 게시판의 위치

① 교실 전면, 측면, 후면벽
② 복도, 운동장, 교문 부근
③ 눈에 잘 띄는 곳
④ 어린이들이 자주 드나드는 곳
⑤ 밝은 곳
⑥ 높지 않고 보기에 알맞은 곳

(9) 게시판의 평가

게시판을 만든 다음에는 다음과 같은 점을 평가해 보는 것이 매우 중요하다.

① 아이디어와 주제가 잘 나타났는가?
② 글씨는 눈에 잘 띄고 배치는 아담한가?
③ 균형이 잡혔는가, 공간 분할이 잘 되었는가?
④ 색깔은 효과적이었는가?
⑤ 흥미를 끌 수가 있는가?
⑥ 학습에 도움이 되었는가?
⑦ 상상력 · 창의력을 일으켜 주었는가?
⑧ 시기적으로 적합하였는가?
⑨ 주제가 게시장소에 알맞은가?

7) 융판[6)]

융판이란 활용목적에 따라 적당한 크기의 합판이나 두꺼운 종이의 표면에 털이 나 있는 천을 붙여 그 위에 각종 교수 · 학습 자료를 붙여 사용하는 것이다.

융판이 가지는 특성은 다음과 같다.

① 간단한 교재물이다.

② 융통성이 있다.
③ 시간이 절약된다.
④ 적응성이 있다.
⑤ 색깔과 모양이 다양하다.
⑥ 주의를 집중시킨다.
⑦ 비용이 적게 든다.

융판을 사용할 때의 주의할 점은 다음과 같다. 융판이 학생의 눈높이에 있어야 하며 윗부분을 뒤로 약간 기울인다. 게시한 내용은 어디서나 잘 볼 수 있을 정도로 커야 하고, 게시 전에 그 자료를 순서대로 정돈해 두어야 하며 한 번에 너무 많은 종류의 게시를 삼간다. 그리고 게시할 때에는 아래로 밀면서 붙이면 잘 붙는다.

접착물의 이면에 붙여진 자료로서는 사포보다는 찍찍이를 사용하는 것이 더욱 효과적이다. 또 사용 후에는 자료보관에 주의를 하여야 한다. 융판 제작 시 베니어판 위에 융판을 씌우는 것보다 함석을 넣는다든지, 앞면과 뒷면의 융 색깔을 다른 색으로 한다든지 하면 다양한 학습자료를(자석 자료 등) 효과적으로 교수 · 학습하는 데 이용할 수 있다.

8) 괘도[7)]

한 장씩 떼어 쓰는 자료철이라고도 하는 괘도 자료는 쉽게 이동할 수 있어서 교실이나 실험실 등의 거의 모든 교육장소에서 다양한 용도로 활용할 수 있다.

괘도를 효과적으로 활용하기 위하여 다음과 같은 기본적인 사항들에 대한 지식을 갖추고 있어야 한다.

(1) 사용방법

첫째, 매직펜과 유성펜을 사용하여 색상 조절의 효과와 글씨 두께의 차이를 높여야 한다.

펠트를 씌운 연필과 유성연필, 또는 매직펜이나 유성연필의 색을 맞추어 색상 조절의 효과를 높인다. 매직펜으로는 표를 한다.

강의에 다양성을 주기 위해서 그림을 그리고 중요한 낱말을 표시할 때는 다른 색상을 사용해야 한다. 그러나 칠판과 마찬가지로 전체적인 색상과 불빛 등을 고려하여야 함은 물론이다.

둘째, 글자와 그림은 충분한 크기로 한다.

다른 문자매체와 마찬가지로 학생들이 쉽게 식별할 수 있도록 해야 한다.

셋째, 긴 설명이나 복잡한 그림은 미리 준비한다.

칠판과 마찬가지로 시간을 절약하기 위해 정밀하거나 복잡한 그림은 미리 괘도에 준비해 둔다. 그리고 자 · 컴퍼스 등을 이용하여 정확한 그림을 그리도록 한다. 수업 중에 매직을 이용하여 그림을 그린다.

넷째, 학생들의 시야를 가리지 않도록 한다.

칠판과 마찬가지로 무의식 중에 학생들의 시야를 가리는 일이 없도록 한 쪽 귀퉁이에 서서 수업을 진행하는 것이 좋다.

다섯째, 게시방법을 활용한다.

괘도 자료는 손쉽게 절차나 도표들을 연속적으로 한 장씩 게시할 수 있다. 자료는 미리 준비할 수 있고 토의나 강의를 하는 도중 적당한 시간에 제시할 수 있다.

여섯째, 자주 활동되는 괘도 자료, 도표는 잘 보관해 두는 것이 좋다. 같은 설명문이나 그림은 여러 번 그리는 것보다는 한 번 그린 것을 잘 보관해 두었다가 다시 사용하는 것이 경제적이고 효과적이다.

(2) 괘도의 장 · 단점

① 장점

교사가 효과적인 교육도구로 괘도를 사용하는 데에는 다음과 같은 장점이 있다.

㉠ 가볍고 작게 접을 수 있어서 쉽게 이동할 수 있으며 거의 모든 장소에 설치할 수 있다. 소집단에서 활용하기 위해 교실이나 실험실에 설치할 수도 있다.

㉡ 활용하기 쉽고 다루기 쉽다.

㉢ 학생과 교사에 의해 다양하게 활용될 수 있다.

㉣ 몇몇 개인이나 소집단에서 동시에 괘도에 있는 자료를 사용할 경우 종이로 뜯어 각 집단에 배포, 시간을 절약할 수 있다.

㉤ 준비된 자료는 반영구적이며, 보관에 신경을 쓰면 영구적으로 사용이 가능하다.

㉥ 구입비가 다른 교구에 비해 상대적으로 저렴하다.

② 단점

㉠ 많은 자료를 취급할 수 없다.

㉡ 정밀하고 복잡한 그림을 그리기가 어렵고 많은 시간이 소비된다.

㉢ 괘도의 크기가 한정되기 때문에 대집단 제시에는 부적합하다.

㉣ 용지를 계속 구입해야 하는 경제적 부담이 뒤따른다.

9) 자석판[8)]

자석판을 학습에 활용하게 된 것은 비교적 근래부터인데, 공장이나 군대의 교육자료로 사용되어 왔다.

자석판은 그 제작이나 사용에 있어서 칠판 및 융판과 비슷하며 융판은 합판 위에 융을 씌워서 만들 수 있듯이 자석판은 엷은 철판을 사용한 것이 차이가 있으며 보통 철판 위에는 백묵으로 판서할 수 있도록 칠을 하여 칠판 대용으로 사용할 수 있으므로 더욱 효과적이다. 자석판에 사용되는 자료는 융판자료와 같은 전시물 뒷면에 작은 자석조각을 붙여서 만든 것으로 자료를 자석판에 붙여가며 학습에 활용하게 된다.

자석판의 크기와 모양은 용도에 따라 적절히 제작 · 사용할 수 있고, 이동용 소형판을 만들거나 경첩을 달아 접어서 휴대에 편하도록 제작할 수도 있다.

철판의 칠은 윤기가 나는 '파스텔컬러 페인트'와 같은 것을 쓰면 자석의 힘을 잃게 되므로 유의해야 한다. 자석판은 융판과는 달리 수직으로 세워도 자료가 잘 뜯어지지 않기 때문에 어떤 벽에서든지 쉽게 걸어서 사용할 수 있다.

그리고 자석판의 활용은 광범위하나 특히 어떤 구성 요소들의 배치 및 이동을 하면서 설명하게 되는 내용들, 즉 운동경기장의 선수들의 움직임이나 운전연습에서의 자동차의 진행 또는 전쟁터에서의 군부대의 이동 설명 등에서는 효과적인 시각 보조 자료가 될 것이다.

자석판의 사용에는 특별한 기술을 요하는 것은 아니지만 자료의 사전준비와 전시를 효과적으로 하기 위한 계획이 이루어져 있어야만 하겠다.

10) 시연 (Demonstration)

일명 시범학습이라고 한다.

시연은 교사가 어느 특정 부분을 천천히 함으로써 교수활동에 변화를 일으키게 되며 아동들 입장에서는 학습문제에 흥미를 가지고 쉽게 이해할 수 있게 된다.

시범학습 시 지켜야 할 사항을 살펴보면 다음과 같다.

① 시범자는 시범의 목적과 내용을 분명히 인식해야 한다.
② 시범은 모든 학생들이 모두 잘 볼 수 있도록 마련하여야 한다. 교사의 위치나 학습자의 위치를 유효적절하게 처리하여야 한다.
③ 시범은 설명에 따라야 하고 계획된 내용의 순서를 따라 진행하여야 하며 필요할 경우는 반복한다.
④ 시범에는 철저한 준비가 필요하며 시범에 방해가 되는 것은 사전에 치워둔다.
⑤ 교사의 시범 후에는 학습자가 연습할 기회와 필요한 비품을 준비한다.
⑥ 시범에 앞서 교사는 교과내용을 분석하여 시범보다 더 효과적인 지도방법이 없겠는가를 검토해 본다.
⑦ 시범을 마친 후에 교사는 반드시 간단한 평가를 실시하여 학생들이 어느 정도 이해하고 있는지를 알아본다.

11) 견학

견학은 학교수업에서 직접 경험할 수 없는 교육내용을 현장학습을 통하여 피교육자들로 하여금 어떤 실제 사실이나 과정을 직접 경험하게 하여 학습 문제를 쉽게 그리고 흥미를 가지고 이해하도록 하기 위한 학습의 한 형태라고 할 수 있다.

그러나 흔히 학생들의 흥미나 취향, 필요 등을 고려하지 않고 무계획한 견학을 시킴으로써 소기의 성과를 달성하지 못하는 예가 많다. 견학을 효과적으로 수행하기 위하여 다음과 같은 사항들에 대하여 사전 분석이 필요하다.

① 현지 답사를 통하여 교통수단 및 도중에 견학할 수 있는 내용들과 유인물을 준비한다.
② 교사는 견학에 필요한 학교장과의 논의, 학부형의 양해 및 견학지의 허가를 맡는 등 행정적 절차를 끝내야 한다.
③ 견학에 필요한 세밀한 시간 계획을 세우고 학교에서의 경비 부담이 어려우면 학부형에게 양해를 구해야 한다.
④ 견학에 관한 여러 가지 사항을 학생들에게 주지시키기 위한 계획을 세운다.
⑤ 견학 실시 시 학생과 교사가 준비해야 할 사항을 결정한다. 즉, 기록물이나 녹음기, 사진기 등의 준비라든지 복장에 관한 사항들이 여기에 해당한다.

아울러 견학할 때 생산적인 견학을 위하여 유의해야 할 점을 살펴보면 다음과 같다.

① 견학의 목적을 학생들에게 이해시킨다.
② 교사는 성공적인 견학이 되기 위하여 항상 학생들과 같이 행동하고 학생들의 견학태도를 지도 · 감독한다.
③ 견학지에 이르러 교사는 견학의 목적물을 알려 주고 해설이나 안내를 주의 깊게 시청하고 관찰하도록 지도한다.
④ 견학지의 업무나 작업에 폐를 끼치거나 시설, 기구 등을 해치지 않도록 지도한다.
⑤ 가급적 개인 행동을 방지하고 단체 행동에서 이탈하지 않도록 한다.
⑥ 현지 견학을 통해 목적한 내용 가운데에서 성공적으로 견학하거나 관찰하지 못한 것은 정확히 알아두었다가 사후 지도에서 보충 설명해 주도록 한다.
⑦ 견학 후에는 사후 활동으로 견학 내용에 대하여 보고서를 받아 견학의 의의를 스스로 발견하도록 하고 현장 견학이 학습에 많은 흥미를 가져온다는 것을 인식하게 한다.

12) 슬라이드 환등기 (Slide Projector)

슬라이드는 다방면성을 가진 수업매체이다. 다양한 교수 요구를 충족시키기 위하여 배열하고 재배열하기가 용이하다. 슬라이드 수업은 반드시 교실을 어둡게 하여야만 실시되는 것은 아니며, 제시 속도도 교사에 의하여 좌우되고 교사는 설명을 할 수도 있다.

① 교육내용을 정화(靜畫)의 상태로 확대 영사할 수 있다.
② 현실에 접근된 경험을 제공할 수 있다.
③ 정적이고 시간의 제한을 받지 않는다.
④ 주의력 집중과 인상의 강화를 가져올 수 있다.
⑤ 기계의 조작이나 시설이 간편하다.
⑥ 슬라이드를 스스로 만들 수 있다.
⑦ 복제가 가능하다.
⑧ 다른 자료에 비하여 활용이나 관리가 편리하다.
⑨ 정서적이고 오락적인 보도에 효과적이다.
⑩ 특수표현이 가능하다.

효과적인 슬라이드 환등기 조작을 위하여 다음 사항들에 주의할 필요가 있다.

① 영사대는 안전한 것을 택해야 한다. 가능하다면 환등기 전용 영사대를 설비하는 것이 좋다.
② 냉각 송풍기가 달린 환등기는 먼저 모터 스위치를 넣어서 동작을 확인한 다음 램프 스위치를 넣도록 하는 것이 중요하다.
③ 영사할 때에는 먼저 램프를 키고 스크린 위에 화면이 잘 맞도록 환등기의 장치나 앙각(仰角)장치를 확정해 둔다.
④ 슬라이드 장치는 필름의 막면을 자기 앞으로 하고 화상이 거꾸로 되도록 틀에 넣는다.
⑤ 초점은 언제나 바르게 맞추도록 하여야 한다. 초점은 매장마다 맞춘다.

⑥ 영사 도중 코드에 무엇이 걸리거나, 환등기가 떨어지거나, 코드가 빠지거나 하지 않도록 코드의 위치를 안전한 곳으로 정해야 한다.

⑦ 영사가 끝나면 영사 전구의 스위치부터 끄고 잠시 동안 송풍기로 냉각시킨 후 모터 스위치를 끈다.

13) 투시 환등기 (Over Head Projector)

인기 있게 사용되고 있는 수업매체의 하나가 투시물 환등기인데 이것은 보통 25cm×25cm의 유리판에 트랜스 페런시(trans parency: TP)를 놓아 비쳐지게 하는 것이다. 또한 트랜스 페런시에 글씨(여러 가지 색깔의 사용이 가능함)를 쓸 수 있어 칠판 대용으로도 가능하다. 투시물 환등기의 주요 구조는 광원부, 광학부, 냉각장치, 자료대 등으로 구성되어 있다.

투시물 환등기가 갖는 교육적 특징은 다음과 같다.

① 밝은 실내에서 활용이 가능하다.
② 학습자와 대면해서 학습진행이 가능하다.
③ TP 자료와 종류가 많고 다양하다.
④ 다양성 있는 학습진행이 가능하다.
⑤ 자료제작이 간편하다.
⑥ 자료활용과 관리가 편리하다.
⑦ 기계조작이 간편하다.
⑧ TP를 겹쳐 놓음으로서 조직적 수업을 진행할 수 있다.

투시물 환등기의 형식은 제조회사에 따라 차이가 있으나 조작 원리는 다음과 같은 원리에 따른다.

① Projector lens가 벽이나 칠판을 향하도록 설치한다.
② Upper mirror(또는 topmirror)를 조절해서 광선을 스크린에 맞춘다.
③ 스위치를 켠다.

④ 투사판 위에 그림판 교재를 놓는다.
⑤ Lens-Mirror를 조절하여 초점을 맞춘다.
⑥ 글을 쓰면서 설명하는 경우에는 손으로 가리지 않도록 조심한다.
⑦ 여러 장의 TP를 중첩하여 투사할 수도 있다.

14) 실물 환등기 (Opaque Projector)

OHP가 TP를 제작하여야 하는 반면에 OP는 책이나 자료를 그대로 사용할 수 있는 것이 실물 환등기이다. 실물 환등기가 갖는 교육적 가치로는 자료의 수집이나 제작이 손쉽고 비용이 적게 들고, 피사체가 확대 영사되며, 제시물의 범위가 넓고 원색대로 제시가 가능하며 Scrap식 편집에 의한 계통적 학습지도가 가능하고 기계조작이 간단하다는 것이다. 반면 실물 환등기를 사용해야 할 때 주의할 점은 완전한 암막시설이 필요하고, 30분 이상 투영 시 중간에 냉각이 필요하고, 영사거리는 7m를 유지하여야 하고 교재를 잘 분류 · 정리하여야 한다는 것 등이다.

실물 환등기의 조작 방법은 다음과 같다.

① 기계대에 설치하고 전원과 연결한다.
② 교재판에 놓는다. 여기에서 주의할 것은 교사는 스크린을 향해 서서 교재를 판 위에, 교재의 아래쪽을 스크린에 향해서 똑바로 놓는다.
③ 모터와 램프를 켠다. 동시에 냉각장치가 작동한다.
④ 스크린에 초점을 맞춘다. 화면을 작게 하려면 프로젝터를 스크린쪽으로 가져가고 반대로 화면을 크게 하려면 뒤쪽으로 옮긴다.
⑤ 인쇄된 교재가 제시되는 실물에 따라서 렌즈를 조정하여 선명한 화면을 갖도록 한다.
⑥ 사용 후에는 모터와 램프를 끈다.
⑦ 전원을 끊고 케이스에 넣거나 덮개로 덮어서 잘 보관한다.

15) 교육 텔레비전

텔레비전(television)은 전신(電信) 혹은 공간을 통하여 음향과 더불어 정지하고 움직이는 像을 전달하는 절차 체계이다.

그 체계는 빛과 소리를 전기적 충동으로 전환하고 그들을 다시 볼 수 있는 시각적인 광선과 들을 수 있는 소리로 재전환시키는 설비를 이용한다. 어원적인 분석으로서의 Television은 Tele(멀리)와 vision(관찰)이란 말이 합쳐진 것인데, 멀리 떨어진 곳의 광경을 본다는 뜻이다. 텔레비전은 교수 과정에 있어서 강한 동기 유발 요소가 될 수 있다. 이제 많은 학교들이 교실에서 프로그램을 제시하기 위하여 사용될 수 있는 TV수상기를 가지고 있다. 또한 많은 학교들은 교사 그리고 학급에 의하여 TV발표가 창조적으로 이루어질 수 있는 TV시설을 갖추고 있다.

최초의 TV공개 실험방송은 1926년 영국의 John Baird에 의해서였고 정식 방송은 1936년 영국의 B.B.C였다. 우리나라는 1956년에 설치방송되었지만 지금은 교육방송으로서의 TV채널까지도 마련된 실정이다.

이러한 TV의 특성을 다른 시청각 교재와 비교하여 정리하여 보면 다음과 같다.

① 동시성 : TV의 최대 특성은 어떤 사건이 일어나고 있는 같은 시각에 그 사건의 진행 그대로를 시청할 수 있는 작용이다. 이것은 라디오나 영화로서 할 수 없는 TV만의 독자적인 기능이라고 할 수 있다.

② 구체성 : 라디오는 소리만으로 암시할 뿐이므로 구체성이 없으나 TV는 영화처럼 보다 구체적인 사실을 보여주고 들려 준다.

③ 속보성(速報性) : TV는 신문이나 영화보다 더 빨리 영상과 함께 어떤 사건을 무리에게 알려 준다.

④ 친밀성 : TV를 항상 시청하고 있는 사람들은 연출자에 대한 친밀감을 갖게 된다.

⑤ 현설성 : TV는 어느 다른 매체(media)보다도 훨씬 현실에 대한 인식을 높게 해 준다. TV로 해외 뉴스나 국내 뉴스를 본다면 한눈으로 해외나 국내에서 일어나고 있는 중요한 사건에 대하여 현실 그대로를 잘 알 수 있게 된다.

⑥ 감수성 : TV는 영화와 같이 시각과 청각에 호소하는 것이므로 시청자들에게 강한

감수성을 갖게 한다. 그러므로 프로그램의 내용이 좋으면 그만큼 좋은 영향을 줄 수 있으나 나쁘다든가 부적당하면 그만큼 불량성을 효율적으로 조장하게 된다. 따라서 어린이는 프로를 선택하여 보여야 한다.

TV도 여러 가지 제한을 받고 있는데, 중요 내용을 요약하면 다음과 같다.

① TV와의 지나친 친밀은 가끔 게으름과 마음의 수동성을 초래한다. 많은 학생들이 TV로부터 어떻게 학습하는가를 모른다.

② 大 교실용 모델 TV수상기에 있어서도 학생들은 큰 교실에서 자세한 像을 관찰하는 데 어려움이 있을 것이다. 이 점은 TV영사(projection)가 획기적으로 개발되어 자세한 상을 볼 수 있는데, 앞으로 액정의 크기나 TV영사는 지속적으로 개발될 것으로 기대한다.

③ TV매체의 시각적인 면을 사용하려는 진실한 노력이 있어 왔으나 너무나 자주 교수용 TV 프로그램은 이야기 위주의 교사들의 像이다. 교사들이 그 매체에 대해서 더 많은 경험을 얻을 때, 그리고 무엇이 훌륭한 TV교수로 만드느냐에 관하여 더 많이 배울 때 프로그램의 질은 개선될 수 있다.

④ 방송 TV의 주요 문제 중 하나는 시간표 작성이다. 교사가 프로그램이 방송될 때 그것을 사용하지 않으면 그것은 유실된다. 물론 녹화하는 경우도 있지만 일반적으로 TV의 방영 내용이 단 1회뿐이기 때문이다.

⑤ TV는 현실을 왜곡한다. 많은 교육자들이 느끼기를 TV는 어린이들에게 사회적 · 문화적 시비를 저지른다고 한다. 예를 들면 좋은 사람은 항상 이기고, 모든 문제는 하나의 해결책을 가지고 있으며 경찰은 모든 할당된 임무에 총을 쏘는 등 다양한 집단들이 이 문제에 관하여 관심을 표명하여 왔으나 TV방송국들은 반응을 잘 하지 않는다.

⑥ TV의 교육내용은 일방적 통신이다. 이 점은 Mass media의 공통된 한계인데 시청자로부터 표본, 설문지 등에 의한 조사 또는 투서, 전화, 응답 등을 통하여 다소 해소할 수가 있다.

16) 프레젠테이션 (Presentation)

컴퓨터의 발달과 더불어 획기적인 교수법의 변화가 일어나고 있다. 그 중 일반기업체나 관공서 등에서 프레젠테이션의 일환으로 사용되고 있는 파워포인트(Power Point)는 교수 방법의 하나로서 수업현장에서 많이 사용되고 있다. 특히 여러 도식이나 복잡한 회로 및 그래프, 차트, 요점 정리를 통한 수업활동에는 교육효과가 크다 할 수 있다. 또한 시청각 요소가 갖추어져 있어서 지루함을 달래고 흥미를 복돋우는 역할도 하는 교수-학습방법이다. 따라서 이 절에서는 파워포인트를 어떻게 제작하고 활용하는가를 살펴보고자 한다.[9)]

(1) 파워포인트 시작하기

① 컴퓨터를 켜고 바탕화면 하단 부분의 시작 버튼을 누르면 Microsoft Power Point가 나타나는데 이를 실행한다.
프레젠테이션 만들기는 내용구성 마법사, 서식파일, 새슬라이드 구성으로 되어 있고 기존 프레젠테이션은 별도로 나누어져 있다. 내용구성 마법사는 추천하는 프레젠테이션을 이용하거나 약간의 수정을 통하여 주제에 맞는 새프레젠테이션을 작성하며 단축키는 [Alt] + [N]이다. 서식파일은 파워포인트가 주는 서식 중 한 가지로 새프레젠테이션을 작성하며 단축키는 [Alt] + [T]이다. 새슬라이드 구성은 기본 값이 설정된 슬라이드를 이용하여 새프레젠테이션을 만들며 단축키는 [Alt] + [B]이다. 기존 프레젠테이션 열기는 이전에 작성되어 있는 프레젠테이션을 불러오거나 편집하는 것으로서 단축키는 [Alt] + [O] 이다.

② 새슬라이드 구성을 하고자 할 때는 새슬라이드 구성 앞의 라디오 버튼(◉)을 클릭하고 확인 버튼을 누르면 된다. 컴퓨터의 기능이 사양에 따라 다양하기 때문에 매뉴얼을 잘 살펴보고 다양하게 제작해 보도록 한다.

(2) 슬라이드 만들기

① 제목 슬라이드

㉠ 제목 슬라이드 지정

새 프레젠테이션 대화 상자에서 새 슬라이드 구성을 누르면 28개(4×7)의 슬라이드가 나타난다. 이 중 왼쪽 맨 윗부분을 보면 제목 슬라이드 명칭이 푸른색 테두리로 지정되어 있다. 그것을 더블 클릭하여 활용한다.

㉡ 파워포인트 화면

파워포인트 화면은 일반 화면으로서 차트 삽입화면, 조직도 삽입화면, 표 삽입화면 등과는 구성이나 모양에서 다르다. 파워포인트 프레젠테이션 기본 단위는 슬라이드이고 거기에는 제목, 문자열, 그래픽, 표, 차트, 그림 등이 들어 있는데 이러한 것들이 슬라이드를 만드는 기본적인 소재이다.

명 칭	내용설명
제목표시줄	현재 작업 중인 파워포인트 문서의 이름표시(기본값은 프레젠테이션1)
메뉴 표시줄	파워포인트의 메뉴 항목 표시(파워포인트의 주 명령)
표준 도구 모음	새파일 열기, 인쇄, 잘라내기, 복사 등과 같이 메뉴 표시줄에서 볼 수 있는 가장 많이 사용되는 명령을 수행하는 도구들을 포함
서식 도구 모음	문자열 속성을 변경하기 위한 도구들을 포함. 글꼴, 글꼴크기, 정렬 방식 등을 빠르게 변경. (여기서 굵게, 기울임꼴, 밑줄, 그림자 같은 네 가지 글자 유형 변경 도구나 글자색, 글머리표 등의 도구는 on/off로 그 속성이 번갈아 바뀐다.)
자주 쓴는 기능	새 슬라이드 버튼, 슬라이드 구성버튼, 디자인 적용 버튼과 같이 세 가지 가장 자주 사용되는 명령으로 구성
그리기 도구모음	선, 원 또는 상자와 같은 개체를 그리기 위한 도구 모음. 일단 그려놓은 개체를 편집하기 위한 도구(예컨대 색채우기 버튼, 자유 각도 회전 버튼 등)들을 포함
자주 쓰는 기능 도구 모음	새 슬라이드 버튼, 슬라이드 구성 버튼, 디자인 적용 버튼과 같은 세 가지의 가장 자주 사용되는 명령이 모여 있는 도구 모음

슬라이드 구성 개체 영역	제목, 문자열, 클립아트, 표, 미디어 클립(비디오 및 소리) 등의 개체틀이 모인 곳. 새 슬라이드를 만들 때 표시됨.
개체틀	점선으로 둘러싸인 개체틀은 새 슬라이드의 비어 있는 개체들
제목개체틀	새 슬라이드의 비어 있는 제목 개체. 제목 개체틀에 입력된 문자열이 제목 개체
부제목개체들	제목 슬라이드에서 제목 개체틀 아래에 표시되는 비어 있는 부제목 개체
스크롤 표시줄	수직 스크롤 표시줄 : 프레젠테이션 전체에 걸쳐서 앞 뒤로 이동할 수 있게 해줌 다음슬라이드 버튼 : 다음 슬라이드로 넘어감 이전 글라이드 버튼 : 바로 앞에 있는 슬라이드로 거슬러 올라감 수평스크롤 표시줄 : 전체 창이 화면에 들어 맞지 않을 때 창의 일부를 표시할 수 있게 해 줌 * 슬라이드 보기에서 수직스크롤 표시줄과 수평스크롤 표시줄의 작용은 확대/축소 설정 비율에 따라 달라짐

㉢ 제목 슬라이드 작성

ⓐ 제목란을 클릭하면 '제목을 입력하시오'라고 뜨는데 그 자리에 쓰고자 하는 제목을 적어 넣는다.

이때 주의 할 점은 테두리는 ---선으로 되어있고, □와 ○가 각각 4개인데 이런 모양이 있을 때만 제목 내용에 대하여 범위 지정, 입력, 수정, 삭제 등을 할 수 있다.

ⓑ 문자열 상자 한 가운데를 클릭하면 아이빔(I)이 나타나는데 이때 제목을 적는다. 이때는 Enter키를 누르지 않는다.

ⓒ 다음 부제목란을 클릭하고 부제목을 적어 넣는다.

인간관계와 정신위생 **담당교사 :** **홍길동**

㉣ 문자 수정 및 저장

㉠ 문자의 수정

수정하고자 하는 부분에 아이빔(I)을 갖다 놓고 ← 나 →로 지운 후 고쳐 적으면 된다.

㉡ 입력 취소

메뉴표시줄의 편집 메뉴를 눌러 입력 실행 취소를 선택한다.

㉢ 글꼴 유형

글꼴을 서식도구 모임에 골라 변경시킬 수 있다. 보통모양(가), 굵은 모양(**가**), 가울임(*가*), 밑줄(가), 그림자(가) 등을 활용한다.

㉣ 저장

작업 내용을 저장하려면 저장 버튼을 클릭한다. 저장 대화 상자에 저장 위치, 파일 이름, 파일 형식을 적고 저장 버튼을 누른다.

(3) 문자열 슬라이드

① 파일 불러오기

파일 → 열기로 불러오고자 하는 파일을 연다. 대화 상자에서 원하는 드라이브와 폴더를 선택한다. 불러오고자 하는 파일 이름을 선택한 후에 우측의 열기 단추를 누른다. 최근 파일을 열고자 할 때는 메뉴 맨 아랫면에서 파일을 찾아 마우스로 클릭한다.

② 새 슬라이드 추가하기

㉠ 새 슬라이드

자주 쓰는 기능에서 새 슬라이드 메뉴를 선택하거나 도구 모임에 있는 새 슬라이드( )를 클릭한다.

㉡ 새 슬라이드 대화상자가 나타나면 두 번째 구성 '문자열' 슬라이드 구성을 더블 클릭하거나 선택을 하고 확인을 누르면 된다. 그리고 슬라이드 구성 28가지 중 필요한 그림을 활용하여 필요한 슬라이드를 선택하여 제작하도록 한다.

③ 문자열 글라이드 작성

㉠ 슬라이드 제목 쓰기

제목 입력 상자에 화살표를 가져다 놓은 후 클릭하고 상자 안에 제목을 입력

하되 Enter키는 누르지 않는다. 서식 도구에서 글꼴크기(12 ▾)를 조절하여 정리한다.

㉡ 문자열 개체를 선택

제목을 적은 후 문자열을 적는데 방법은 화살표를 문자열 입력 상자에 놓고 클릭한 후에 문자열 개체틀을 선택하면 된다.

④ 다단계 문자열 목록의 작성

㉠ '학교에서의 상담'이라 적고 Enter↵ 키를 친다.

㉡ 서식 도구 모임 오른쪽 끝 부분의 녹색 화살표 (➜ = 한수준 내리기 버튼)를 가리키고 클릭한다. 이때 글 머리가 '●'에서 '-'으로 바꾸어진다.

㉢ 한 수준 아래 단계의 문자열을 적는다.

㉣ 서식 도구 모임에서 (🡐 = 한수준 올리기)를 클릭하면 '-'에서 '●'로 바뀌면서 한 단계 위로 커지게 된다.

㉤ 동일한 구성을 가진 새 슬라이드를 제작하기 위해서는 Shift 키를 누른 후 자주 쓰는 기능의 새 글라이드 메뉴를 클릭하고 Shift 키를 놓는 방법과 Shift + Ctrl + M 하는 경우가 있다. 앞의 슬라이드 내용을 그대로 복제하는 경우는 삽입 → 슬라이드 복제라는 방법으로 실행한다.

(4) 슬라이드 쇼

① 슬라이드 간의 이동

수직 스크롤 막대를 움직여서 이동한다.

② 디자인 적용

㉠ 자주 쓰는 기능에서 디자인 적용을 클릭한다.

㉡ 디자인 적용 창에서 디자인을 적용하며 여기서는 '강조 Pot'를 선택한다.

㉢ 디자인 적용 창 오른쪽에 디자인 적용 예가 나타나 있다.

③ 슬라이드 쇼의 전개

슬라이드를 슬라이드 1/4에 놓고 슬라이드 쇼 보기를 클릭하고 전체 화면으로 커지면 마우스를 클릭해 가면서 다음 슬라이드로 넘긴다.

구체적 전개 방법은 다음과 같다.

㉠ 오른쪽 마우스를 클릭한다. 이때 단축 메뉴가 나타난다.

㉡ 다음 명령을 클릭한다.

㉢ 이전 명령을 클릭한다.

㉣ 이동 명령을 클릭한다. 그리고 슬라이드 탐색기를 클릭한다.

㉤ 펜을 지적한 후 펜 모양이 나오면 마우스를 움직여 그린다. 포인트 옵션을 누르고 펜색(P)를 눌러 색깔을 고른다. 그런 후에 펜을 움직인다.

㉥ 슬라이드쇼의 종료로서 단축메뉴에서 쇼 마침을 클릭한다.

(5) 프레젠테이션의 점검 및 변경

① 오류 수정

㉠ 수정하고자 하거나 삭제하고자 하는 슬라이드 문자열에 마우스를 대고 다음과 같이 실행한다.

- ← 백스페이스 키를 눌러 앞의 글자를 한자씩 지운다.
- Delete 키를 눌러 뒷 글자를 한자씩 지운다.
- 문자열 위에 아이빔(I)이 나타나면 마우스를 끌어 여러 글자를 한꺼번에 역상으로 검게 바꾸고 Delete 를 눌러 지운다.

㉡ 문자열 수정

수정하고자 하는 문자열 부분에 마우스를 대고 누르면 문자열 테두리에 두꺼운 선이 생기고 커서가 표시된다. 이때 문자열을 수정하고 이후에 문자열 이외의 부분을 마우스로 눌러 수정한다.

㉢ 편집범위 지정

문자열 테두리선 아무 곳이나 마우스로 눌러 문자열 상자 전체를 선택한다. 특정 문자열을 지정하고자 한다면 문자열 상자를 지정한 후 문자열 아이빔(I)

이 나타나면 마우스를 끌어 선택한다.

② 마스터 작업

이 작업은 회사 로고나 상품 등 일러스트레이션을 전체 슬라이드에 일관되게 추가하거나 슬라이드 전체 기본 모형을 설정하는 기능이다. 보기 메뉴에서 서브메뉴 마스터를 누르면 다음과 같은 마스터 작업을 할 수 있다.

〈마스터 작업유형〉

유 형	설 명
슬라이드마스터	제목 슬라이드를 제외한 슬라이드 전체의 기본 모양과 서식 설정
제목 마스터	제목 모양을 사용하는 슬라이드의 마스터 유형 설정
유인물 마스터	각 유인물에 나타낼 머리글과 바닥글 정보를 추가하거나 변경
슬라이드 노트 마스터	슬라이드 노트의 서식과 모양의 변경

위의 내용들은 교사들이 보다 다양한 방법으로 연구하여 제작하면 다양한 마스터 작업이 될 수 있다.

③ 프레젠테이션 흑백 보기

ⓐ 표준 도구 모음의 흑백 보기 버튼을 클릭하면 프레젠테이션을 흑백으로 볼 수 있다.

ⓑ 이런 작업이 끝나면 흑백 보기 버튼을 컬러 보기로 바꾸고 파일 → 종료를 눌러 닫거나 종료한다.

(6) 파워포인트의 종료

파워포인트 종료 방법에는 다음과 같은 방법들이 있다.

① 파일 메뉴에서 종료를 선택하여 클릭한다.

② 윈도우 화면 오른쪽 위의 끝에 있는 닫기 버튼 ☒를 클릭한다.

③ [Alt] + [F4]를 클릭한다.

④ [Alt] + [F]한 후 [X]를 클릭한다.

⑤ 조절메뉴 상자에 대고 더블 클릭한다.

(7) 파워포인트의 장점

파워포인트는 다음과 같은 장점이 있다.

① 프레젠테이션 작성 작업을 단순화한다.

② 전문적인 프레젠테이션 작성을 위하여 서식, 파일을 구비할 수 있다.

③ 표, 그래프, 그림, 비디오, 소리, 애니메이션 등 특수 효과를 손쉽게 추가할 수 있다.

④ 유형 검사를 통하여 디자인을 표준화할 수 있다.

(8) 기타 프레젠테이션 기자재와 추가 기능

① 50명 이내 수업 일 때는 빔 프로젝트를 사용한다.

② 50명이 초과 될 때는 35mm 슬라이드로 사용한다.

③ 추가 기능으로 그래프 작성, 그리기, 클립아트, 멀티미디어 효과, 마법사, 애니메이션 등 매우 다양한 기능이 있는데, 이는 교사 개인의 연구 노력과 밀접한 관련이 있어 구체적 프레젠테이션 제작에 대하여는 더 많은 전문 서적이나 참고 자료 등을 활용하여 효율적인 교수-학습활동이 이루어지도록 함이 좋다.

제3절 교수매체로서의 교실환경

교사가 교실환경을 구성하려면 그 하나하나에 교육적 의의가 있어야 한다. 여기에 그 교육적 의의가 되는 몇 가지를 설명한다.

첫째, 교실환경 중에는 심미적인 것이 있어야 한다.

아름다운 그림이나 사진을 붙이거나, 꽃꽂이, 화분 등을 두는 것도 환경 구성에서 심미적인 면이 고려된 것이다. 그 외도 심미적인 면을 고려하기 위하여

㉠ 교실의 구성물을 조화 있게 배치한다.

㉡ 환경물의 색깔과 조화 있게 한다.

㉢ 환경물의 글씨나 도안을 아름답게 한다.

㉣ 많이 구성하기보다 여백이 알맞게 있게 한다.

둘째, 교실의 환경물 중에는 자료적인 것이 있어야 한다.

예를 들어 오늘 첫째 시간 사회과 학습 시 지구본에 대하여 공부한다면 교실에는 지구본이 환경으로 구성되어 있어야 한다.

가끔, 여러 학급을 참관해 보면 교실은 깨끗하고 화려하게 꾸며 놓고도 실제 수업을 할 때는, 아무 자료도 없이, 맨손으로 입과 분필만 가지고 수업을 진행하는 것을 볼 경우가 있다. 이런 교실은 환경이 잘 구성된 교실이라 하기 어렵다.

교실 환경 구성에서 가장 중요한 것은 수업에 이용할 재료가 얼마나 잘 준비되었느냐 라고 할 수 있다.

셋째, 교실의 환경물 중에는 대기적인 것이 있어야 한다.

어떤 교과의 학습 지도 시에도 곧잘 이용되는 자료가 있다. 예를 들면 국어 시간이나 사회 시간, 도덕 시간에 지도가 요긴하게 쓰일 때가 많다. 이렇게 아동을 지도하면서 자주 쓰이는 것이 있다. 이것이 대기적인 환경물이다. 그 대표적인 것이 지도류이

다. 이와 같은 환경물은 항시 교실의 어딘가에 대기시켜 두어야 한다. 특히 시사 교육을 의도적으로 하려면 지도는 불가결의 것이다.

넷째, 교실환경은 작업적인 면이 고려되어야 한다.

교실은 공부하는 곳이다. 공부란 일종의 작업이다. 글을 쓰고, 그리고, 만들고, 꾸미고 등 여러 종류의 작업이 이루어진다. 그러기 때문에 교실은 그런 작업을 하기에 편리한 곳이 되도록 꾸며져야 한다.

그러기 위하여 책걸상이 튼튼해야 하며, 책상 위에 작업을 할 때 흠이 생기지 않게 깔개를 준비해 둔다든지 또 작업 후의 찌꺼기를 처리하는 용구를 교실 환경으로 구성해 두는 것은 매우 중요하다.

다섯째, 교실환경은 위생적이라야 한다.

아동들은 많은 시간을 교실에서 보내고 있다. 그러기 때문에 교실이 비위생적이면 아동의 건강을 크게 해치게 된다. 교실의 채광, 환기, 통풍 등 아동의 건강을 유지하는데 필요한 여러 가지를 교사는 항시 유의하여 아동을 위한 교실이 되어야 하며, 남을 위한 교실 환경 구성이 되어서는 안 된다.

주)

1) 芮相鎭, 實技教育方法論, 서울, 學文社, 1984, 227~228쪽.
2) 上揭書, 234~235쪽.
3) 有光成德 譯, 「Edgar Dale, 學習指導 にあける. 視聽覺方法, 譯本上卷」 312~313쪽.
4) 金辰奎, 實技教育方法論, 서울, 載東文化史, 119~121쪽.
5) 張榮浩, 視聽覺教育, 서울, 學文社, 127~134쪽.
6) 李戊根, 實技教育方法論, 서울, 商潮社, 1983, 227~278쪽.
7) 金辰奎, 前揭書, 122~124쪽.
8) 張榮浩, 前揭書, 146~147쪽.
9) 吳世永(才能大學멀티미디어 研究所), 컴퓨터 標準教材, 서울, 才能印刷, 2000, 341~361쪽 要約.

CHAPTER 06

현장실습교육

Methodology for Practical Education

제1절 현장실습교육[1)]의 개념

1) 현장실습교육의 의의

현장학습이 자연과 사회에 있어서의 사물과 현상을 그것들이 존재하고 또는 변화하는 현실의 장에서 직접적으로 관찰도 하고 조사도 하면서 진행하는 학습이라고 한다면, 현장실습교육이란 기대되는 교육의 성과를 달성하기 위한 생산적인 작업현장에서 경험을 얻도록 하기 위한 계획된 프로그램이라고 정의할 수 있다.[2)]

현장실습교육의 유형은 교양교육의 목적과 직업교육으로서의 목적으로 실시되는 프로그램으로 구분할 수 있다. 교양교육으로서의 현장 경험은, 현장의 일을 관찰하기 위한 프로그램과 현장의 일반적인 일을 실제로 체험하는 프로그램으로 세분할 수 있다. 또 직업교육으로서의 현장실습은, 워크스터디 프로그램(work study progran), 인턴십(internships) 산학협동교육(cooperative education program)으로 세분할 수 있다.

위의 다섯 가지 현장실습 프로그램이 갖는 공통점과 상이점을 살펴보면 다음과 같다.[3)]

(공통점)

① 학습 경험의 원천으로 작업현장을 활용한다.

② 실습을 학기 중에 하거나 방학 중 혹은 그 외 시간에 하거나 학교 교육과정의 일부로서 실시한다.

③ 학생들의 실습내용에 대하여 학교로부터 사전 승인과 최소한의 지도 감독이 있어야 한다.

④ 학습 지역의 지역법을 준수하여야 한다.

⑤ 하나의 독립된 과목으로 혹은 어떤 과목의 부수적인 분야로서 학점이나 자격을 인정받는다.

(상이점)

① 현장의 일 관찰(work observation)이란 학생들이 작업 현장을 관찰하고 현장에서의 직무는 수행하지 않으며 각종 직무를 이해하는 데 목적이 있다. 보수는 없고 학습 기간은 2~4주간 정도로서 사전에 실내 수업을 통하여 직업지도와 이에 관한 토의가 이루어질 때 학습이 시작된다. 근래에는 일부 보수를 지불하는 곳도 있다.

② 일반 현장실습경험(general work experience program)은 학생들이 실제적으로 직무를 수행한다. 특히 교양교육으로서의 교육적 가치가 있는 일을 하게 된다. 보수는 받을 수도 있고 안 받을 수도 있다. 실습 기간은 일반적으로 1학기 정도이며 학교 수업과는 직접적으로 연관을 갖지 않으며 학교로부터의 지도 감독은 제한되어 있다.

③ 워크스터디(work study)는 학생들이 표준 직무조건 상태에서 일을 수행한다. 일반적으로 보수를 받으며 학점으로 인정받는다. 현장실습 이전에 직무 경험과 연관된 학교에서의 실내 수업은 거의 없다. 실습기간은 대개 1학기 내지 2학기 정도이다.

④ 인턴십(internships)[4)]은 전문대학이나 4년제 대학에서 전문직 혹은 준전문직에 관한 교육을 위하여 적용된다. 학교수업을 통하여 학습한 능력을 졸업 전에 현장에서 종합적으로 경험하게 된다. 전문 직업인이 수행하는 실제 상황에서 그대로 직무를 수행한다. 현장에서의 직무수행은 새로운 지식이나 기술을 배우는 것보다 이미 학교에서 배운 지식이나 기술을 적용해 보도록 하는 데 주 목적이 있다.
완전한 경험을 얻기 위하여 최소한 3개월에 걸친 전일 근무와 그 곳에서의 숙식생활을 필요로 한다. 학생들은 일반적으로 대학 당국에서 선정한 장소에서 일하게 되며 인턴십을 제공하는 기관의 전문가에게서 지휘 · 감독을 받으며 일정한 수당을 받는다.

⑤ 산학협동교육(cooperative education system)의 실습 내용은 학생들의 Career objective에 근거하며, 작업 장소는 실내 수업을 위한 직업적인 실험실(occupational laboratory)이 된다. 실습장소는 주의 깊게 선정되며 학교에서의 수업과 밀접한 관

계가 있다. 보수를 받고 학점을 인정받은 것이 보통이며, 철저한 학교의 지도감독이 뒤따르며 실습기간은 특수하게 1년 내지 2년 이상이다.

이상의 현장실습교육의 유형을 교양교육과 직업교육의 목적으로 구분하여 차이점을 구체적으로 비교하면 다음과 같다.[5)]

(교양교육과 전문교육으로서의 현장실습교육의 특성 비교)

비교내용	교양교육	직업교육
① 목적	분야별 교양	직업적 능력 배양
② 실시근거	필요성	생애개발
③ 고용자격	관찰자 자격	배우는 노동자 자격
④ 직무형태	유용한 정시제 근무	생애개발을 위한 직무
⑤ 학교교육 연관	간접적	직접적
⑥ 직무의 교대	융통성 있게 유도	다양한 직종체험 유도
⑦ 선발기준	개방적	선택적
⑧ 교육장소	일정 법규 내의 전 장소	교육능력과 의사가 있는 장소
⑨ 교사활동	교사의 책임시간의 활동	전담교사 필요
⑩ 감독	실습범위와 내용이 한정	수용자와 제 문제의 유기적 관계 필요
⑪ 보수	원칙적 보수 필요	보수 필요

2) 현장실습교육의 중요성

현장 경험을 통한 교육의 중요성은, 학습은 항상 어떤 개인의 실제적인 생활 체험인 경험에 기초(learning by doing)를 두어야 한다는 경험중심주의 교육 철학이론과 학습자가 학습하여야 할 상황에 직접 참여하도록 하여야 한다는 교육심리학의 학습이론을 근거로 찾아볼 수 있다.[6)]

일반적으로 현장 경험을 통한 교육의 중요성은 다음과 같이 종합될 수 있다.

첫째, 학교에서 배운 지식과 기술을 산업사회의 현장에서 실천해 봄으로써 전공 분야에 관한 이론과 실제를 체험할 수 있게 한다.

둘째, 전공 분야의 여러 직종에 관한 사전 경험을 통하여 졸업 후 자기적성, 흥미, 능력에 알맞은 직업을 선택할 기회를 준다.

셋째, 학생들에게 일의 존엄성과 자신이 할 일에 대한 책임감, 신뢰감, 성취감을 갖게 한다.

넷째, 복합적인 상황 속에서 여러 사람들과 접촉하고 협동하는 과정에서 원만한 인간관계를 가질 수 있는 소양을 길러 준다.

다섯째, 전공 분야와 관련 있는 사회의 각종 분야와 밀접한 유대 관계를 가질 수 있는 계기가 된다.

여섯째, 학교 시설이 부족한 것을 보충할 수 있고, 실험 실습에 소요되는 비용을 줄일 수 있다.

일곱째, 학교 교육 과정을 사회의 요구에 보다 적합하게 계획 운영할 수 있다.

제2절 현장실습교육의 실제

1) 산학협동교육의 의의

산학협동교육(Cooperative vacational, occupational education)이란, 학습자가 학교와 고용주의 상호 협정, 계획, 지도 감독하에 학교에서의 수업과 직업 현장에서의 직무에 관한 학습을 번갈아 가면서 학습하는 직업교육의 한 프로그램이다. 이 경우 직업 현장과 학교 수업의 기간은 반일제, 전일제, 주(週) 혹은 그 외의 일정 기간을 기준으로 교대할 수 있다.[7)]

우리나라의 경우 산학협동교육의 정의를 한 가지 제시하면 다음과 같다.

"산학협동교육이란 학계, 산업계 및 유관기관 사이에 공동 계획과 지도하에 장차 산업계에서 일하고자 하는 학생을 상호 협동하여 교육훈련함으로써 직업교육훈련의 실리를 추구함과 동시에 산업 경영의 효율성을 높이기 위한 일체의 노력"[8)]이라고 하였다.

산학협동교육의 의의는 현장 경험 교육의 의의를 논하는 과정에서 어느 정도 파악되었다. 이를 산학협동교육에 국한하고 또 학생, 고용주, 학교, 사회의 입장에서 구분 고찰하여 보면 다음과 같다.

(1) 학생의 입장[9)]

① 학생들이 직업현장을 체험하고 자신의 적성과 흥미에 맞는 현명한 진로결정에 도움을 준다.

② 산학협동교육을 이수한 학생은 취업 후 인사 배정, 승진, 보수 등에 유리하다.

③ 현장의 직무를 수행하는 파정에 책임의 중요성을 더 인식하게 된다.

④ 학교에서의 학습 결과가 현장 직무를 수행하는 좌정에 자기능력을 평가하게 되므로 학교에서도 학습을 좀 더 열심히 하려는 학습동기를 유발시킨다.

⑤ 직무를 성공적으로 성취시키는 데 필수적인 지적 능력과 작업태도를 습득하게 한다.

⑥ 조직 생활을 통하여 원만한 인간관계의 중요성을 인식하게 한다.

⑦ 다소의 보수를 받음으로써 경제적인 혜택을 줄 수 있다.

⑧ 문화와 경제적인 면에서 빈곤한 학생들의 소외감을 줄일 수 있다.

⑨ 현직 근무자들과의 생활을 통하여 졸업 후 그곳에 취업할 수 있는 인연을 맺거나 최소한 그러한 직업에 종사하기 위해서는 무엇이 필요한가를 인식할 수 있다.

⑩ 직무를 수행하는 과정에서 형식교육의 중요성을 터득할 수 있다.

⑪ 현장에서 작업을 효과적으로 수행하기 위한 의사결정, 계획, 조직, 통제와 같은 중요한 관리를 관찰할 수가 있다.

⑫ 일과 공부와의 관계를 밝혀 줌으로써 평생학습(lifelong learning)을 위한 일과 공부 간의 바람직한 체제를 주도한다.

⑬ 공동 목표를 향해서 협동적으로 일을 수행해 나가는 과정에서 학생과 성인들 간에 세대차를 줄일 수 있다.

⑭ 성공적인 직장생활을 위해 복장, 용모, 시간엄수, 예의, 간단 명료한 언어표현

이 얼마나 중요한가를 배울 수 있다.

⑮ 일에 적응하면서 자신의 욕구를 충족시키는 것을 안다.

(2) 학교의 입장

① 학교와 지역 사회 간의 유대를 강화할 수 있다.

② 학생들이 실제적인 사회 경험을 통하여 학교 교육에 더 충실하게 하는 동기를 부여한다.

③ 지역사회의 자원과 시설을 활용함으로써 부족한 학교시설을 보완할 수 있다.

④ 학교와 고용주의 유기적인 협조체제는 지역사회의 요구를 더 충족시킬 수 있다.

⑤ 학생들이 신상문제, 직업선택문제에 적극적인 반응을 보임으로써 학생지도를 활성화할 수 있다.

⑥ 지역사회 주민이 학교측과 자주 접촉하는 과정에 학교교육의 목적, 프로그램, 봉사활동 등을 이해할 수 있다.

⑦ 고용주는 학생들의 작업능력, 태도, 작업현장의 적응력 등을 파악하고 이해할 수 있다.

⑧ 교육과정을 학생들의 진로와 현실사회에 부합되도록 계획하고 운영하게 한다.

⑨ 교사들은 산업현장의 최신 정보를 파악하여 교육에 반영할 수 있다.

⑩ 교시설의 이용은 물론 지역사회 자원을 활용함으로써 경비를 절약할 수 있다.

⑪ 교수, 학생, 고용주가 공동 참여하여 교육의 효과를 평가함으로써 곧바로 피드백(feed back)을 얻을 수 있다.

⑫ 학부모들이 학교의 현장실습교육 프로그램에 호감을 가지게 되어 자녀들의 학교 선택이나 진로지도에 도움을 준다.

(3) 지역사회의 입장

① 지역사회의 사회적 경제적 구조를 이해하고 지역사회의 당면문제와 요구를 학생 나름대로 파악하고 사고할 수 있는 기회를 제공한다.

② 학교와 지역사회 간의 유대를 강화시키는 계기가 된다.

③ 학생들에게 시민정신과 책임감을 고조시킨다.

④ 지역사회에서 이론과 실습을 병행하는 학습과정을 통하여 지역사회에 동화되어 졸업 후에도 지역사회 발전에 기여할 수 있다.

⑤ 학생들에게 지역사회의 산업구조, 인력구조, 이에 따른 인력 수요전망 등을 소개할 수 있는 기회가 된다.

(4) 고용주의 입장

① 자기 기관에서 실무 경험을 가진 학생을 졸업 후 채용할 계기가 된다.

② 고용주는 채용에 앞서 피훈련자로서 학생을 관찰하고 측정할 수 있다.

③ 고용주가 담당하여야 할 프로그램을 대행해 준다.

④ 학생들이 직업과 적성의 일치성 여부를 사전에 판단함으로써 취업 후의 이직률을 감소시킨다.

⑤ 고용주가 필요로 하는 직종에 관련된 교육과정을 이수한 사람을 제공받을 수 있다.

⑥ 학교 교사와의 접촉을 통하여 교육과정 개선에 필요한 아이디어를 제시할 수 있다.

⑦ 학생들은 교육 목적과 자신의 진로에 관한 관심 때문에 일에 대한 책임감을 강하게 느끼게 된다.

⑧ 고용주가 지역사회 학교 교육에 참여함으로써 청소년 교육에 기여할 수 있는 기회가 된다.

⑨ 학교 전문 교사를 통하여 상담의 기회를 제공받는다.

⑩ 정식 직원으로 일하고 있는 근로자들에게 계속적으로 배워야만 한다는 학습 동기를 유발시키는 계기가 된다.

⑪ 학생들에게 능력에 맞는 일을 맡기면서 직원들은 보다 전문적이고 고차적인 직무를 수행할 수 있다.

2) 산학협동의 계획[10)]

(1) 산학협동교육의 목표 설정

여기서는 산학협동교육이란 말로 표현하고 있지만, 우리나라의 실정에서는 현장실습이란 말이 오히려 널리 통용되고 있다. 현장 경험을 통한 교육의 유형을 설명할 때 제시하였듯이 현장실습은 그 목적에 따라 유형이 다양하다.

따라서 현장실습을 실시하려고 할 경우에는 그 목적이 교양교육으로서 현장 작업 관찰이나 현장에서의 실제적인 실무 경험에 있느냐, 아니면 직업교육으로서 워크스터디, 인턴십, 산학협동교육이냐가 명확히 정립되어야만 한다. 그렇게 함으로써 학교, 학생, 고용주, 지역사회, 학부모들이 목적의식을 갖고 현장실습에 임하고 또 각자 맡은 역할을 올바르게 수행할 수 있다.

(2) 산학협동교육에 필요한 기본조사

산학협동교육의 목표를 설정하고 프로그램을 계획하고 운영하기 위해서는 이를 위한 기초조사가 실시되어야 한다. 기초조사의 주된 내용은 학생에 관한 것, 학생들이 학습할 현장의 기업 및 관련기관, 이에 관련된 전반적인 지역사회 조사가 주가 된다.

학생에 관한 기초조사로는 다음과 같은 사항이 조사 분석되어야 한다.

① 학생 개개인의 학습능력 진단
② 산학협동교육 프로그램에 대한 흥미와 이해
③ 현장실습을 통하여 학습하고자 하는 학습의 내용과 욕구
④ 진로, 특히 진학계획
⑤ 직업에 대한 관심과 희망 분야
⑥ 학생 개개인 생활관
⑦ 개인의 성격
⑧ 사회 경제적 특성

산학협동교육 기관이나 지역사회를 중심으로 조사할 항목은

① 조사에 답해 주는 사람의 성명과 직위
② 기업이나 대상 기관의 형태 및 특성
③ 현재 고용되어 있는 직원수
④ 예상되는 고용 인력의 증원 또는 감원 등의 인력 수요 조사
⑤ 학생에게 부여되었을 때 맡게 될 직무
⑥ 그 산업체가 현재 실시하고 있는 훈련 프로그램, 체제, 실습대상, 수용 가능 시설 및 능력
⑦ 산학협동교육의 의의에 대한 관심도와 태도 및 학교 교육에 협조하고 참여하려는 태도
⑧ 그 산업체의 기술, 목적, 고용 형태의 변화 가능성
⑨ 학생들과 학교가 희망하는 분야에서 현장실습교육을 할 수 있는 장소, 수용능력, 시간, 프로그램의 유형 등에 관한 종합적인 자료 조사가 실시되어야 한다.

3) 산학협동교육의 운영

위와 같은 기초조사를 통하여 계획을 수립하고 운영하는 과정은 일반적으로 다음과 같다.

① 산학협동교육 운영위원회를 조직하고 전담교사를 선정한다.
② 학생 조사를 기초로 산학협동교육 목표를 설정하고 이를 위해 현장에서는 어떤 것을 학습하게 되며, 이들을 어떤 단계와 절차에 따라 가르칠 것인가를 계획한다.
③ 지역사회 조사를 기초로 위와 같은 현장실습을 할 수 있는 장소를 정하고 시기, 기간, 교육내용 및 방법, 숙식, 교통문제 등에 관하여 고용주 및 현장 지도교사와 협약을 한다.
④ 학교의 행정적인 지원체제, 특히 예산문제, 학교수업 기간과 현장실습기간 간의 수업 조정, 현장 지도교사 및 고용주와의 협조체제 등에 관하여 계획한다.
⑤ 학교, 학생, 고용주 및 현장 지도교사의 협의하에 산학협동교육 프로그램을 계획

하고 이에 대하여 학생들에게 오리엔테이션을 실시하고 고용주 및 현장 지도교사에게 산학협동교육 프로그램을 홍보하고 협조를 요청한다.

⑥ 학생들을 현장에서 생활하도록 조처하고 수시로 실습 현장을 방문하여 지도 조언한다.

⑦ 산학협동교육 결과를 사전에 설정한 평가기준에 의하여 평가하고 학교, 학생, 고용주, 현장 지도교사와 공동 평가회를 개최한다.

⑧ 다음의 산학협동교육을 위한 개선 방안을 모색한다.

현장 실습교육이 이루어지는 동안 학생들은 현장실습 일지를, 교사는 현장 지도를 통한 지도 보고서를, 현장 지도교사는 학생 평가서를 작성해야만 하는데, 그 양식의 예는 다음과 같다.

(1) 현장실습 일지에 포함되어야 할 사항

① 현장실습의 목적
② 현장실습 시 유의사항
③ 현장실습 일지 기록상의 유의점
④ 현장실습지 안내도
⑤ 현장실습 기관에 관한 전반적인 조사
⑥ 실습 계획서
⑦ 실습 일지

(2) 현장실습 지도 보고서에 포함되어야 할 사항

① 실습 장소명
② 지도내용 : 지도학생, 지도사항, 지도를 통한 애로 및 건의사항
③ 지도일시, 지도자명

(3) 학생 평가서에 포함되어야 할 사항

① 실습태도(작업 실험을 성실히 하는 태도)
② 작업 및 실험 능력(작업에 대한 신속, 정확, 완결성)
③ 새로운 실습 상황에도 쉽게 익혀서 수행할 수 있는 적응력
④ 현재 실시하고 있는 실습내용에 대한 지식과 기술의 정도
⑤ 용모, 복장, 언행의 단정성
⑥ 실습생과 직원 상호 간의 협동심 및 원만한 인간관계
⑦ 매사에 적극적이고 창의적인 활동성
⑧ 실습기간 중 근면성(출퇴근 상황 등)
⑨ 자기가 맡은 일에 대한 책임감과 독자적으로 수행할 수 있는 능력
⑩ 실습 중 혹은 실습 후에 각종 기재, 기구의 관리 철저와 실습장을 정리 정돈하는 태도

제3절 안전교육

1) 안전교육의 정의

안전교육이란 여러 가지 재해로부터 학생을 안전하게 지키는 교육을 말한다. 학생의 신체를 외부의 재해로부터 지켜 주는 것이 사회의 책임이지만 동시에 학생 자신이 스스로를 안전하게 지키기 위한 준비가 필요하다. 이와 같은 안전을 위한 지식, 기능, 태도를 학교에서 길러주는 교육을 안전교육이라 한다.

이 교육은 비교적 새로운 개념으로 1922년경부터 미국에서 격증하는 교통사고를 중심으로 하는 재해 방지의 안전교육을 일부 학교에서 특별히 교육과정에 포함시킨 이후부터 시작되었다. 철도나 도로의 사고, 천재지변에 대한 무방비, 규격을 무시한 건

축물, 세월호, 대학생 MT장소에서의 지붕붕괴사건 등에서 볼 수 있는 안전에 대한 불감증 등이 심한 우리나라에서 안전교육에 대한 적극적인 학교교육의 계획이 필요하다. 정부에서도 안전처를 설치하여 안전에 대한 경각심 부여 및 안전점검 등에 노력을 기울이고 있지만 안전에 대한 문제는 구성원 모두가 절실하게 안전에 대한 올바른 신념이 있어야 한다.

특히 실험 · 실습실은 전기와 화학물질 등에 의한 위험이 도사리고 있으므로 실험 · 실습실의 조직, 계획, 수업을 행하는 데 있어서 안전은 우선적으로 고려하여야 할 사항이다. 안전은 모든 교육활동 분야에서 골고루 다루어야 할 내용이지만 이 절에서는 안전에 심각히 염려되는 도구를 다루거나 위험물을 취급하거나 운반하는 등 공학관련 안전문제를 주로 다루었음을 밝혀둔다.

안전 프로그램은 다음과 같은 다섯 가지 요소가 포함되어야 한다.

① 교사는 실습을 항상 감독하고 교사의 감독이 없는 경우 학생들은 실습을 하지 못하게 한다.
② 교사는 학생들이 도구와 장비를 사용하는 법에 관하여 의문을 가지지 않을 정도로 완벽하게 시범을 먼저 보인다.
③ 안전에 관하여 토론을 통하여 안전의 실천에 관한 이야기를 하게 하고 안전에 관한 과제를 준다.
④ 교사는 학생들이 안전수칙을 실행하도록 강경한 태도를 취한다.
⑤ 적당히 해도 되겠지 하는 안일한 생각을 버린다.

안전교육은 위의 프로그램의 요소를 기점으로 학습자에게 안전의 중요성에 대한 인식을 높이고 재해를 일으킬 가능성이 있는 물적 조건이나 인적 행위를 발견 · 시정하기 위하여 안전에 관한 지식을 넓히는 것에 최선을 다해야 한다.

2) 안전교육의 목표

직장에 있는 각인의 안전의식을 높이고 개인의 안전을 도모함과 동시에 전체의 안전수준을 향상시켜 안전한 직장을 만드는 데 있다. 다시 말하여 각인에게 직장생활에 대한 적응성을 부여하여 생활능력을 높이는 데 있다.

그 기본으로 가르쳐야 할 점은 다음과 같다.

① 인간 생명의 존중 사항
② 재해의 비우연성, 즉 방지 가능의 신념을 갖는 일
③ 안전은 협력 활동이라는 점부터 출발하여야 한다.

3) 안전교육 방법

안전 교육을 실시하기 위해서는 학교장, 학교조직, 교사, 학생, 지역사회가 공동으로 관련이 되는데 그 관계와 역할을 표시하면 다음 〈그림 6-1〉과 같다.[11)]

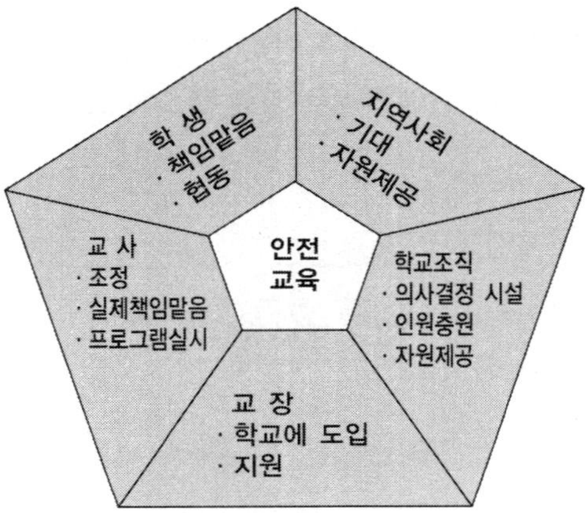

〈그림 6-1〉 안전교육 프로그램

먼저 학교장은 안전교육을 도입하고 지원을 하여야 한다. 학교 제도조직은 안전교육에 관한 의사결정을 하고 시설을 갖추게 하고 인원을 배치하며 자원을 공급하는 것이다. 교사는 프로그램을 실시하고 책임을 맡으며 이에 관련되는 기관과 사람들 사이에 조정을 맡는다. 학생들은 협동을 하며 안전에 관한 각자의 책임을 수행한다. 마지막으로 지역사회는 학교에서 안전에 관한 기대를 하고 그에 필요한 자원을 제공하여 준다.

안전교육을 효과적으로 수행하기 위하여 구체적 방법들이 논의될 수 있는데, 교육방법으로는 교수법, 강의법, 문제법 등의 여러 가지가 있으나 상대방의 노력, 이해력, 판단력에 따라서 가장 적당한 방법을 선택하지 않으면 의미가 없다.

① 강의, 강연에 의한 방법
② 프린트를 읽기
③ 슬라이드, 영화 등의 시청각 교육
④ 표어, 포스터, 작문, 제안 등을 모집하여 이에 의한 지식을 자신이 얻게 하는 방법
⑤ 안전 경쟁, 정돈 경쟁 등에 의한 분위기를 조성
⑥ 좌담회, 토의회, 대책검토 등에 참가발언의 기회를 주어 흥미를 갖도록 한다.

생각을 하고, 실행시키고, 의견을 발표하도록 하는 데도 기반이 되는 안전지식이 없이는 진보도 향상도 바랄 수 없다. 이 기초를 세우지 않고는 실수하기 쉽다. 일반적 교육방법으로서는 〈그림 6-2〉와 같은 기본과정을 생각해 볼 수 있다.

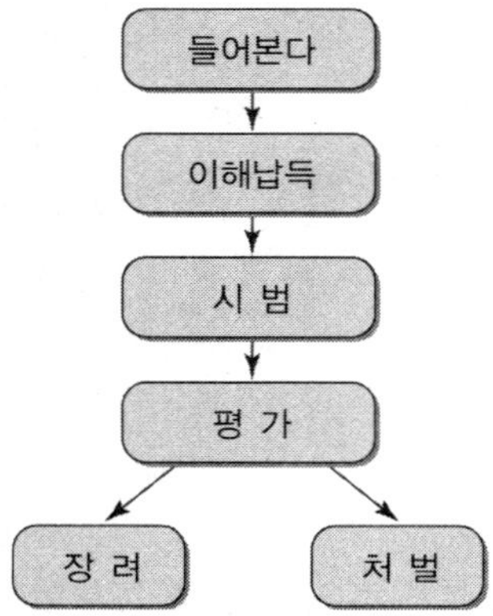

〈그림 6-2〉 안전태도 교육의 기본과정

4) 안전훈련

안전훈련은 안전한 작업 방법의 적용과 안전 동작의 응용을 숙달시키는 한 과정이다. 가장 성공적인 안전훈련 과정은 다음의 요소를 포함한다.

① 여러 가지 작업에 대한 작업방법을 검토하여 적절히 서술한다.

② 각종의 위험이 내포된 접을 표시하고 위험과 작업의 안전방법과의 관계를 서술한다.

③ 훈련은 체계적이며 안전하여야 한다. 그 순서는 다음과 같다.

ㄱ 말한다.

ㄴ 보여준다.

ㄷ 실시한다.

ㄹ 시정한다.

ㅁ 올바르게 계속하도록 감독한다.

④ 안경, 안전화 등의 보호기구를 사용해야 하는 이유를 설명하고 그 사용방법을 철저히 설명한다.

안전 분석의 결과는 훈련 과정에 필요한 자료로서 제공해 준다. 이에 의하여 안전한 작업 방법과 위험요소를 찾을 수 있으며 미리 주의를 할 수 있고 각 작업에 필요한 안전보호기구 등을 생각해 낼 수 있다. 또한 각 작업의 신체적인 제한조건 및 기타의 자격을 결정함으로써 안전배치에 도움을 준다.

이론상으로는 정신적인 요소도 적용시킬 수 있으나 이것은 어렵고 비싸며 많은 시간이 걸리므로 일반적으로 사용치 못하고 있다. 경험에 의한 감독자의 판단으로써 대부분의 정신적인 부적합 요소는 훈련 시간 중에 발견할 수 있다. 훈련은 교육의 효과를 배가시키기 위한 수단으로써 감독하에서의 지시, 시범, 반복 등의 절차를 갖는다. 다행히도 모든 사람들이 안전하게 작업하려는 의욕은 누구나 가지고 있기 때문에 안전의 지식을 주입시키기가 쉽다.

안전에 관심을 갖는 경영자의 중요 임무의 하나는 안전교육과 훈련에 적절히 적응하지 않는 작업자를 발견하여 그 원인을 알아내는 동시에 그들이 고난을 극복하도록 돕든지 위험성이 적은 작업으로 전환시켜야 한다. 안전운동을 유지시키는 방안으로서 위에 말한 안전상의 문제 작업원을 파면시키는 것은 권장할 만한 것이 못된다. 이와 같은 파면은 감독자의 책임이나 이와 같은 파면에 의하여 나쁜 분위기가 조성되기 쉽기 때문이다.

5) 작업행동의 안전화

재해발생의 원인을 한마디로 말할 수 없으나 인간 행동의 결함으로 인한 것이 대부분이다. 그러므로 작업자의 안전을 도모하기 위해서는 작업에 임하는 태도를 먼저 검토해야 한다. 이 중 가장 중요한 태도가 점검의 불안전 행동의 방지이다.

(1) 불안전한 행동

재해발생의 최대 원인은 작업자의 불안전한 행동이라고 규정하는 데는 명확한 기준이 없다.

그러나 흔히 이야기하는 불안전한 행동의 분류를 살펴보면 다음과 같다.

① 행동기준, 곧 규칙이 정해진 대로 하지 않는 행동
② 규칙은 있으나 규칙에 익숙하지 못한 기간에 하는 행동
③ 아직 규칙도 정해지지 않은 작업의 행동

이러한 불안전 행동을 일으키는 동기는 부적절한 태도, 위험에 대한 지식 및 기술의 결여, 부적절한 신체조건, 부적절한 기계적 · 물리적 환경을 들 수 있다.

(2) 불안전한 행동의 방지

재해 방지의 목적을 달성하기 위해서는 작업자의 행동에서 불안전한 행동을 배제해야 하는데, 개략적으로 소개하면 순시에 의한 점검, 상호주의 유발운동, 카운슬링 등의 방법이 있다.

6) 작업장 안전관리

작업을 안전하게 하고 안전에 관한 제반 원칙을 어기지 않도록 교육하는 일은 매우 중요하다. 구체적인 수칙들을 분류하여 정리하여 보면 다음과 같다.

(1) 작업장 안전의 기본수칙

① 교사의 허락 없이는 기계를 사용하지 않는다.
② 기계를 작동시킬 때는 모든 사람에게 알린다.
③ 기계의 안전 장치를 함부로 만지지 않는다.
④ 기계가 작동될 때는 반드시 옆에서 지켜본다.
⑤ 기계가 작동될 때는 조정을 하지 않는다.
⑥ 기계를 작동할 때는 긴 소매가 있는 옷과 넥타이를 매지 않는다.
⑦ 사용 후에는 기계를 깨끗이 한다.
⑧ 실습실에서 뛰거나 장난하지 않는다.
⑨ 기계를 사용한 후에는 반드시 원위치에 갖다 둔다.
⑩ 바닥에 떨어진 어떤 액체라도 즉시 깨끗이 청소한다.
⑪ 파편과 폐물은 정해진 통에 넣는다.
⑫ 실습에 맞는 의복과 안경을 착용한다.
⑬ 긴 머리는 모자를 착용하거나 잘 매어 늘어 뜨리지 않도록 한다.

(2) 통행과 운반 시 안전수칙

① 통로가 아닌 곳은 통행을 삼간다.
② 정해진 통행 규칙을 엄수한다.
③ 옆을 본다거나 주머니에 손 넣고 통행하는 것은 삼간다.
④ 뛰지 않으며 커브길이나 출입구에서는 주의한다.
⑤ 작업 중인 자와 운반 중인 자에 대하여 방해하지 않도록 한다.
⑥ 정차 중인 차량 옆을 지날 때에는 갑자기 움직일 것을 대비하여 일정한 간격

을 유지한다.

⑦ 무거운 물건을 운반할 때는 맨홀이나 홀 뚜껑에 주의하여야 한다.

⑧ 물건 운반 시 앞이 보이지 않도록 높이 쌓지 말아야 한다.

⑨ 승용석이 없는 운반차에 타지 말아야 한다.

⑩ 운반차는 규정속도 이상 달리지 말아야 한다.

⑪ 얼어붙은 바닥은 미끄러지기 쉽다는 점을 생각하여야 한다.

⑫ 중요한 통로에는 적당한 표시를 하여야 한다.

⑬ 기계와 기계 사이 또는 기계와 다른 설비와의 사이에 설치하는 통로의 넓이는 적어도 80cm 이상이어야 한다.

(3) 공동 작업 시 안전수칙

① 작업 시작 전 각자에게 분담된 작업내용, 작업방법을 알게 할 것, 익숙치 못한 작업자에게는 작업방법, 신호, 위험방지방법 등을 잘 가르쳐 줄 것

② 여러 사람이 공동으로 작업할 때는 지휘자를 정해 놓을 것

③ 기계 운전을 시작할 때 송전, 가스, 증기, 압축공기 등을 보내기 시작할 때, 또는 정지시킬 때는 관리자에게 신호하고 안전을 확인한 다음에 할 것

④ 신호는 미리 관계자가 잘 이해하도록 해 놓을 것

⑤ 기계, 전기 설비 등을 보수하는 도중에 부주의로 송전이나 작동 등이 되지 않도록 스위치 및 밸브에 표시하고 관계자에게 연락해 놓을 것

⑥ 중량물을 운반할 때에는 올라갈 때, 걸어갈 때, 정지할 때, 짐을 내릴 때 각 동작마다 분명하게 신호하고 동작을 일치시키도록 할 것

⑦ 상대방의 숙련도에 따라서 작업속도를 가감할 것

⑧ 기능이나 체력이 열등한 자에 대하여서는 숙련자나 지휘자가 항상 주의해서 보살펴 줄 것

(4) 중량물 취급 시 안전수칙

① 다리를 안정하게 하고 무리가 없는 자세로 취급할 것

② 취급하는 물건에 알맞은 장갑, 안전화, 어깨 덮개 등의 보호구를 착용할 것
③ 물건을 내릴 때에는 바닥이나 먼저 내린 물건과의 사이에 손가락이 끼워지지 않도록 할 것
④ 운반하는 통로는 미리 정돈되어 있는가를 확인할 것
⑤ 자신의 힘에 겨운 물건은 기중기나 운반차를 이용할 것
⑥ 작업 지휘자를 반드시 정할 것
⑦ 운반 도중 서로 신호 없이 힘을 빼지 말 것
⑧ 긴 목재를 둘 이상 메고 운반할 때는 소리를 내어 동작을 맞출 것
⑨ 매다는 용구나 운반차 등은 제한 하중을 명시하고 이것을 초과하지 말 것
⑩ 달아 올리는 물건은 항상 수평을 유지할 것
⑪ 필요 이상으로 높이 달지 말고 오래 매달지 말 것
⑫ 밖으로 튀어나오지 않도록 쌓고 필요에 따라 빨간 헝겊으로 표시할 것
⑬ 화물을 실을 때나 내릴 때, 또 경사면에 차를 정지시킬 때는 정지장치를 해 놓을 것

(5) 높은 곳 작업 시의 안전수칙

① 안전성 있는 발판 사용
② 양손을 자유롭게 쓸 수 있도록 하되 올라갈 때는 물건을 쥐고 올라가지 않는다.
③ 안전모, 루프 등의 보호구 사용
④ 작업 구역에 작업자 이외의 사람은 출입금지
⑤ 가벼운 복장을 착용할 것
⑥ 조립 · 해체 등의 시기, 범위 · 순서 · 준비 등을 작업자에게 철저하게 주지시킬 것
⑦ 다리 달린 사다리, 발판 등은 사용 전에 잘 점검하며, 짧은 사다리를 이어서 사용하지 말 것
⑧ 발판이 하중에 견딜 수 있는가를 확인할 것
⑨ 발판의 조립 · 해체 · 수리는 숙련된 자가 하도록 할 것

⑩ 옥상의 작업은 숙련자가 할 것이며, 슬레이트 지붕은 판자를 깔고 그 위를 걸어다닐 것

(6) 화기 화학 취급 시 안전 관리

① 화기 발생의 형태

- 화로: 성냥, 라이터, 토치램프, 용접 난로, 보일러
- 불꽃: 전기드릴, 연마기, 전동기, 충격 불꽃, 내연기, 시동 스타터
- 고열물 및 기타: 전기히터 · 아이스릴, 단열압축, 자연발화, 담뱃불 등

② 가연물

- 산화하기 쉬운 것
- 산소와 접촉 면적이 큰 가스류
- 발열량이 커서 연소의 지속성을 갖고 있는 것
- 전도율이 적어 열을 갖고 있는 힘이 높은 것
- 건조한 것

③ 폭발(빛과 소리)

(폭발의 종류)

- 가스폭발 : 가스 누출방지, 통풍 환기, 화기 관리
- 분진폭발 : 분진발생 억제와 배제, 화기 관리
- 수증기 폭발 : 수분의 억제, 용해된 금속과의 접촉방지
- 증기폭발 : 충격, 돌풍 방지

(위험물의 종류)

- 폭발성인 것 : 가열, 충격, 마찰에 의해 발생한다. 과산물, 니트로화합물
- 발화성인 것 : 공기와 접촉하여 발화-금속나트륨, 카바이트, 생석회, 금속카리움 등
- 산화성인 것 : 산화성이 발열하여 발화-염소산염, 과염소산염, 과산화물 등

- 인화성인 것 : 인화성 액체-기름, 가스 등
- 가연성 가스 : 공기와 일정하게 혼합하여 발화-수소, 메탄, 프로판, 아세델렌 등

(가연성 가스의 폭발 방지)

- 가스 누설 조기발견 처리
- 실내공기 환기
- 가연성 가스 존재 여부 확인
- 점화된 누출가스 제거
- 위험물 저장장소에서 화기 사용 엄금

이상의 화기 화학물, 가연물 등에 대한 여러 안전수칙은 궁극적으로 나와 타인의 안전을 위해 꼭 지켜야 한다는 생각을 갖도록 하여야 하고 안전에 대한 의견을 발표하도록 하는 등 안전과 관련된 기초지식을 숙지시켜야 한다.

7) 안전과 관련한 교사의 책임

실습장 관리 및 작업 안전관리의 일차적인 책임은 교사에게 있다. 실습장 내에서의 안전사고를 미연에 방지하기 위하여 교사는 특히 다음 사항에 유의하여야 한다.[12)]

① 학생들이 실습 중일 때 실습장을 떠나지 말아야 한다.

② 학생들이 처음으로 기계 기구를 사용할 때에는 기계 사용 전에 반드시 그 기계와 관련된 안전교육을 시켜야 한다.

③ 기계와 장비를 부적절하게 사용하는 학생들은 교사가 특별히 관심을 두고 지도 감독하여야 한다.

④ 실습장 내의 모든 기계 기구의 안전장치와 보호장치가 제대로 동작하고 있고 또 사용되고 있는가를 늘 확인하여 제대로 작동하지 않거나 사용되지 않고 있을 때에는 즉시 적절한 조치를 취하여 시정하도록 한다.

교사는 다음과 같은 조치로서 인간적인 요소와 관련된 안전사고를 최소한으로 줄일 수 있다.[13)]

① 기계 기구의 사용과 관련된 안전사항과 기계 기구의 사용방법을 명확하게 학생들에게 알려 준다.
② 게시판 등을 사용하여 예비 안전조치를 강조한다.
③ 항상 안전의 긍정적인 면을 강조한다.
④ 기계 기구의 사용에 있어서 항상 청결과 사용하는 기술의 정밀한 작업을 강조한다.
⑤ 시범은 정확하고 바른 절차에 따라 제시하고, 시범 지도 중에 제반안전사항을 강조하여 지적해 준다.
⑥ 학생들의 작업 중에 그들의 이해력과 작업 수행 능력을 계속 평가해 준다.
⑦ 학급 내 또는 실습장 내에서의 안전절차에 관하여 학급 토의를 실시한다.

기타 일반적인 교과에서도 교사는 학생들의 안전을 위하여 어떠한 조치를 취해야 할지를 사전에 확인하고 점검하는 일들을 시스템화하여 관리하여야 한다. 일반적인 안전점검은 위의 여러 내용과 중복된 점이 있지만 다음과 같이 몇 가지 제시한다.

① 전원플러그를 사용하지 않을 때는 뽑아 놓아야 한다.
② 가스를 사용할 경우 밸브를 꼭 확인한다.
③ 소화기는 항상 비치하고 작동법을 익혀두도록 한다.
④ 물과 관련된 활동 시 필요 장비를 확인하고 안전기구 사용에 대하여 교육한다.
⑤ 기름을 사용할 때나 알코올 램프를 사용할 때 화재 및 관리 방법을 교육한다.
⑥ 칼 등 예리한 도구 사용할 때는 주위 사람들이나 본인에게 피해가 가지 않도록 교육한다.

주)

1) 李戊根, 實技教育方法論, 서울, 商潮社, 247~265쪽 要約.
2) Raph E. Msson and Peter G, Hains, *Cooperative Occupational Education and Work Experence in the Curriculum,* The inter state Publishers and printers Inc. 1965. p. 47.
3) 上揭書, 8~16쪽.
4) Ronald W. Stadt and Bill G.Gooch, *Coopertive Education*, Bobbs-Merril Education Publishing, 1977. pp. 33~37.
5) R.E. Mason and P,G. Hains, 前揭書, p. 20.
6) Norman Floyed Bloss, *Work Experence in the New york State*, College of Agriculture, Master thesis, Cornell University, 1968. pp. 14~19.
7) Ronald W. Stadt and Bill G.Gooch, *Coopertive Education: Vocational Occupation Career*, Bobbs- Merril Education Publishing, 1980. pp. 31~32.
8) 大韓商工會議所, 韓國經濟研究센터, 産學協同의 現況과 課題, 韓國經 濟研究叢書, 1976, 15쪽.
9) Barry herman, *Coopertive Education in Community College*, Jossey-Bass Publishers. 1975. pp. 36~44.
10) 上揭書, 36~44쪽.
11) Ronald Bro(ed), *Iowa Industrial Arts Handbook For Selected Aspects or Organization and Administration*, Iowa Department of Public Instruction. p. 1.
12) 李載元 外, 工業技術 教授法, 서울, 성안당, 313~314쪽.
13) 李載元, 上揭書, 313쪽.

CHAPTER 07

학습부진아 지도

Methodology for Practical Education

제1절 학습부진아의 의미

이 장에서 학습부진아를 다루는 이유는 학습부진아가 결국은 실습부진아로 연계되며 이로 인한 실기능력 저하가 예측되기 때문이다. 하지만 먼저 지적해야 할 것은 학습부진아(Slow learner) 변별 기준이 현재 단계로 명확치 못한 점이라고 하겠다. 어떤 의미에서는 부진의 범위를 확대시킨다면 모든 아동, 학생들 전체가 포함된다고 볼 수 있다. 어떤 분야에서 속진의 경우 어떤 영역에 있어서는 부진일 경우가 많다. 개개인은 다재다능한 것이 아니다. 그러므로 명확한 학습부진아의 개념규정이란 어렵다. 이러한 제한점을 전제하면서 학습부진아를 논의하고자 한다.

학습부진아에 관해 지금까지 대부분의 논자들은 IQ를 기준으로 설명하고 있다. 그런가 하면 일반적으로 태도, 능력, 일정 일에 대한 성취도, 재능, 학업성적 등을 열거하며 막연하고 모호하게 설명하고 있다. IQ중심의 학습부진아 범위를 보면 지금까지 적용되어 온 것으로는 IQ가 80~95, 85 이하, 70~89, 50~75 등으로 다양한 한계를 정하고 있음을 알 수 있다.

또한 교육계층에서 고립되고 이에 포함되지 못하는 아동 · 학생으로서 학교 인구의 15~20%(IQ 50~75)가 학습부진아로 구성되어 있다[1)]라고 하는 논자들의 견해도 있다.

학습부진아에 대한 구체적 내용들을 살펴보면 다음과 같다.

1) 학습부진아에 대한 견해

① Frain, J. Thomas(1962)[2)]는 지적 능력에서 확실히 보통 이하이며, IQ의 범위로는 70~89에 속해 있는 학생들이라고 지적하고 학생들의 15~20%가 낮은 지능을 가졌다고 설명하고 있다.

② C. Ingram(1960)[3)]은 학습부진아들은 긍정적으로 학년 진급에 만족할 만한 학습결과를 기대할 수 없으며, 동일 연령집단에 상당하는 학업성적을 얻는 데

어떤 장해를 받고 있다고 밝히고 있다.

③ C. Burt(1953)[4]는 교육성취도에 있어서 해당 학년 아동들이 정상적으로 이룩할 수 있는 수준에서 80% 미만에 있는 아동으로서 교육적 정상 이하의 아동을 학습부진아라고 규정하고 있다.

④ De Haan(1956)[5]은 학습부진아는 정신능력이 정규학급에서 보통 정도의 학습 진행 속도에 비교적 따라가기가 곤란한 아동이라고 기술하고 있다.

앞서 살펴본 바와 같이 학습부진아는 다음과 같이 설명할 수가 있다. 지적 능력이 낮고 해당 연령층에서 기대하는 학습결과를 남을 수 없으며 교육성취도가 정규학년에서 수행되는 수준에 상당히 미달되어 있거나 학습속도가 부진한 아동 · 학생을 말한다. 그러나 엄격한 의미에서는 지적 능력에 비해 학업성취도가 낮고 성적이 부진함을 뜻하는 것으로 보아야 할 것이다.

정신적인 능력의 결핍과 정상적인 능력 사이에 있는 그들은 정상적인 능력 한도까지 성취하고자 하는 부단한 요구를 지니고 있다. 이 요구에 알맞은 교육 프로그램없이 획일적으로 취급되어 왔기 때문에 전통적 교육 프로그램을 지속해 온 학교들은 학습부진아 학습문제로 학습현장에서 학습에 대한 심각한 문제가 나타나고 있다는 Abraham의 견해는 우리들에게 많은 시사점을 주고 있다.

2) 학습부진아와 IQ 문제

이것은 IQ를 지나치게 믿어버리는 결과로 범하는 오류의 문제이다.

지능 측정결과 지능 지수가 75~90 사이에 있다고 하여 아동 · 학생들을 지진아로 규정하는 것은 잘못이라고 생각한다.

왜냐하면 지능 검사의 종류, 형태, 제작자, 실시자, 실시 상황 기타 제반조건 등은 검사 점수에 영향을 미치기 때문이다. 또한 지능 그 자체가 부정확하다. 그 이유는 가족, 환경, 문화, 언어, 사회, 경제적 배경 혹은 학과목의 성질과 내용의 정도 등의 요인들이 관계되어 있기 때문에 점수에 큰 영향을 미치게 된다. 이와 같은 제한점과 다양한 변인의 결과에 따라서 지능지수가 나타나기 때문에 학습부진아 설명에 있어서 지능

지수의 범위를 준거로 학습부진아를 판정한다고 하기에는 많은 곤란이 따른다고 할 수 있다.

3) 학습부진아에 대한 재인식

① 학습부진아는 현재 이전의 각 학년 정규학급에서 기대되는 학습성과에 미달한 아동 · 학생이지만 학업성취 과정에서 지구력이 약했던 탓임을 재인식해야 한다.

② 그들의 지적 활동에는 언제나 부진성이 나타난다고 하지만 예능적 · 기계적 · 사회적 제반 활동에서는 반드시 부진한 것이 아니라고 하는 점을 재인식해야 한다.

③ 그들의 개념을 학교 교육에 한정시켜서 학습결과와 지적 능력에 국한된 개념 규정을 전반적인 학습부진아로 단정하는 것은 오류가 있을 수 있다는 점을 재인식해야 한다.

④ 개인은 성공적인 학습차를 갖고 있기 때문에 모든 분야에서 동일하게 성공하지 못하는 다양한 변이성을 가졌다는 점을 재인식해야 한다.

제2절 학습부진의 원인

일반적으로 논의되고 있는 것은 유전적인 요인과 환경적인 요인이다. 그리고 양자의 복합적인 작용으로 보고 부진성에 대한 명확한 구분은 않고 있다. 다만 학교 학습에 지장을 가진 아동 · 학생들을 일괄 학습부진아라고 칭하는 것이다. 그리고 그들이 가진 개인적이고 복합적인 원인에 따라 나타난다는 것은 주지의 사실로 되어 있다. 그러나 앞에서 이미 지적했듯이 지적 제한성만을 부진의 요인으로 설명할 수는 없다고 본다.

Abraham은 학습부진 요인들을 제거시켜 주거나 변용, 통제시켜 주면 학습부진아들의 성취수준을 향상시키는 데 도움이 될 수 있고, 적어도 정상인 상태에 이를 수 있다고 말하고 있다. 그러므로 학습내용과 자료의 정도에 따라서 시간이 충분히 허용된다면 학습부진성은 교정 가능할 것이다.

다만 천부적인 부진성이나 장애요인을 제외하고, 환경과 개인적인 요인과의 상호작용에 의한 학습부진성이라는 전제하에서 그 요인을 살펴보고자 한다.

1) 사회 · 경제적 요인

사회 · 경제적 조건이 학업성적에 미치는 영향에 관한 연구결과는 많이 볼 수 있다. 이들에 대해 일일이 열거할 수는 없으나 몇 가지 연구결과를 종합해 보면, 즉 J. B. Conunt(1961),[6] P. C. Sexton(1961),[7] G. O. Johnson(1962)[8] 등의 연구결과는 사회적 · 경제적 수준의 차이에 따라서 학생들의 성적 차이가 현저하게 나타난다고 밝히고 있다.

2) 문화실조의 요인

문화실조(cultural deprivation)란 인간발달에서 요구되는 심리적 요소의 결핍과 과잉 및 시기적 부적당에서 일어나는 지적 · 사회적 · 인성적 발달의 부분적 상실, 지연 및 왜곡 현상을 의미한다.[9]

문화실조 상태의 아동들은 대부분 부진아이며, 언어적 능력이 결핍되어 있고, 학습하는 방법을 이해하지 못하기 때문에 언제나 학교에서 학업성취에 대한 부진성을 가져오고 있다고 생각하게 된다. 그러므로 이러한 아동들에게는 학교 교육에 있어서나 가정교육에 있어서 조그만 유의가 있으면 충분히 시정될 가능성이 있다고 본다.

3) 신체적 요인

시각장애, 청각장애, 미성숙, 영양섭취의 부족, 기타 건강 조건에 의한 것으로써 행동과 인격의 발달은 그들의 성장발달의 비율에 관계되고 있으며, 발달 상태나 체격 및 신장과 상호관련성이 있다고 하는 발달심리적 견해는 신체요인이 학습부진과 깊은 관계를 맺고 있음을 시사하는 것이다(Martin, W. E. et al., 1959).

4) 가족관계 요인

가족관계에서 일어나는 제 문제, 즉 긴장, 분노, 언쟁, 불화, 급격한 변동, 아동들에 대한 이해와 수용태도 결핍 등의 문제는 부모 · 형제 간에 심각한 문제 장면을 형성하게 되고, 아동 · 학생들에게 정서적 불안정을 초래한다. 이것은 학습태도의 동요, 학습동기의 저하는 물론 학교 생활에 부적응을 갖게 하여 비행을 저지르게 한다. 가정에서의 안정감, 가족 간에 갈등이 없는 이해 속에서 부적응을 방지하고 학교 학습에 적응시키려는 노력이 필요할 것이다.

5) 아동 · 학생들의 출석률 저하요인

흥미 없는 수업의 전개, 학업성적에 때한 계속적인 실패, 좋지 못한 학습 습관 등은 학교의 책임과 개인적인 결함에 기인되고 있다. 이와 같은 원인은 학교, 가정, 아동의 삼자가 함께 갖는 결함에서 오는 원인이라고 할 수 있다.

6) 기타 제반 요인

① 가정이나 지역사회가 가진 교육자료, 시설 및 자원이 갖추어지지 않은 상황에서 오는 요인으로 학습부진성을 초래한다.

② 아동 · 학생들의 능력, 성취동기 및 요구수준의 상호 간 부조화 상태 속에서 학습부진성을 갖게 된다.

③ 우발적인 사고, 나쁜 영양, 질병 등의 요인이 신체적 · 정서적 활동에 영향을 미치며, 그 결과로 말미암아 학습부진성을 초래하게 된다.

④ 아동 · 학생들이 아무런 학습준비가 없을 때 그들에게 바람직스럽지 못한 교육 압력을 행사한다거나, 이미 학습할 시기가 지나버렸거나 발달수준에 적합

치 못한 학습지도로 인해서 학습동기가 약화되는 경우 학습부진현상이 나타난다.

⑤ 정서적 혼란으로서 이상에서 열거한 제요인과 관련되어 정서적인 혼란 상태가 학습부진의 원인이 된다.

끝으로 앞에서 지적한 모든 요인과도 관련되고 있으나 아동 · 학생들이 가진 요인으로서 학습에 대한 동기, 흥미, 충동, 유인, 의욕 등이 결핍되었을 때 나타나는 학습 결과의 부진이 가장 심하다고 할 수 있을 것이다.

그리고 학습자 개개인은 위에서 열거한 원인 또는 요인을 적어도 한두 가지씩은 가졌다고 생각한다. 그러므로 학습부진아들의 경우는 대부분 이상의 원인과 요인들의 상당수가 복잡하게 겹쳐진 복합적인 상황 속에 놓여 있는 학생들이며, 부진성은 반드시 특수한 환경이나 특수한 상황에서만 나타나는 것이 아니고, 아동 · 학생들에게 영향을 미치는 유전과 환경 조건들이 주요 원인이 될 수 있는 것이다.

제3절 학습부진아의 일반적 특성

학습부진아라고 피상적이고 외관적으로 단정짓기는 어렵다. 앞에서 이미 언급한 바 있으며, 다음에서 자세히 언급하겠지만 성취도만으로 그들을 변별한다는 것은 잘못이다.

에디슨과 뉴튼 같은 사람들이 위대한 발명을 한 것은 그들 개개인의 노력과 함께 실패와 성공의 연속적 과정 속에서 이루어진 것이라고 할 수 있다.

오늘날 심리학과 발달심리학 및 학습심리학의 발달은 환경적인 요인이 인간의 성장 발달에는 물론 행동과 인격에 미치는 영향이 크다고 하는 연구결과를 제시하고 있다. 그러므로 교육환경 내지 학습환경의 개선 · 변경은 낮은 학습 정도를 가진 아동 · 학생들을 적어도 정상아 수준으로 향상시킬 수 있다는 신념을 갖게 한다. 최근의 경향은 학교, 가정, 지역사회에서의 아동 · 학생들에 관한 이해를 높이기 위한 새로운 인식과 함께 교육에 대한 관심이 높아지고 있다. 특히 우리의 경우 1969년 중학교 무시험 추첨 진학제의 결과가 큰 자극제가 되었다고 본다.

이에 따라 학력차, 개인차, 이질집단, 학생지도 문제 등은 학습 부진아에 대한 이해와 인식을 갖게 하는 계기가 되었다고 본다.

부진아 학습을 위해서는 그들의 특성 파악이 중요하기 때문에 일반적으로 논의되고 있는 특성을 설명해 두고자 한다.

1) 선행조건

① 학습부진아와 평균아 사이의 차는 개인과 변인의 종류에 차이가 있는 것이 아니라 변인의 정도 차이라 할 수 있다. 예를 들면 변인에 속하는 흥미, 요구, 적성, 능력, 동기 등의 차가 없는 것은 아니지만 부진아와 평균아는 다같이 이들 종류를 가지면서 정도 또는 수준의 차이에 기인됨을 이해해야 할 것이다.

② 학습부진아를 발견한다는 것은 학습속진아의 그것보다 어렵다는 것이다. 그들은 그들 집단 내에서 객관적으로 다른 아동들과 동일하게 보이며 가끔 게으르고, 낮은 동기를 나타내고 있을 뿐이다. 이와 반대로 속진아는 기타 아동들이 완성치 못하는 일을 완수하고 있다. 그러므로 학습부진아들은 해당 연령층의 정규 학습에서 기대하는 어떤 과제를 성취하지 못하는 측면을 세밀히 관찰해서 발견할 수밖에 없다.

③ 학습부진아들의 정서적 · 신체적 · 사회적 기능 및 운동기능 등의 발달이 정상적이라고 주장하는 사람이 있는가 하면 각 분야의 발달에 차이점을 지적하는 사람도 많다. 이러한 대립적인 입장은 학습부진아와 다른 아동들의 차이점을 밝히는 데 제한점이 되고 있다. 그러므로 학습부진아에 관한 한 "어떤 사람은 어떤 한 가지 일에 적합하고, 다른 사람은 어떤 다른 일에 적합하고 또 다른 사람은 어떤 다른 일에 적합하게 된다"라는 말을 음미할 필요가 있다.

2) 일반적 특성

① 연속성이 짧은 주의력과 산만한 흥미를 가지고 있다.
② 제한된 상상력과 창의적 사고력을 가지고 있다.
③ 자극에 대한 반응시간이 느리다.
④ 무감정, 자신력 없음, 강한 의존심을 가지며 침착성은 있으나 때로는 흥분하고 감수성이 예민하다.
⑤ 학업에 장해를 받으며, 생활연령에 비해 성취수준이 낮다.
⑥ 자기 신뢰감을 쉽게 상실하거나 혹은 없다.
⑦ 남에게 속기 쉽고, 불안정감, 수치감 및 겸손이 있다.
⑧ 기억력과 파지력이 낮다.
⑨ 추상적 사고능력, 상징적 표현력, 결과에 대한 평가력, 지속적 활동능력 등이 약하다.
⑩ 아이디어 전이, 시 · 공간의 확대, 흥미의 지속 등에 성공적이지 못하다.
⑪ 자제력과 상황 변화에 적응력이 제한되어 있다.
⑫ 독창력, 언어 표현력, 집중력, 변별력, 분석력 등의 수준이 낮다.
⑬ 혼란, 공포, 불안을 쉽게 느낀다.
⑭ 태만하다. 즉, 체질적인 요인 때문이 아니라 좋지 못한 건강이나 정서적 부적응에 기인되는 태만으로 보여진다.
⑮ 행동과 활동은 충동에 기초를 두고 있으며 조속한 결과를 얻고자 하며 어떤 결론을 초조하게 느끼고 있다.
⑯ 신체적으로 잘 발달되지 않는 편이다.

앞에서도 발달과 부진의 관계를 언급했지만, 이를테면 앉기, 걷기, 말하기의 발달이 늦다는 것은 발달 부진을 뜻하는 것이다. 정상아 또는 명석한 아동 · 학생들 가운데 발달에 있어서 어떤 경우는 그 능력면에서 볼 때 부진한 때도 있다.[11] 그리고 우리가 흔히 학교에서 발견할 수 있는 특별한 재능에 관한 문제이다. '재능이 있다'라고 하는 교사나 이웃 사람들, 가족들의 판단은 오인에 의한 과오라 생각한다. 그 원인은 아동 ·

학생들을 실제 이상으로 과대 평가하는 결과라 하겠다. 흔히 인격과 같은 것은 지나치게 주관적인 판단을 면치 못하는 경우가 많다. 실례를 들면 학업 성적이 우수한 학생이 반드시 대인 관계나 기타 학생 활동에 리더십을 갖는다고 할 수 없다.

따라서 교사나 부모들은 다음과 같은 아동 · 학생을 학습부진아라고 판단하지 말아야 한다. 질문에 엉뚱한 대답을 자주 하거나 주의를 환기시키면 학습활동이 위축을 당하며, 사회적 장면에서 수줍어하고, 속임수가 많고, 변명을 잘하는가 하면, 꾸지람을 받을 장면을 조성하는 등의 사실이 있더라도 그들 전부가 학습부진에 속하는 것은 아니다.

앞에서 열거된 특성에 비추어 보면 대체로 특성 목록에 속해 있는 아동 · 학생들은 대개 학습부진을 나타내는 것이 일반적인 경향이라고 볼 수 있다. 그러나 "무단결석, 비행, 문제행동, 흥미의 상실이 많은 것은 학습부진아들 가운데 더 심하면, 교도소나 감화원에 수용되어 있는 아동들의 대다수가 IQ 75~90, Dull Normal, Backward였음이 여실히 나타나고 있다"라고 기술하고 있는 S. A. Kirk(1940)[12]의 견해에 수긍한다면, 앞에 열거한 학습부진아들의 특성들은 신뢰로운 감을 가지게 되지만 아쉬운 점이 너무도 많다. 향후 보다 신뢰롭게 특성을 발견할 수 있는 연구가 수행되어야 할 것이다.

제4절 학습부진아의 변별

학습부진아 식별 과정에 수반되는 혼란을 피하기 위한 전제 조건으로서 주요한 사항을 먼저 밝혀두고자 한다.

① 학습부진아 식별은 조기에 하는 것이 바람직하다.
② 한 가지 지표나 단순한 변별 방법으로는 불충분하다.
③ 식별과정은 비교적 장기간 계속되어야 한다.

이들 조건들을 전제로 학습부진아 식별의 문제를 논하려 한다.

① 아동들이 발달면에 있어서 정상적인 발달기간보다 오랫동안 부진한 비율로 발달한다고 하면 점차 발달 부진은 누적되어 교정 불가능한 심한 결과를 초래할지도 모를 일이다. 그러므로 아동들의 부진성은 조기에 발견하여 적절한 배려와 지도가 수반되어야만 한다. 그러나 이러한 인식과 견해는 세밀한 관찰력과 관심을 자진 부모와 교사의 노력을 통해서만이 가능한 문제라 하겠다.

② 조기 식별의 필요성은 수긍되지만 이에 따르는 부작용은 문제라 하겠다. 즉 오인의 과오를 범하기 쉽다는 것이다. 이러한 오인으로 말미암아 더 격심한 부진율을 가져올 수 있다고 본다.

이러한 측면에서 볼 때 부진아라고 속단함을 보류하면서 식별과정의 기간을 연장함은 물론 부진 중 · 후에 알맞은 점차적인 지도가 가해져야 할 것이다. 오늘날 부모들은 나이 어린 아동들을 교육기관에 투입시키는 경향이 높아지고 있다. 빠르면 4세부터 무용, 음악, 미술 등의 교습소를 비롯, 유치원에 보내고 있다.

그러므로 아동들에게 주어지는 교육기간은 길어지고 이같은 장기간에 걸쳐 조기 발견된 아동들의 부진성을 제거하는 데 노력하여 정상으로 이끌 수 있도록 하여야 한다. 단 조기발견하되 학습부진아라고 속단하지 말아야 한다는 교사나 부모들의 재인식이 필요한 것이다. C. Ingram(1960)[13)]은 개인적인 성장 모습을 빨리 이해하는 것이 중요한 일이라고 강조하고 있다. 즉, 학습부진 아동을 나이가 어릴 때 발견, 인식하여 처음부터 알맞은 교육기회를 제공해 주는 것이 바람직하다.

이러한 프로그램은 가정과 학교 및 지역사회에서 좋은 습관, 건전한 태도, 자신력, 자기신뢰감 등을 그들의 능력의 한계까지 향상시킬 수 있음을 합리적으로 기대할 수 있다고 말하고 있다.

③ 학습부진아를 발견하는 도구와 방법에 관한 문제이다.

이미 지적한 바와 같이 식별에 필요한 기준의 문제점은 무엇인가라고 하는 것이다. 특정 분야의 특수성을 식별하는 데 있어서 그 분야의 한계가 명백할 때는 분명하게 그 기준을 설정할 수 있는 것이다.

그러나 지금까지 기술된 내용으로 보아 학습부진아의 개념, 발생원인, 그들의 특성 자체가 물은 수소원자 두 개와 산소원자 하나로 된 H_2O가 물이다라는 분자식으로 규정하기에 곤란한 점이 있다. 이와 같은 난점은 학습부진아를 식별하는 데 있어서 한두 개의 한정된 도구와 방법을 활용해서 결과를 기대할 수는 없을 것 같다.

Jewett, Hull(1954)[14]은 학습속진아들을 발견, 식별하는 데 적용하는 다음과 같은 네 가지 방법을 제시하고 있다. 즉 ㉠ 교사들이 평가한 점수, ㉡ 집단 지능검사, ㉢ 학교성적에 대한 교사의 평가 점수, ㉣ 표준화 학력검사 등이다. 이러한 방법을 활용하는 것은 언제나 집단아동들에 관해 양적 자료를 제공하는 데 불과한 느낌이 있다.

오늘날 대부분의 중·고등학교에서 각종 표준화 검사를 활용하고 있는 것은 학교의 규모가 크든 작든 학생들을 이해하고 학습지도와 생활지도에 충실을 기하려는 관심도가 높아졌음을 의미한다. 이를 위하여 집단 지능검사, 개인 지능검사를 비롯, 각종 심리검사 도구를 활용하고 있다. 여기에서 나타난 결과를 종합·분석하여 아동·학생들의 이해와 지도에 직접 적용시키고 있다.

오늘날 학교 교육의 비중 가운데 가이던스 카운슬링의 문제는 높은 비중을 차지하고 있다. 가이던스의 궁극의 목적은 개인인 아동·학생을 돕는 데 있다. 즉 개인이 문제 장면에 직면했을 때 스스로 해결할 수 있게 조언하는 것이 가이던스이다. 그러므로 가이던스 카운슬링의 궁극이념은 학습부진아들에게 더 직접적인 관련을 가진 것이라고 하겠다.

따라서 학생들을 이해 파악하려는 제반 기술은 역시 학습부진아 식별을 위한 도구나 방법과 별 차이가 없는 것이다.

④ 검사도구에 관한 문제이다.

오늘날 활용되고 있는 각종 검사도구는 개인차의 범위와 그 크기는 물론 이해에 지대한 공헌을 해왔다. 그리고 개개인이 가진 여러 가지 변인을 점수화하고 있다. 그러나 이러한 측정된 점수 그 자체로서는 먼 장래에 대한 진단적 자료로 활용하기에는 미흡한 점이 없지 않다.

교사들은 또한 교과과정을 중심으로 만들어진 시험문제에 대한 완성 여부보다 점수에 보다 많은 관심을 집중시키고 있다. 완성 여부의 결과는 학습에 있어서 지도 방법상의 문제, 교과과정의 난이의 차, 개인 편차의 영향 등으로 어떠한 교정, 변경, 개선의 문제라고 하겠다.

이러한 문제에 대한 배려가 선행되지 않고 나타난 점수에만 관심을 집중시키는 것은 재고되어야 할 교육 평가상의 문제이다. 평가란 전체 인격에 대한 관련성을 지녀야만 할 것이다. 우리는 교육평가에서 두 가지 측면을 활용하고 있다. 하나는 총합적 평가이고 다른 하나는 형성적 평가이다. 양자가 모두 교육평가과정에서 필요하지만 더욱 중요한 것이 형성적 평가이다.

학습결과 또는 효과를 종합적으로 평가하는 것이 필요하지만 결과에 대해서 미진학습, 부진학습의 교정과 오류 및 미비점을 발견하여 진단적이고 치료적인 평가기능이 필요할 줄 안다. 이러한 평가 기능은 Lindquist[15)]가 말하고 있는 학습 촉진과 가이던스 카운슬링이 주는 평가의 주요 기능이다.

그러므로 교사들은 아동 · 학생들의 행동과 학습결과에 대한 원인을 규명하는 데 도움이 되는 의문적 태도를 항상 가지고 있어야 할 것이다. 또한 원인을 규명하는 기술은 교사들이 아동 · 학생들이 어떻게 성장 · 발달하는가를 발견하는 데 있어서 제일 중요한 역할임을 재인식할 필요가 있다.

지금까지 기술한 문제점과 고려 사항들은 앞으로도 계속 반성 · 재인식되어야 함을 강조하면서 학습부진아 변별을 위해 가장 널리 활용되는 방법과 자료에 관해서 밝혀 두고자 한다.

① 각종 심리검사(개인지도검사, 집단지능검사, 성격검사, 성취검사, 적성검사, 태도점사, 학습 습관검사, 흥미검사, 정의성 검사 등)

② 학력검사와 교사제작 검사

③ 집단 내에서 특수 아동 · 학생들과의 관계를 조사하기 위한 사회측정법

④ 신체결함과 성장을 구분하고 연구하기 위한 신체검사 또는 체능검사
⑤ 부모, 학교 교직원 및 기타 관련된 전문 인사들에 의해서 계획된 가정면접, 가족생활사를 분석하고, 가정, 학교, 지역 사회의 정보와 자료의 활용
⑥ 교사가 아동 · 학생을 주의 깊게 관찰 이해할 수 있도록 마련된 객관적인 일화기록법의 활용
⑦ 학력과 인격에 관하여 교사가 평점한 자료
⑧ 아동 · 학생과의 면접을 통해서 얻어진 자료와 지도상담자들이 제시하는 기타의 정보와 자료
⑨ 아동 · 학생들의 점수, 학년 수학 정도를 명시한 학적부와 생활기록부에 의한 자료의 분석 활용
⑩ 교사들이 제공하는 각종 자료

이들 도구나 정보 · 자료가 제공하는 것을 통해서 학습부진아들을 식별하기에 완전을 기할 수 없다는 점은 충분히 느끼지만 적어도 근사치에 가까운 결과는 얻을 수 있다고 생각한다. 그리고 학습부진아들의 부진성을 진단 치료하고 학습결과의 수준을 향상시키는 데 있어서 크나큰 도움이 될 것이다.

그러나 부진아 학습전략을 수립하는 과정에 있어서 무엇보다 중요한 사실의 하나가 그들을 발견 · 식별할 수 있는 테크닉이 필요하다는 것을 강조해 둔다.

제5절 학습부진아를 위한 수업전략

학습부진은 가능한 한 조기에 발견하고 장기간의 관찰과정을 통하여 가짜 부진학습(pseudo slow learning)의 그릇된 판단을 배제시킨다고 하는 것은 매우 중요한 일이다.

그러므로 부진아 수업전략을 보다 충실하게 세우기 위해서는 무엇보다도 가정에서

부모들의 적극적인 협조가 있어야 함은 물론이다. 그러나 부진아란 개념이나 용어가 사용되는 것은 교육기관에 입학한 이후 주로 학교 학습에 관해서 지칭되는 것이라고 봐야 옳을 것이다. 최근 각급 교육 현장에서 심각한 도전을 받고 있는 것은 학습 효과의 극대화 문제라고 하겠다.

따라서 이러한 문제는 각종 학습전략 수립에 중요한 촉진제 역할을 하고 있다. 각종 학습전략을 통한 학생들의 학습 효과의 극대화에 있어서 개인차 문제는 충분히 고려되어야 한다.

이에 따르는 학습효과의 상 · 중 · 하 등의 집단아들에 대한 철저한 교육적 배려가 중요시되고 있다. 단순히 교육기관을 통하여 소정의 학습과정을 거쳐 사회로 배출시키면 교육의 기능이 완숙된다고 생각하는 안일한 사고방식은 지양되어야 할 것이다. 적어도 전체 아동 · 학생들의 90% 이상이 완전에 가까운 학습 결과를 얻도록 하는 전략이 절실하게 요청된다. 최근 이것을 위한 여러 가지 이론과 모형이 나타났고 그 중 하나가 완전학습 이론이라고 하겠다. 이러한 이론들의 기저에는 학습부진아를 비롯 아동 · 학생들의 개인차 형성요인을 충분히 반영시키고 있다고 하겠으나, 무엇보다도 중요한 것은 부진아들의 학습 향상을 위한 수업전략이다.

이상과 같은 입장을 전제하면서 부진아 수업전략을 위해 선결해야 할 문제들을 기술하기로 한다.

(1) 학습부진아들을 위한 학교에서의 문제로서 제도·조직 등의 행정적인 조치를 수립하는 문제이다

어느 것을 막론하고 각급 학교에서 관심을 집중시키는 것은 입학, 진급, 졸업, 진학 등에 관한 것이며, 특수학급, 분단학습, 학년유급 등을 포함한 교사들의 수업 태도와 기술에 관한 것이 일반적인 학사 전반이라고 생각한다.

그런데 학습부진아들을 위한 특별한 행정적 조치가 없었던 것은 아니지만, 관계기관은 물론 학교에서 특별한 조치가 있었다면 유급제 이외에는 두드러진 것이 없었다고 본다. 물론 재정적인 뒷받침을 선결 문제로 치더라도 부진아를 위한 교육시설, 인적 구성, 시간할당 등에 대한 학교에서의 행정적 조치가 필요한 것이다. 부진아들의 요구와 특성을 분석하고 기대학습으로 끌어가기 위해서 비공식적인 것이기는 하지만 다음과 같은 점에 유의해야 할 것이다.

① 적절한 독서지도, 계획성 있는 학습지도, 적절한 참고도서, 시청각 교재 · 교구의 활용, 기타 표준화 검사와 교사제작 검사 등을 조직 안배시킬 것
② 교사들이 아동연구 방법을 습득하고, 학습부진아 지도방안을 적절하게 수렴할 것
③ 교사, 상담교사, 지도요원 및 학교 행정요원, 즉 전체 교직원들이 제공하는 각종 자료를 중심으로한 누가 기록제도(a cumulative record system)를 적절하게 활용할 것
④ 교과 교사와 상담교사 간에 정기적인 회의를 개최하고 학습부진아 프로그램에 성공적인 사례 학교와의 정보 · 자료 교환은 물론 성공적인 학교 인사(교사, 상담자, 교장)를 초청하여 논의하는 제도를 확립할 것
⑤ 소수 부진아들을 위한 융통성 있는 학습내용으로 교육과정을 별도 계획할 것
⑥ 지역별 또는 지역사회의 경제적 수준의 정도에 따라 특별한 방침을 수립할 것
⑦ 학급의 크기에 관심을 가지고 조정할 것 등이다. 좀 더 구체적인 측면을 살펴보면 학습부진아 학습 프로그램을 수립하는 데 여러 문헌의 내용을 비교할 때 많은 의견의 차이를 볼 수 있다.

G. Orville Johnson(1963)은 개인차에 의존한다는 점을 매우 강조하고 있다. 그러므로 학습 프로그램을 부진아들의 요구에 관련시켜야 하는 점은 바람직하다고 볼 수 있다. 이와 반대로 Jewett, Hull(1954)의 연구에서는 1,200개의 중등학교 대상 중 795개교가 학습부진아를 위한 행정적 조치를 강구하고 있다고 했으며 학교의 크기와 학교 내에서의 학급의 크기는 효과적인 학습지도에 관계되고 있다는 결론을 얻었다고 밝히고 있다.

또한 미국 NEA는 효과적인 수업을 위한 최적이 학급 크기가 적당하다고 찬성하고 있음을 제시하고 있다.

그런데 Mcloughlin과 Mckenna(1957)는 개인차의 문제가 충분히 이해된 연후에 소학

급제를 택하는 것이 학습에 이롭다고 설명하고 종전까지의 연구는 학급 크기, 학년, 진급, 성적 등에 관심을 모았으며 학력을 측정하는 검사의 테크닉은 학급의 크기에 영향을 받지 않는다고 했다. 이러한 상반되는 견해도 없지 않지만 학습부진아를 위한 학교에서의 세심한 행정적인 조치가 따르지 않으면 안 될 것으로 본다.

다음으로 중요한 것은 교직원 및 관련된 인사들의 이해와 태도라고 하겠다. 가령, 교직원들은 소속학교 내에 학습부진아가 몇 명이며 그들의 특성과 원인은 무엇이며 그들에게 학습 프로그램이 적당한가이다. 어떻게 교수 평가할 것인지, 학부형들과는 긴밀한 접촉을 하고 있는지, 교과학습이 그들의 생활의 일부임을 인식하고 특별지도를 고려하고 있는지 등의 문제에 대한 인식과 이해가 따라야만 부진아를 위한 학습 전략이 성공을 하리라고 생각한다.

(2) 학습부진아들을 위한 현실적인 문제로서 조사 · 연구의 어프로치가 필요하다는 점이다

우리나라 각급 학교의 학습부진아에 대한 실태를 조사 · 분석한 결과나 연구결과는 너무도 빈약하고 피상적인 문제만 다루어 왔다고 생각된다. 앞으로의 과제는 학교, 가정, 지역 사회의 삼자가 협동하는 기반 위에서 보다 진지하고 핵심적인 연구가 절실하다고 하겠다.

학습부진아들을 위한 조사 · 연구가 활발히 전개되어 학습부진아 학습 프로그램 전략을 수립하는 데 이바지할 수 있기를 간절히 바라면서 우리들의 학습부진아 학습 프로그램을 수립함에 도움이 될 외국의 연구결과와 논자들의 견해를 살피고자 한다.

① Sexton(1961)은 「Education and Income」에서 학습부진아가 많은 지역은 수입이 적고, 그 지역에 있는 대부분의 학교들은 ㉠ 대부분 건물이 낡았으며, 식당, 도서실, 오락시설이 거의 없어 교육적 환경으로 부적당하다. ㉡ 능력과 자질이 없는 교사들이 대부분의 학교를 차지하고 있다. ㉢ 학급 규모가 크며 학급당 학생들은 초만원이다. ㉣ 부모들이 학교행사에 거의 참여하지 않고 있다. 그 지역은 ㉤ 취학률이 극히 낮으며, 중퇴자가 많다. ㉥ 의료시설, 사회복지시설이 빈약하

다. ⓢ 문맹자와 범죄자가 많다고 지적하고 있다.

② 다음은 New England School Development Council(1956)에서 밝힌 학습부진아에 관한 보고로 표집대상 45개교 중 6개교만 7, 8, 9학년에서 그들을 위한 일정한 프로그램이 있고, 19개교는 전혀 없으며, 12개교는 정신적 장해 아동을 위한 프로그램을 가졌다고 나타나 있다. 연구의 결론은

㉠ 일반적으로 학습부진아 개념에 반응이 없었다.

㉡ 많은 학교에서 정신적 장애아와 같이 분류하고 있다.

㉢ 대부분의 학교가 부진아들의 욕구를 충족시킬 뚜렷한 제도가 없었다.

㉣ 많은 학교가 부진아의 문제점을 인식하고 있으나 지도방법을 모르고 있다.

㉤ 학습부진아를 다루려는 노력이 학교 전체 계획에는 포함되어 있다.

㉥ 학습부진아 식별수단으로 낮은 IQ에만 의존하고 있다.

㉦ 이 연구의 표집이 전형적인 것으로 간주된다면 학습부진아를 위한 문제 범위, 교수방법들보다는 정확한 개념규정과 새로운 인식 이 있어야 할 것이다.

이같은 연구결과는 역시 우리나라의 현실성과 직접 관련성이 있는 문제들이며 연구대상들이라고 할 수 있다.

③ R. E. Tilfer(1964)는 학습부진아들은 정상적인 아동 · 학생들이 완성하는 과업을 완수하기에는 무능력하기 때문에 오는 욕구불만으로 어떤 압력에 사로잡혀 있다고 언급하면서 학습부진아들을 위한 프로그램에 포함시켜야 할 요소들을 다음과 같이 지적하고 있다.

㉠ 아동 · 학생들(부진아)을 생활사와 교육받은 연한을 조사하여 개인적 어프로치를 택할 것

㉡ 학습부진아들의 장점과 약점을 조사 · 분석할 것

㉢ 그들의 교육에 대한 그들 부모의 이해와 협조

㉣ 그들에게 적합한 학습내용의 개정

㉤ 정규 학급에 참여해서 기타의 아동들과 연관성을 지어 주는 학습경험의 조장

㉥ 정규학습 학생들의 성적과 비교시켜 그들에게 성취도를 인식시켜준다는 것들

이다.

이상과 같은 견해 이외에 부가해서 지적할 수 있는 것으로 다음의 몇 가지 사실에 깊은 주의를 해야 한다고 생각한다.

① 학력에 기초를 두고 융통성 있게 집단화해야 한다.
② 레디네스-프로그램을 강화하고 때때로 시간을 충분히 잡을 것
③ 각종 자료나 방법 및 경험내용은 단순하게 조직할 것
④ 안정감과 지구력을 유지하도록 학급 분위기를 조정할 것
⑤ 각종 학교 활동에 참여하게 할 것
⑥ 가이던스-카운슬링, 시설과 활동범위 등을 확대 · 보강할 것
⑦ 교사-아동 협의회를 갖도록 하고 수업 계획을 세울 때 아동들을 포함시킬 것
⑧ 교수와 생활지도 양자를 위한 적절한 계획을 세울 것
⑨ 가능하면 연령집단과 함께 진급시킬 것 등은 학습부진아 학습프로그램 전략 수립을 위한 기본적인 방향을 제시해 주는 것이라고 볼 수 있다.

(3) 학습부진아들을 위한 전략에 있어서 무엇보다도 핵심을 이루고 있는 것은 그들을 가르치고 지도하는 교수 기술이라고 할 수 있다

학습부진아들을 교수 학습함에 있어서의 일반적인 방법과 기술에 관해서 Abraham이 제시한 내용을 항목별로 열거하기로 한다.

① 학습활동은 단순하게 하며 학습시간은 비교적 짧게 하고 학습범위는 되도록 좁고 구체적으로 할 것
② 학습계획 수립은 명백하고 정확하게 할 것
③ 학습내용 상호 간에 명백하게 관련지어 지도할 것
④ 언어적 · 추상적인 설명을 피하고 자유롭게 수업시간을 보낼 수 있는 분위기를 조성하여 발표의 기회를 제공하는 한편, 학습내용은 시청각 교구의 활용, 견학, 실제 경험을 토대로 할 것

⑤ 수업내용은 연습과 실습을 병행할 것
⑥ 불만족감에 대한 보상에 도움을 주는 사실을 자주 재확인하고 평가하며 노력할 때만 칭찬할 것
⑦ 마음가짐, 성취도 및 용모에 관해서 자부심을 갖게 조언할 것
⑧ 최근에 발생된 사건은 즉각적으로 의미를 부여해 줄 것
⑨ 운동, 기계적, 사회적, 예술적인 등의 능력은 개인의 재산이라고 인식시키고 아이디어, 취미, 흥미, 소질 등을 신장 · 개발하도록 권장할 것
⑩ 부당하고 지나친 압력은 주지 말 것
⑪ 학급활동이나 학습계획에 교사와 학생이 함께 참여하고, 발표를 권장할 것
⑫ 현실적인 문제로 직업에 대한 욕망을 환기시키고 추구하게 할 것

이상의 교수기술과 방법들이 완전을 기할 수 없다는 점은 사실이다. 그러나 적어도 이상과 같은 교수기술을 염두에 두고 학습부진아 학습프로그램 전략 수립에 임한다고 하면 도움이 될 것이며 어느 정도의 효과는 얻어지리라고 보여진다.

(4) 학습부진아들의 요구에 관련된 것,

① 대상, 목적을 명백히 언급한다.
② 학습단계를 특수화시켜 진행한다.
③ 학생들은 질문에 능동적으로 참여한다.
④ 학생들의 정답에 즉각 강화한다.
⑤ 학생들은 적극적으로 평가과정에 참여함으로써 자기의 장 · 단점을 변별할 수 있다고 하는 프로그램 학습은 학습부진아 프로그램 전략과 깊은 관련이 있다.

아동 · 학생들은 어떤 의미에서는 모두가 부진아 영역에 속할 수 있는 것이다. 따라서 각종 학습이론과 학습 프로그램은 학습부진을 방지하고 학습 효과의 극대화를 위한 전략이라고 할 수 있다. 부진아는 늦게 개발되는 사람(a late bloomer)임을 재인식하여 그들을 위한 개발 전략을 수립해야만 될 것이다. 이것이 오늘날 각급 학교, 특히 초 · 중등학교가 당면한 수요 도전일지도 모른다.

이러한 전략을 수립하기 위한 선행조건은 학습부진아들을 바르게 이해하는 것이라고 하겠다.

지금까지 기술한 내용, 즉 학습부진아들의 의미, 요인, 특성, 변별 테크닉 및 학습 프로그램과 방법 등을 이해 인식한다는 것은 적어도 부진아 수업전략을 수립하는 데 필요한 것으로 볼 수 있다.

학습부진아들을 올바르게 이해하고 인식한 후에 그들을 위한 수업 전략을 수립하는 것이 바람직할 것이다.

주)

1) Abraham,Willard, *The slow Learner*, New York; The Center for applid research in education, Inc. 1964. p. 3.
2) Frain. T. J. *Administrative and Instructional Provins for Rapid and Slpw-Learners in Catholic Secondary School*. Washington, D.C, The Catholic Univ; of Anerican Press, 1960. p. 13.
3) Ingram Christine, *Education of Slow-Learning Child,* N.Y., ; the Ronald Oress, Cd. 1960. p. 18.
4) Burt, Cyrik, *The Causes and Treatment of Bakwardness*, N.Y.,; Philosophical Liberary, 1953. p. 38.
5) Dehann Robert, F and Kough, Jack, *Helping Children With needs*, Chicago; Science Research Association, 1956. p. 152.
6) Conant, T.B. Sium and Suburbs, N.Y; Mcgraw-Hill. Inc., 1961.
7) Sexton, P. C. *Education and Incone*, N.Y.; The Viking Press, Lnc. 1961.
8) Johnson, G. Oveille, *The Slow Learner*, A Secondary Class Citizen, N.Y; University of Syracus, 1962. pp. 16~17.
9) 鄭元植, 人間과 教育, 서울, 培榮社, 1968, 320~321쪽.
10) Martin, William X and Stendler, C,B. *Child Behavior and Development*, N.Y; Harcourt Brace and World, Inc. 1959. p. 472.
11) Kirk Samuel A, Karness, Merle B. and Kirk, Winfred D; *You and your Retarded Child*, N.Y; Mcmillian Co, pp.14~28.
12) Kirk, Samuel A, *Teaching reading to Slow-learning Children*, N.Y; Houghton Miffin Co, 1940. p. 174.
13) Ingram, C., Ibid, p. 13.
14) Abraham Willard., Ibid, p. 20.
15) Linquist, E. F, *Measurement*, Washington; American Council on Education. 1951. pp. 3 ~18.

찾아보기

[인명]

[용어]

etc

저 | 자 | 소 | 개

임채식

건국대학교 대학원(교육학박사)

현) 인천재능대학교 유아교육과 교수

〈저서〉 교육학개론, 교육철학 및 교육사, 교직실무, 유아교과교육론(공저), 인간관계론 외 다수

김의석

대구가톨릭대학교 대학원(교육학박사)

현) 수성대학교 유아교육과 명예교수

〈저서〉 유아교육기관 운영관리, 교육학개론, 부모교육, 유·초등연계교육론 외 다수

실기교육방법론

1판 1쇄 인쇄 — 2016년 8월 20일

1판 1쇄 발행 — 2016년 8월 25일

저　　자 임채식 · 김의석

발 행 인 강 철 원

발 행 처 양 성 원

주　　소 경기도 파주시 월롱산로 71(야동동)

전　　화 031-946-3861(代)

팩　　스 031-946-3864

이 메 일 tnwpub@naver.com

출판등록 2015년 8월 31일 제 2015-000211 호

ISBN 979-11-87118-71-8

정가 18,000원